探寻宪政之路

孙中山的宪政思想及实践问题研究

An Exploration of Constitutionalism

A Study on the Constitutional Thought and Practices of Mr. Sun Yat-sen

李默海●著

目 录

序 1

摘要 01

ABSTRACT 05

第一章 绪论 001
第一节 民族国家的形成与宪政基础的确立 001
第二节 研究的缘由和意义 011
第三节 研究的思路和框架 021
第四节 研究的方法和角度 024

第二章 救亡图存与孙中山宪政思想的产生 031
第一节 中国近代资产阶级宪政思想产生的背景 032
第二节 以康有为为首的维新派的宪政思想 038
第三节 孙中山宪政思想的产生 049

第三章 孙中山宪政思想的基本内容 061
第一节 权能分立 063
第二节 五权宪法 068
第三节 地方自治 074
第四节 民权初步 079
第五节 政党政治 082
第六节 建国程序论 088

I

第四章　从政党政治到以党建国：孙中山宪政思想的变化 095
第一节　近代中国国家建设的主要任务 096
第二节　民初议会、政党政治的失败与孙中山"以党建国"论的提出 099

第五章　国民党实践孙中山宪政思想 115
第一节　国民党的训政 116
第二节　国民党推行训政的原因 136
第三节　国民党训政失败的原因 139

第六章　中国共产党对孙中山宪政思想的实践 155
第一节　新三民主义：中国共产党实践孙中山宪政思想的理论基础 155
第二节　中国共产党在江西苏区实践孙中山的宪政思想 159
第三节　中国共产党在陕甘宁边区实践孙中山宪政思想 164
第四节　解放战争时期，中国共产党实践孙中山的宪政思想 172

第七章　思考：当代中国宪政建设 183
第一节　在认识上，还宪政以本来面目 183
第二节　正确处理党的领导与以法治国的关系 190
第三节　开展民权的教育与训练 196
第四节　必须注意保护人权 202

参考文献 211
后记 219

序

20世纪是中国由传统向现代转型的100年，中国人试图建设一个不同于封建王朝的新型现代民族国家，其中，实现宪政就是中国现代民族国家建设的重要内容之一。

从清朝末年起，中国人民一直为建立真正的民主宪政而奋斗。当时，先进的中国人为了自强救国，主张在中国"伸民权、争民主、开议院、定宪法"，实行西方式的宪政，先后发动了戊戌变法、辛亥革命等一系列民主宪政运动，揭开了中国走向民主宪政的历史进程。但是，在半殖民地半封建的中国，没有也不可能实现真正的民主宪政。从清朝末年到国民党反动政府，先后制订过十几个不同名目的"宪法"，无不有立宪之名而无宪政之实。清政府颁布的《钦定宪法大纲》和《十九信条》盗用"宪法"的形式确认"皇帝神圣不可侵犯"，根本谈不上宪政。辛亥革命推翻了封建帝制，产生了中国历史上第一个资产阶级民主共和国的宪法，但革命果实被军阀所窃取，宪政最终成为泡影。此后的北洋军阀政府和蒋介石国民党政府虽然都颁布所谓"宪法"，抄袭西方宪政的一些内容，甚至规定"人民之权利"，但实际上搞的是军阀独裁，不给人民以丝毫的权利，因而全都是伪宪政。

真正的宪政是与中国共产党领导的人民民主革命联系在一起的。中国共产党在其诞生之初就举起了"争自由，争人权"的旗帜，并在其领导的根据地建立民主政府，着手实行由人民当家作主保障自己权利的人民民主宪政。如人民革命根据地不同时期颁布的《中华苏维埃共和国宪法大纲》、《陕甘宁边区施政纲领》、《陕甘宁边区宪法原则》等宪法性文件，都规定了人民民主的制度和保障人民权利的内容，并在实践中得到了认真的实施。特别是在抗日战争时期,各根据地人民政府普遍制定了包含保障"人权、政权、财权"内容的施政纲领,普遍颁布和实施了专门的保障人权的条例。

人民民主革命的胜利和中华人民共和国的成立,开创了人民当家作主的新时代,开辟了人民民主宪政的新纪元。1949年颁布实施的起临时宪法和建国纲领作用的《中国人民政治协商会议共同纲领》,确立了人民共和国的政治法律制度、建国大政方针和保障人民权利的原则。1954年,在全民讨论的基础上制定了第一部《中华人民共和国宪法》,规定了人民民主的国家性质、政治制度和国家机构的职能,并以"公民基本权利和义务"专章规定了公民在政治、经济、社会、文化、人身等方面的权利,奠定了人民民主宪政建设的基础。

新中国的民主宪政建设也经历了一个曲折发展的过程。特别是在十年"文革"中,国家陷入内乱,宪法与法治被摒弃,人权遭到摧残,民主宪政建设一度发生严重倒退。1975年通过的新中国第二部《宪法》,删掉了民主宪政的大量内容,把"公民的基本权利和义务"一章由19条减成4条,缩小了公民基本权利的范围,且一反常规,先规定义务后规定权利。1978年在刚刚结束"文革"的背景下通过的新中国第三部《宪法》,虽然取消了1975年《宪法》中的某些错误规定,增加了对公民基本权利的保障,但在民主宪政方面仍未完全摆脱"文革"的影响,存在较大不足。

1982年12月4日,在总结历史经验的基础上修改通过的新中国第四部《宪法》即现行《宪法》,突出了民主与法治两大宪政原则。一是关于公民基本权利的规定比历次宪法内容更加广泛、切实、明确,且规定了国家为保证公民权利的实现和逐步扩大应采取的政策措施。二是将"发展社会主义民主,健全社会主义法制"定为国家的根本任务之一,突出地强调了宪法的权威和法治的重要性,明确规定:全国各族人民、一切国家机关和武装力量、各政党和社会团体、各个事业组织,都必须以宪法为根本的活动准则,并且负有维护宪法尊严、保证宪法实施的职责;任何组织或者个人都不得有超越宪法和法律的特权。在此基础上,1999年在修宪时进一步明确将法治原则作为国家的基本治国方略和建设目标写入了《宪法》。值得一提的是,此次修宪在民主宪政建设方面的"亮点"是,突出了人本精神,确立了"国家尊重和保障人权"的原则。

人权入宪是人民民主宪政的重大发展。尊重和保障人权是宪政的根本目的和最高原则,是宪法和宪政得以存在和发展的前提、基础和归宿,是衡量是否真正实行宪政的根本标准。新中国成立以来,国家虽然为促进和发展人民的各项权利从制度、政策和物质保障等各方面作出了长期不懈的努力,但是,先后颁布实施的《共同纲领》和四部《宪法》都没有使用"人权"概念,而只使用"公民的基本权利"概念。虽然从实际内容来看公民权利与"人权"概念并无二致,但是,由于宪法中没有"人权"概念和原则,使得我国的人权法律保障和人民民主宪政建设显得不够完整。此次修宪引入"人权"概念,用"国家尊重和保障人权"的原则来概括、提升和统摄宪法关于"公民基本权利"的规定,突出了人权原则,并使人权、民主、法治三项原则名副其实地结合起来,从而完善了人民民主宪政的内涵。

在近现代中国致力于宪政追求的众多历史人物和主张中,孙中山是个代表性人物。辛亥革命后,孙中山逐渐形成了以"三民主义"、"五权宪法"、"民权"、"权能理论"为核心的宪政图式。这一图式集中体现在1921年他拟定《国民政府建国大纲》一文中,其具体内容为:一、国民政府本革命之三民主义、五权宪法,以建设中华民国。二、建设之首要在民生。故对全国人民之食衣住行四大需要,政府当与人民协力,共谋农业之发展,以足民食;共谋织造之发展,以裕民衣;建筑大计划之各式舍,以乐民居;修治道路、运河,以利民行。三、其次为民权。故对于人民之政治知识能力,政府当训导之,以行使其罢免权,行使其创制权,行使其复决权。四、其三为民族。故对于国内之弱小民族,政府当扶植之,使之能自决自治。对于国外之侵略强权,政府当抵御之;并同时修改各国条约,以恢复我国平等、国家独立。五、建设之程序分为三期:一曰军政时期;二曰训政时期;三曰宪政时期。

这个建国大纲,具有总体规划性质。其立国之本是"三民主义"和"五权宪法";宪政实施的具体内容依次为"民生"、"民权"、"民族",人民的利益被置于中心位置;实施宪政的过程实行"三步走"战略,由"军政"、"训政"而最后进入"宪政时期"。

孙中山认为,实行民主宪政首先必须实行军法之治,此即为军政时期。

在他看来，军政统治是实施民主政治的基础，不用革命的武力消灭一切封建腐朽势力和反动的军阀势力，不以革命的军事专制统治方式铲除一切障碍，不事先造成社会和和平安宁环境，是谈不上实行民主政治的。实施民主政治的第二步是训练使用民主权利，此即为训政时期，孙中山亦称"过渡时期"或"约法"时期。孙中山拟定这一时期的任务是"施行约法"（非现行者），建设地方自治，促进民权发达。民主政治第三步是按国民大会制定的宪法实行统治时期，即为宪政时期，孙中山亦称之为"建设完成时期"。拟在此时期始施行宪政。按孙中山构想，宪政开始实行之时，全国国民应按宪法举行全国大选；国民政府在选举完毕后三个月解职，而授政于民选之新政。此后，民选之新政则完全按照五权宪法规定行使职责。此时，民主政治体制才算建立起来了。孙中山所设计的实行民主宪政的这个程序，是相互衔接的一个完整过程，是一个以循序渐进方式实现中国宪政的过程。

孙中山的宪政思想，构建了一个相当完整的共和国方案，具有中国特色的民主主义思想。孙中山在追求更为合理、民主的理想政治制度时表现出的勇气和方法，他的宪政思想的合理内涵，都值得后人学习和借鉴。孙中山的宪政思想具有理论和实践的双重指导意义，是中国近现代政治思想的一个重要里程碑。虽然孙中山的宪政思想没有在中国真正实现，但历史上许多东西尤其是思想方案，不能因其没有实现而否定其历史地位和思想意义，正如已经实现了的不一定全部合理一样。

李默海博士的这本书要表达的观点与思想与上述问题的思考基本一致。其书的结构与内容是其本人在博士生学习期间形成的。很有幸，在他博士研究生学习期间我作了其论文的指导老师。看到该书的出版，寥寥几言，略表欣慰之意。同时，我也把该书的出版看作李默海博士学术生涯的起点，而不是终点，希望他有更好的论著问世。

张锡恩

2011年5月于山东大学五宿舍

摘 要

孙中山不仅是伟大的革命先行者,而且是中国现代国家的设计者和建设者,其宪政思想是现代国家建设在政治层面上的具体体现。

近代中国救亡图存的需要催生了孙中山宪政思想的产生。面对西方异质文明的冲击,传统中国的文化普世主义出现严重危机。在这种文化普世主义出现严重危机的情况下,中国现代民族主义开始萌芽并进而以不可遏制的势头成为中国主流的意识形态。民族主义诉求于政治,就是建立一个现代意义上的民族国家。孙中山的宪政思想就是在这一背景下产生的。只有结束满清的君主专制制度,才能在中国建立一个现代立宪制国家。以康有为、梁启超为代表的维新派和以孙中山、章太炎为代表的革命派都想要在中国创建一个现代立宪制国家:维新派师法英国、德国、日本,想要在中国创建一个君主立宪制的国家;而革命派效法美国,想要在中国创建一个民主共和国。两派之间不同的是,表现在创建现代立宪制国家的途径与方法上:维新派采取的是和平改良的渐进办法,革命派采取的是激进的革命方法。戊戌维新运动和清末新政的失败证明:在近代中国,用自上而下改良的方法来建构现代立宪制国家根本办不到。因此,孙中山不得不采用体制外革命的办法来建构现代立宪制国家。随着三民主义的诞生,孙中山的宪政思想也逐渐产生与完善。孙中山宪政思想的理论基础是其创立的三民主义。

要实现真正的民权主义,就要建立真正的民主共和国。为此,必须设计出体现国家民主共和的宪政制度。在民权主义的指导下,孙中山提出了系统而完整的宪政思想,主要内容包括:权能分立的政治学原理、中西结合的五权宪法思想、民权初步、地方自治、政党政治和建国三阶段论等。其中,五权宪法和权能分立是孙中山的基本宪政主张，其他四个内容可以被看作是实现其宪政主张的手段或者途径。孙中山的宪政思想不仅体系完整，而且具有很强的可操作性。这种可操作性具体表现在：孙中山的宪政思想中既有宏观规划，如建国三阶段论，又有微观计划，如民权初步、地方自治、政党政治、直接民权等。

孙中山宪政思想的变化主要表现在其政党政治观的变化上。民国建立至袁世凯解散国会，孙中山信奉政治自由主义，主张把国民党改造成为适应民主宪政制度运作的一个普通政党，实行议会内阁制，开展政党竞争的政治活动。1919年后，袁世凯复辟帝制及其以后的军阀混战促使孙中山的这种政党政治观发生变化。他重新组建中华革命党，后来，在中华革命党基础上又组建中国国民党，提出"以党建国"或者"以党治国"（孙中山晚年思想中的"以党建国"和"以党治国"是一个意思）的主张。孙中山政党观之转变，与其说是受列宁领导的苏联共产党建国的影响，不如说是他对重建国家途径的新认识。民国政治的混乱与失序使孙中山感到中国非常需要一种彻底的改造，需要采取一种根本的解决问题的方法，即把"党"放在"国"之上，实行"以党建国"。我们可以从近代中国国家建设的主要任务方面，来分析孙中山政党观的变化。孙中山"以党建国"思想的提出和实施，对于中国的宪政进程似乎是一种曲折，但考虑到中国还没有真正建立现代意义上的民族国家，无法为民主宪政的实现提供主权的基础，因此孙中山的"党治国家"思想仍不失为一种合理的选择。"以党建国"或者"以党治国"是孙中山宪政思想中的重要内容，对后来国共两党、对20世纪中国宪政进程都产生了深远影响。

"训政"是国民党实践孙中山宪政思想的主要活动。国民党的军政时期，即以党建国时期很短暂。在军政时期，国民党以党建国的任务并没有彻底完成：对外，主权没有摆脱外国的控制而获得独立；对内，地方军阀的分裂割据危险仍然存在，共产党的土地革命也是愈演愈烈，1937年后是日本的大举入侵，种种不利状况不能不影响到国民党的"训政"建设。国民党"训政"建设的主要内容包括："以党治国"、五院制和地方自治，其中，"以党治国"的精神贯穿国民党"训政"建设的始终。国民党实施"训政"建设既有孙中山建国三阶段论的影响,又反映了20世纪30年代的中国社会建立一个强有力的政治权威的历史要求。国民党没有能够通过"训政"而达致宪政。国民党"训政"失败的原因很多,客观分析评价国民党"训政"失败的原因,对历史是一个公正的交代,对中国现代国家的建设也是一个很好的借鉴。孙中山建国三阶段论的落脚点是实行宪政,还政于民。国民党并没有真正实行宪政的诚意,尽管制宪国大颁布了《中华民国宪法》,国民党也"仿行"了宪政,但实质上仍是国民党的一党独裁,"行宪"不过是一场骗局罢了。

中国共产党是孙中山宪政思想的真正实践者。新三民主义与共产党的最低革命纲领是一致的,因此,新三民主义也就成为共产党宪政实践的理论基础之一。在第二次国内革命战争时期、抗日战争时期以及解放战争时期的革命根据地,共产党都忠实地实践了孙中山的人民民主的宪政思想。当然,中共在第二次国内革命战争时期的宪政实践是工农民主专政性质的,与苏联创立的社会主义宪政是同一类型。中共在抗日战争时期的宪政实践,尽管带有很强烈的人民民主性,但它和土地革命时期的工农民主专政不是同一类型,它是共和国宪政性质的。中共在解放战争时期的宪政实践,在性质上基本属于苏联社会主义宪政范畴。不论是在土地革命时期、抗日战争时期还是解放战争时期,中共宪政实践的目的只有一个,即为了新民主主义革命的胜利,从总体上看,它们都是新民主主义宪政性质的。新民主主义宪政思想最终还是要向人民民主专政的宪政思想转变,这一点与孙中山的共和民主宪政思想有点区别。由于共产党真正地实践了孙中山的人民民主的宪政思想,所以共产党也就得到了中国广大人民群众的拥护,共产党打败国民党,建立人民民主专政的国家政权也就成为必然的了。

回顾孙中山宪政思想的产生、内容、变化、实践,不仅仅是对历史的一个交代,还历史本来的面目,更重要的是要以此来总结近现代中国宪政建设的经验与教训,为当代中国的宪政建设提供借鉴。众所周知,我们国家还不是一个完全意义上的宪政国家,而宪政又是中国社会主义政治文明建设的依归。所以,如何进行当代中国的宪政建设就成为政治文明建设的重中之重。怎样进行当代中国的宪政建设?在总结孙中山宪政思想的产生、内容、变化以及国共两党对孙中山宪政思想实践经验教训的基础上,结合中国的国情,本人认为应在下面三个方面进行宪政建设：第一，还"宪政"以本来面目。在新中国成立前，我们不强调宪政的控权精神，有情可原，因为那时中国并没有一个强有力的政府；但现在我们应强调宪政的"限政"、保障人权的精神，因为现在我们已经有了一个强大的政府，如果不加限制，这个公共权力会侵犯人权；第二，应正确处理党的领导与宪政的关系问题，强调党也应在宪法、宪政的框架下活动；第三，应加强对公民的民权教育和训练；第四，必须注意保护人权。

关键词：孙中山　宪政思想　国民党　中国共产党　实践　现代民族国家

ABSTRACT

Mr. Sun Yat-Sen was not only a great forerunner of the Chinese revolution but also a designer and constructor of the modern China. His thought of constitutionalism was a specific political embodiment of the construction of a modern country.

Sun Yat-Sen's thought of constitutionalism was born in the exigent moment of saving the nation from subjugation. The Universalism of traditional Chinese culture was facing a serious crisis when the western heterogeneous civilization deluged into China. Under such a condition, Chinese nationalism in the modern society came into being and became the mainstream ideology by a tendency which cannot be contained. What the nationalism required of politics was to establish a modern nationalist nation. Mr. Sun's constitutional thought was developed in such situation: only after the absolute monarchy of Qing Dynasty was overthrown, can a modern constitutional monarchy in China be established. Both the reformists represented by Kang You-wei and Liang Qi-chao and the revolutionaries represented by Sun Yat-Sen and Zhang Tai-yan wanted to found a modern constitutional country in China. However, the reformists wanted to make China a constitutional monarchy modeled after Britain, Germany and Japan while the revolutionaries wanted to make China a democratic republic after the United States. Their dissidence lied in the approaches of realizing their goals: the reformists adopted a method of innovation advanced gradually in peace while the revolutionaries preferred a way of radical revolution.

The failure of the Hundred Days of Reform (1989) and the New Deals Movement at the end of the Qing Dynasty had proved that: in modern China, it is impossible to construct a constitutional nation through reformation from the upper to lower hierarchy in the society. Knowing that, Sun Yat-Sen had to seek a way of revolution to accomplish constitutionalism in China. Sun's thought of constitutionalism was also advanced and perfected with the birth of his Three Principles of the People, which is also the theoretical foundation of this thought.

To actually realize democracy, we must establish a true democratic republic first. Therefore, a constitutional system that could manifest the democratic republic must be designed. Under the guidance of democracy, Sun Yat-Sen developed this systematic and comprehensive thought. the main content including: political principle of division of powers and responsibilities, fivefold constitutionalism combining the Chinese situation with the western theories, preliminary implement of the civil rights, local self-government, party politics, three-stage theory in establishing the nation and some other thoughts.

The fivefold constitution and principle of division of powers and responsibilities were his fundamental allegations of constitutionalism, with the others being considered as means or approaches of realizing the former two allegations. Mr. Sun's constitutionalism thought was very systematic and had a strong feasibility, because his thought consisted of both macroscopic plans, such as three-stage theory in establishing the nation, and microscopic plans, such as the preliminary implement theory of civil rights, local self-government, and party politics, direct civil rights and so on.

There was a modification in Mr. Sun s though of constitutionalism, especially in his view about party politics. From the establishment of the Republic of Chinese to the dismiss of the congress by Yuan Shi-kai, he believed in political liberalism, and advocated to transform the Kuomintang into an ordinary party operated under the regulations of a democratic constitutionalism, such as parliament-cabinet system, competition between various political parties. After 1919, Yuan Shi-kai's restoration of the monarchy and the tangled warfare between warlords later urged Mr. Sun to change his views of party politics. He reset the Chinese Revolution Party on which he laid the foundation of the Kuomintang; afterwards, he claimed to "found the nation by the party" and "administer the nation by the party" (these two propositions merged into one in his later years). This transformation in thoughts was caused by his new understanding in the approaches to found the nation rather than the influence of the Soviet Communist Party led by Lenin.

The chaos and disorder of the Republic administration made Mr. Sun realize that China had to go through a thorough reconstruction. The fundamental resolution of this problem was to place the party above the nation, namely, to "found the nation by the party". We can analyze this transformation of Mr. Sun's thought with respect to the primary mission of national construction of the modern China. The development and implement of Sun's thought of 'founding the nation by the party' seemed to be a setback in the advancement of realizing constitutionalism in China. However, there was no real modern nationalistic government to ensure a sovereign foundation for the democratic constitutionalism at that time. Therefore, Sun's thought of 'administering the country by the party' was still a rational choice. These two thoughts constituted the main part of Sun's theory of constitutionalism and cast a profound influence on both the Kuomintang and the Communist Party in realizing constitutionalism in China in the 20th century.

"The political tutelage" was the main activity of Kuomintang in practicing Mr. Sun's constitutional theory. The period of Kuomintang's military administration in which Sun's thought of "founding the nation by the party" was put into practice, was very short. Actually, during this time, Kuomintang didn't complete thoroughly the task of founding of the nation: externally, they did not got rid of the control on sovereignty by foreign forces and obtain independence; internally, the possibility of establishing separate regimes by local warlords was still in existence, the communist party's agrarian reform was increasingly intense, and the Japanese invaders entered china in a large scale after 1937. All these unfavorable conditions oppressed the implement of "the political tutelage"

The main activities of "political tutelage" comprised implement of "administering the nation by the party", fivefold division of the powers and responsibilities and local self-government with the thought of "administering the nation by the party" as the guiding principle all along. The Kuomintang's political tutelage was mainly influenced by Sun's theory of three-stage in founding a nation and met the reasonable requirement of establishing a powerful political authority in China in the 1930s. Unfortunately, Kuomintang failed to establish a constitutional government through the political tutelage. An objective appraisement of the various reasons that led to this failure is the profound rethink towards the history and can also provide a good reference for the present administrator in constructing the country. The foundation of Mr. Sun's three-state theory was establishing constitutionalism and returning the power to the people. However, Kuomintang didn't sincerely mean to implement the constitutionalism. Thought they held a national conference to promulgate "Constitution of the Republic of China" and also modeled after a constitutional government in administration, their "constitutional government" was nothing but a fraud for Kuomintang was still an autocratic party in essence.

The Chinese Communist Party is Mr. Sun's faithful heir to fulfill his constitutionalism thought. New Three People's Principles of Sun Yat-Sen consisted with the lowest revolutionary guiding principle of CCP; therefore, it also became one of the practice rationales of CCP in realizing constitutionalism. During the period of the Second Revolutionary Civil War, the Anti-Japanese War as well as the Liberation War, the CCP all practiced faithfully Mr. Sun's thought of people's democratic constitutionalism. Surely, the constitutional practice by the CCP in the Second Revolutionary Civil War characterized a democratic dictatorship of the workers and peasants in nature, the same model with the socialist constitutional government of the Soviet Union. CCP's practice of constitutionalism in the Anti-Japanese War was republic constitutional, though it had a strong democratic feature, which was also different from the government the democratic dictatorship of workers and peasants in the agrarian revolution war. The constitutional practice of CCP in the Liberation war was the same kind with the socialism constitutionalism of the Soviet Union. No matter in the Agrarian Revolution War, Anti-Japanese War or the Liberation War, there was only one purpose of Chinese Communist Party in implementing constitutionalism, namely, for the victory of the New Democratic Revolution. Generally, all CCP's practice of constitutionalism at these times all had features of the new democratic constitutionalism. The new democratic constitutionalism was bound to transform into the people's democratic dictatorial constitutionalism, which is different from Mr. Sun's republican democratic constitutionalism. CCP truly implemented Mr. Sun's thought of people's democratic constitutionalism so she obtained the support of the vast mass and consequently, defeated the Kuomintang and establishing of the people's democratic dictatorship became inevitable.

Reviewing the production, content, improvement and practice of Mr. Sun Yat-Sen's thought of constitutionalism is not merely a historical problem revealing the truth of history, but also a way to summarize the experience and lessons of the constitutional construction in the modern China which can be used as a reference for the contemporary government to carry on this construction successfully. We all know that our country is still not a complete constitutional country, and constitutionalism is the foundation on which the socialistic political civilization construction depends. Therefore, carrying on the constitutional construction in China becomes the most important task among all the tasks of Chinese political civilization. So, how can we go on with the building of constitutionalism in contemporary China?

Based on the summarization of the production, content and the improvement of Mr. Sun Yat-Sen's thought of constitutionalism, the contributions and lessons of both KMT and CCP, and combined with the Chinese situations, this paper suggests that we should carry on the constitutionalism construction from the following three aspects: Firstly, what we are achieving should be a sheer constitutionalism. It was justifiable not to emphasize the power control function of the constitutionalism before the founding of new China because there was no powerful central government at that time. But now, we have a strong government and have to put a restriction on its power so as to ensure human rights, otherwise its public rights would infringe the human rights. Secondly, we should strive to reconcile the relations between the leadership of the party and the constitutional government. All the political activities must be carried out within the restriction of constitution and the constitutional government. Thirdly, more attention should be paid to the education on civil rights of the citizen.

Key words: Sun Yat-Sen Constitutionalism Kuomintang (KMT) Chinese Communist Party (CCP) Practice Modern Nation-state

第一章 绪 论

20世纪中国政治发展的主题是创建一个现代民族国家。政治民主化是现代民族国家的内在要求,因此,民主宪政也就成为中国现代民族国家形成和建设所必然要提出的目标,这种目标不仅仅来自同皇权专制主义政治的对立。中国创建现代民族国家的先行者是孙中山,他领导的资产阶级民主革命是中国创建现代民族国家的开始。1912年1月以孙中山为临时大总统的中华民国临时政府成立,标志着中国现代民族国家的初创,后续的政党政治、国民党的训政及至中国共产党提出并实践的新民主主义政治都是为创建现代民族国家所做出的努力,这些努力和行动均不同程度地受到孙中山政治思想的影响,因此,对孙中山的政治思想尤其是宪政思想及实践过程给予充分的肯定并指出其局限性,是研究20世纪中国政治发展不可回避的问题。

第一节 民族国家的形成与宪政基础的确立

一、现代民族国家的内涵

"民族国家",是对一种特定的国家形态的概括。民族学学科偏重于从"民族"的角度来界定"民族国家",因而强调"民族国家"的民族属性,进而把民族国家解释为单一民族国家。可是，在当今世界的众多国家中，纯粹单一民族的国家几乎是不存在的。政治学学科，尤其是国际政治学，则偏重于从"国家"的角度来界定"民族国家"，往往从主权、国际关系主体的角度使用"民族国家"概念，不注重其民族的内涵。而这样一来，一切具有独立主权的国家都被视为"民族国家"。这两者都是过分强调民族国家的字面意义。其实，民族国家本身是历史上形成并在现实中仍然存在的国家形态，历史赋予它的内涵远比字面上的内涵要丰富得多。因此，只有将其置于国家形态演进的历史进程中加以考察，才能对其形成正确的认识。

民族国家的内涵相当丰富，可以从多个侧面进行考察：首先，民族国家是主权国家。王朝国家作为一种新的国家形态对基督教普世世界国家的最终胜利，就是获得了国家主权。而建立于王朝国家基础上的民族国家，承继和包涵了王朝国家的国家主权，因而它首先就是主权国家。拥有主权是民族国家的前提条件。一个没有独立主权的国家，不可能成为民族国家。其次，民族国家是民族认同与国家认同相统一的国家。但这种一致并非就是形式上的民族范围与国家范围的一致，而是本质上的一致，即民族认同于国家并因此而将国家当作自己的利益保障，从而使民族取得了国家的形式。最后，民族国家是人民的国家。要全面实现和巩固民族对国家的认同，国家就不能只属于某些人，而应该属于这个国家的所有人或民族的所有成员，即属于全体人民。只有当人民认同国家，把国家视为自己的国家的时候，才能实现民族认同与国家认同的真正统一。所以，民族国家的人民性，是其民族性的必然要求。

民族国家的形成是现代立宪政治产生和发展的前提，也就是说，现代政治的存废和发展首先要解决国家建构问题。现代民族国家的建构，有两方面的内容，即民族的建构和国家的建构。一般说来，现代民族的建构和国家的建构属于两个不同的概念。国家建构包括国家政治结构、制度、法律的建设，包括行政资源的整合和集中，使国家能够对其主权范围内的领土实施统一的行政控制。民族建构则不同，按照安东尼·史密斯的说法，它主要包括共同体的记忆、神话以及象征性符号的生长、培育和传递；共同体的历史传统和仪式的生长、选择以及传递；"民族"共享文化（语言、习俗、宗教等）可信性要素的确定、培育和传递；通过标准化的方式和制度在特定人群中灌输可信性价值、知识和态度；对具有历史意义的领土，或者祖国的象征符号及其神话的界定、培育和传递；在被界定的领土上对技术、资源的选择和使用；特定共同体全体成员的共同权利和义务的规定等。[①]但是，国家的建构和民族的建构又都不是孤立的，而是彼此联系在一起的。在全体国民中间创造对国家的认同，在全体国民中间创造出一种政治凝聚力，使其成为具有共同身份特征的民族的过程，既与现代国家的建构密不可分，也与国家在世界体系中的地位以及世界体系通行的政治原则紧密联系。国家的疆域、主权、制度、结构在民族建构的过程中发挥重要的作用，而民族的建构过程也反过来对国家的建构和巩固以及国家的政治合法性产生影响。

现代国家的建构过程，既是国家确立自己的疆域和空间活动范围即领土的过程，也是在国家疆域之内确立自己的政治权威的过程，是在这一新的共同体各部分之间形成一种新的联系方式的过程。同时也是在共同体成员之间确定一种明显可见的身份特征并在此基础上确立一种政治认同以区别于其他共同体的过程。在这个过程中，构成民族国家的各个部分之间，根据现代世界通行的领土、人民主权以及政治合法性的政治原则，建构起相对稳固的政治结构，确立了彼此之间的政治联系，在国家中的法律地位和制度联系，以及保障这种制度法律联系、实施贯彻这些政治文化内涵的各种组织和机构。可以说，现代世界的所有国家要维护自己的存在，都需要这样一个整合过程，也都经历了这样一个整合过程。现代国家经历的这个整合过程一般包含了两个方面的内容，即横向和纵向的整合过程。横向的整合，即对疆域之内的不同地区进行的地域的和行政的整合，对不同地域上的不同民族进行的政治和文化的整合。其中包括中央和地方的关系，行政资源的集中和国家权力的分配，文化和教育资源的整合等等；纵向的整合，是社会的整合，即对传统的社会等级进行的整合，废除了旧的封建等级制度，把社会所有阶层整合到统一的政治社会，创造在法律上享有平等政治地位的国家公民等等。这种横向

[①] ［英］安东尼·史密斯：《全球化时代的民族和民族主义》，龚维斌、良警宇译，中央编译出版社2002年版，第107页。

的和纵向的整合，在全体国民中间创造出共同遵守的政治法律制度和公共文化，创造出全体国民对国家的归属感和政治认同，创造出维持国家这个统一的政治共同体所必要的社会凝聚力，为国家的政治合法性奠定了制度法律和社会的基础。

根据上面的论述，我们可以把国家建构的主要内容概括为：第一，政治统一。在建立民族国家后，统一国家内民族性、地方性的政治体系还保持着强大的势力，这些多样性的政治体系大大削弱了中央政府的权威，对国家宪法和法律的实施构成严重挑战。因此，这样的国家在采取了民族国家的形式以后，必须通过持续的国家建设，强化中央政府的力量，削弱民族性、地方性政治体系的力量，提升国家政治统一的程度。第二，政治整合。有的国家宗教信仰多样且复杂，有的国家的民族构成复杂，而有的国家，上述两种情况同时存在，并相互纠缠。对于民族国家来说，这些因素都是解构性的力量，可能对民族国家构成威胁。因此，民族国家必须进行政治整合，把各种社会政治力量整合在统一的政治共同体之中，把多样性的传统民族整合为一个统一的国家民族，从而从根本上为民族国家的统一、稳定和发展创造坚实的基础。第三，国家认同。如果说国家认同是民族国家的基本特征的话，一定程度的国家认同则是民族国家巩固、稳定和发展的基本条件。民族国家必须把巩固和提升国家认同作为国家建设的重要任务。第四，现代国家。民族国家本身是一种现代性的国家形态，但是由于民族国家在向全球扩展的过程中出现了十分复杂的情况，一些国家在取得民族国家的形式时并没有真正构建起现代国家。对于这样的国家来说，建设现代国家就成为一个亟待解决的历史性课题。建设现代国家必须涉及以下内容：一是建设世俗国家，即坚持国家权力的世俗化原则，实行政教分离，逐步消除宗教势力对国家权力的直接干预；二是坚持政府权力有限原则，建立人民控制国家权力的渠道，防止国家权力的滥用；三是建设公民国家，即建立充分保障公民权利的机制，以及国家与公民良性互动的机制，确保公民权利的充分实现；四是建设法治国家，即国家建立完备的法律制度，坚持依法治国原则，使行使国家权力的政府的行为受到法律的有效约束。可见，民族国家是立宪政治的载体，没有这个载体，立宪政治就失去了存在和发展的土壤。因此，民族国家的出现是现代立宪政治发展的起点。民族国家发展路径的不同直接影响了立宪政治的演进过程，进而制约现代立宪政治的不同模式。

二、中西不同的民族国家建构模式

从绝对主义国家发展到宪政主义国家的过程演绎着西方发达国家的立宪政治生成之路。"现代国家的直接来源是绝对专制主义和绝对专制主义创造出来的国家间的体系。在把政治权力集于手中并寻求创造一个核心统治体系的过程中，绝对专制主义为民族国家和世俗权力体系开辟了通道。"[1]绝对君主制的首要功绩是，它在一定程度上克服了四分五裂的封建状态，建立起有比较明确领土疆界的中央集权的政府，为"民族国家"的形成奠定了基础。绝对专制主义在启动了一个创造现代主权国家的同时也开启了立宪政治国家的过程。我国学者钱乘旦指出："无论是迟是早，几乎所有国家都必须在经历了专制王权这个阶段之后，才能跨入近代世界的大门。未完成由封建国家向专制制度的转变，意识着未能进入现代政治的起点，从而意识着国家在近代化第一阶段的完全失败。"[2]君主专制制度盛行于欧洲大陆所有正常运作的国家，没有实行君主专制统治的国家通常都是分裂瓦解而且陷于无政府状态，它们遭到邻国的吞并，如波兰。

绝对主义国家是欧洲封建化晚期政治一体化的产物，是历史上最早出现的主权民族国家。正是在这个意义上，我们说绝对主义国家揭开了现代政治的序幕。绝对主义国家是通过王权来实现的，对此，美国政治学者萨拜因明确指出，在封建领主下，国家权力概念是含糊不清的，并且权力本身从来不曾完全集于国王一人之手，当国王变得专制的时候，这乃是现代国家而不是中世纪国家的一种发展。[3]绝对主义国家在现代政治发展史上的意义主要体现在：它提供了现代立宪政治的主权概念。

---

[1] [英] 戴维·赫尔德：《民主的模式》，燕继荣等译，中央编译出版社1988年版，第92页。
[2] 转引自刘北成：《论近代欧洲绝对君主制》，载《北京师范大学学报》（社会科学版），1997年第1期。
[3] [美] 乔治·萨拜因：《政治学说史》下册，盛葵阳译，商务印书馆1986年版，第267页。

主权的第一个属性是它的地位，它是政治法律体系中的最高的管辖权力；第二个属性是它的秩序，它是政治法律体系最终的决定力量；第三个属性是它的效力，它是一种影响一切的普遍权力；第四个属性是自主，统治者在与其他机构的关系上（内部的和外部的，国内的或国外的机构）必须享有独立性，不能隶属它们，即它是一种独立自主的权力。①王权在破除封建教俗割据势力的过程中扮演了体现主权并行使主权职能的角色：它拥有最高的、最终的权威，以王权为中心建立起统一的政治、行政和军事机构；它拥有广泛的、普遍的、自主的权威，以王权为象征代表国家的自主性和独立性。封建王权推动了封建化晚期的政治一体化进程，把传统的、地方的、宗教的因素整合到统一的、世俗化的民族国家的框架中。②以王权为代表的国家成为中央集权的体制，成为一个地区乃至全国领域之内所有一切"政"权的来源。这样，国家主权的观念才能够逐渐形成：这就表现为对一个地区—国家整体的独一无二的、制度化的和严格公共的统治，并有效地执行不受封建国家所特有的法律、教会或道德规律的"超政治"限制的中央大权。这种国家主权也能显示出外部关系并授权给君主使其成为对其他国家的关系中的唯一主宰者：当我们回忆到例如教会在封建国家之间的关系所起的作用时，这是一种新事物。③国王即是主权的人格化。

众所周知，绝对君主制国家的理论基础是专制主义。那么，如何使以国王为代表的主权（路易十四的"朕即国家"的说法是对此观点最为形象的描述）转换成人民主权，使之具有更广泛的公共性呢？政治理论家们对此做出了贡献。

马基雅维里在《君主论》中提出，权力是国家的核心和政治的目的。没有权力的制约，人们就会因为追求自己狭隘利益而危及整个社会；没有权力，就没有好的法律和机制。马基雅维里意识到了权力的重要性，但他并没有将

---

① [英] 戴维·米勒、韦农·波格丹诺：《布莱克维尔政治学百科全书》，邓正来等译，中国政法大学出版社1992年版，第725页。

② 潘伟杰：《现代政治的宪法基础》，华东师范大学出版社2001年版，第17~18页。

③ [希腊] 尼科斯·波朗查斯：《政治权力与社会阶级》，叶林等译，中国社会科学出版社1982年版，第175页。

权力看成是一个脱离了君主的东西。根据意大利的分裂和纷争局面,他强调,确立某种秩序的唯一途径就是建立一个君主制政府。法国法学家让·布丹提出"主权"是国家的永恒属性,是国家政治稳定和统一的保障。布丹认为君主政体是最为合理的政体形式,他把这种政体称之为一种最高主权掌握在一个人手里的"共和国"。英国哲学家霍布斯认为,国王的两个身体分私有和公有两个部分,公有部分是一个"中立的"、与统治者和被统治者同时分离的部分,统治者与被统治者是契约关系,被统治者将自己的权利让与统治者,统治者可以是一个集合体,也可以是一个单独的君主,代表所有人的意志行使管理的权力,保护整个"国家"的利益。霍布斯理论的核心是建立一种高于个人的"公共"权力,因为,没有共同权力的地方就没有法律,而没有法律的地方也就无所谓公正。霍布斯给国家下的定义是:"这就是一大群人相互订立信约、每人都对它的行为授权,以便使它能按其认为有利于大家的和平与共同防卫的方式运用全体的力量和手段的一个人格。"①国家实际上是一种政治契约和承诺,被统治者放弃自由,以获得统治者对自己的保护。霍布斯并没有从其自然法学说得出主权在民的结论,他不可能不是一个君主专制制度的拥护者。英国光荣革命后,洛克发表了被称之为近代资产阶级革命的圣经的《政府论》,在修正霍布斯理论的基础上,发展出新的国家学说。洛克指出,"世俗政府是对自然状态存在的困境予以完美的补正";国家(或政府)的权力来自自由的个人组成的契约,目的是保护个人的天赋人权(生命、自由和财产)。与霍布斯不同的是,洛克认为,人们在进入社会契约后,他们的自然权利并没有终止,而且统治者的权力也不是不可以逆转的;自然权利对契约国家仍然有内在的约束力,政府只是人民权力的委托人,而不是人民权力的来源,当政府滥用自己的信用和权力,人民有权终止与政府的契约。洛克将市民社会的存在看成是先于国家而产生,而且国家的目的是保证社会的和平、秩序和安全。这个时候,"公民"的概念虽然还没有出现,但社会成员(或臣民)的概念已经得到清楚的说明,臣民不是王室家庭的成员或附属品,他们是独立于王室之外的。

---

① 霍布斯:《利维坦》,商务印书馆1996年版,第132页。

从上面的分析,我们看到:没有以国王为人格化的主权就没有人民主权,就没有社会契约思想的产生,也没有"公民权"概念的出现。而西方现代国家是建立在"公民"概念上的。①总之,"如果先前没有建立'主权话语',那么,无君主的政体以及与英国革命相伴随的各式各样的共和制理论和自由主义理论,都无从产生。"②为什么这样说呢?绝对君主制打破了中世纪等级制对中央权力的限制,逐步开始实现中央政府对每一个臣民的直接统治。这方面突出的表现,一是全国法律的统一,再就是全国性税收。尽管在不同国家存在着各种不同的免税特权和各种地区性的封建权力结构,但是国家权力通过各种税收,尤其是人头税,直接作用于最低层的民众,与每一个居民发生了关系。后来的普遍征兵制进一步加强了居民个人与国家的关系。因此,民族(nation,即国民)之所以同国家(state)联系起来,不仅是由于地域、经济和文化的统一,而且也由于中央政府与国民的垂直联系和全国政治结构的同质化。中央政府和个人的直接关系也推动了人与社会的关系的变化。可以说,"国家—个人"关系打破了束缚人的复杂的身份关系,推动了个人"原子化"的进程。可见,"主权观及其现实的发展非常重要,因为它使两种初看起来相当对立的发展,即绝对主义的权威以及现代民主国家的诞生得以关联起来。一旦导向主权的动力使得资源集中到了统治者手中,它也就促成了

---

①中国的共产主义运动、中国的革命和建设,一直到 1980 年以前都是建立在"群众"的观念上的。虽然自辛亥革命后的中国宪法已采用"公民"的字眼,但直到中共十一届三中全会前,指导中国革命和建设的不是西方的"公民"概念,而是毛泽东思想中的"群众"概念。这两个概念根本的不同根源于不同的政治哲学体系:"公民"指的是抽象的个人,享有抽象的天赋权利与自由;"群众",顾名思义,指社会中的一群人,可以来自社会中的各个阶层,他们有共同的具体的经济需要和社会地位上的要求,这种要求也是其社会政治行为的基础。从这两个不同概念出发,西方建立国家的程序与中国建立现代国家的程序不一样。从"公民"概念出发,英国在 18 世纪已经确立了人民个人的权利与自由,即人身自由、思想自由、言论自由;在此基础上,19 世纪又确立了公民的政治权利即参与选举与被选举的权利;到了 20 世纪开始注意到公民的社会经济权利,比如社会福利、医药保险、失业救济等等。中国的革命与建立国家的程序与此相反:从"群众"概念出发,中国首先注意到的是大多数人民尤其是贫苦群众的经济需要和社会地位上的需求,但是没顾及甚至侵犯了公民个人的权利。参阅[美]邹谠:《西方政治理论与中国政治学》,《中外文化比较研究》,北京三联书店 1988 年版,第 170~171 页。

②[英]安东尼·吉登斯:《民族—国家与暴力》,胡宗泽等译,北京三联书店 1998 年版,第 117 页。

一种普遍化的意识,将政治权力看成是依赖于集体能力的东西,虽然会承认独裁者是集体能力的表征,但却否定了集体能力与传统的王权统治的相关性。"①

但是,起初被认定为公正的东西可能会随着时间的流逝而退化,这在政治中是经常发生的。对于遏制贵族者的专制君主的推崇,在贵族的力量被削弱或不称职的人占据王位的情况下失去了意义。因此在许多国家,对皇权绝对主义和专制统治主权的抵制发展起来了。这个运动在三次革命中达到高潮,从中产生了现代民主国家。②

回顾西方发达国家立宪政治发展的历史过程,我们可以看到主权民族国家的形成历史是现代立宪政治建立的逻辑起点。当然民族主义与民主主义的张力伴随着现代立宪政治发展的整个过程。绝对主义国家提供了现代立宪政治的主权观念,同时由于其无法平衡君主主权与公民权的张力而必然要为立宪政治所代替,现代立宪政治就是要在主权与公民权之间建立平衡机制。正如肯尼斯米诺格所总结的那样:"现代国家的政治发展源于两种对立的运动:国家一方面以某种方式走向分裂另一方面又以别的方式走向统一。中央集权的君主获得了集中的王权,但与此同时个人和既有的阶级也会设法巩固自己的特权和利益,有的权益就被纳入称作'权利'(rights)的一系列新词汇中。"③

欧洲是近现代国家的发源地,所有其他国家的国家建设过程,某种程度上都是一种向西方学习的过程。欧洲各国处于绝对君主专制时代达两个多世纪,处于"民主政治"时代达一个半世纪,处于"福利国家"时代达一个世纪。中国是后发外生型现代化国家,中国完全没有必要重走欧洲国家建设的老路。由于时间关系和所处的国际政治、经济环境,中国必须设法把这三个时代缩短为一个时代。时代可以缩短,过程可以简化,但国家建设的要素不

---

① [英]安东尼·吉登斯:《民族—国家与暴力》,胡宗泽等译,北京三联书店1998年版,第242页。
② [美]莱斯利·里普森:《政治学的重大问题:政治学导论》,刘晓等译,华夏出版社2001年版,第223页。
③ [美]肯尼斯·米诺格:《当代学术入门:政治学》,辽宁教育出版社 牛津大学出版1998年版,第33页。

能省略,尤其是主权民族国家的形成更是不能省略。否则,立宪民主政治的实现就没有基础。

严格意义上,国民党并没有建立一个主权独立统一的民族国家。否则,共产党领导的农民革命也不可能如火如荼的发生。共产党是真正通过革命建立了一个主权独立统一的民族国家。主权民族国家的兴起实际上反映了中国现代化要求重建中央集权的历史趋势,中华人民共和国的建立标志着近代中国国家建设任务的初步完成。

一个社会如果要有民主的转型,首先要存在着最低限度的国家制度,即政治秩序和政府对领土和人民的有效控制。强有力的主权民族国家的诞生,不仅为经济现代化的进行打下了坚实基础,而且也为宪政民主的实现打下了坚实的基础。这表现在,主权民族国家的形成不仅在中国社会实现了人民主权的梦想,培育了公民观念;而且,还有另一层特别重要的意义。这就是顾准先生在分析中世纪欧洲为什么能从君主专制转变为"宪政时期的原因时指出的那样,中世纪西方经历了一段开明专制时期,在统一民族国家中,采取以议会来笼纳诸侯势力,把诸侯弄到宫廷的办法统一军权和政权,而很少采取征服诸侯的办法。他还指出,少数特权人物之间的斗争只要它是遵循一定的章程,而并非完全通过暴力,只要这种斗争的每一方面,按照这种章程,必须力求取得群众的支持,它就势必要发展成为议会政治。①可见,宪政制度的建设,需要有和平的政治发展环境,需要有以妥协方式解决问题的精神。暴力、阶级斗争与民主宪政是不相容的。所以,不能要求在战乱和激烈的阶级斗争社会上建立宪政制度,因为战争和动乱更需要集权。新中国的成立为民主宪政的实现提供了一个稳定的政治发展环境,至此,孙中山先生的宪政思想才有望真正实现。

著名历史学家蒋廷黻先生在分析近代中国落伍的原因时写道:"第一是因为我们的科学不及人。……第二,西洋已于18世纪中年起始用机械生财打仗,而我们的工业、农业、运输、军事,仍保存唐宋以来的模样。第三,

---

① 《顾准文集》,贵州人民出版社1995年版,第357~358页。

西洋在中古的政治局面很像中国的春秋时代，文艺复兴以后的局面很像我们的战国时代。在列强争雄的生活中，西洋人养成了热烈的爱国心，深刻的民族观念；我们则死守着家族观念和家乡观念。所以在19世纪初年，西洋的国家虽小，然团结有如铁石之固；我们的国家虽大，然如一盘散沙，毫无力量。"接着他又写道："近百年的中华民族根本只有一个问题，那就是：中国人能近代化吗？能赶上西洋人吗？能利用科学和机械吗？能废除我们家族观念和家乡观念而组织一个近代的民族国家吗？能的话，我们民族的前途是光明的；不能的话，我们这个民族是没有前途的。"中华民族要实现现代化，要屹立于世界民族之林，首先就要走出"中古"状态，建立一个现代民族国家。①

第二节 研究的缘由和意义

一、对现实问题的关注

中共十六大政治报告指出，"发展社会主义民主政治，建设社会主义政治文明，是全面建设小康社会的重要目标"。提出建设社会主义政治文明，是我们党对"什么是社会主义、怎样建设社会主义"这一问题的深刻认识。

"政治文明"，就是指政治生活脱离"自然状态"（或野蛮状态）走向"文明状态"的过程和积极成果，它意味着良好的公共秩序的建立，合理的制度与规则的形成，普遍认同的公共权威的确立，政治社会行为（无论是个体的，还是团体的，抑或政府的）的合理约束，个人和团体权利的切实保障。政治文明，在理念方面，意味着平等、协作和宽容等政治价值观念和社会共识的普遍形成；在制度方面，政治文明意味着现代民主宪政体制的推行；在行为方面，政治文明意味着社会普遍奉行合作主义和诚信原则，合理健全的法律、经济、政治、宗教、道德等多重机制有效约束政治行为、社会行为和

---

① 蒋廷黻：《中国近代史》，上海古籍出版社1999年版，第2页。

个人行为。①

从整个人类社会政治历史的发展过程来看，政治文明特别是近代以来政治文明的发展与演进，主要是以宪政运动的形式表现出来的。宪政文明是政治文明高度发展的产物，现代政治文明的基本内涵就是宪政文明。正如有学者所指出的："政治文明的发展过程就是宪政理念产生、演变、成熟的历史，政治文明实现的落脚点在于宪政理念与制度的最终实现，宪政文明构成了现代政治文明的核心，并且具体表现为法治文明。"②

首先，宪政能为政治统治提供可靠、持久的政治稳定发展的机制。中国王朝的治乱循环，展现了政治自然状态的特征。民主宪政制度的诞生结束了王朝更迭的过程，并通过合理的政治思想制度设计为政治生活提供了长治久安的合法性基础。因此，宪政成为人类建构制度的最佳选择。

韦伯指出，"没有任何一种统治自愿满足于仅仅以物质的动机或者仅仅以情绪的动机，或者仅仅以价值合乎理性的动机，作为其继续存在的机会。毋宁说，任何统治都企图唤起并维持对他的合法性的信仰。"③可见，合法性问题是任何政权得以存在并有效运行的关键。政治合法性，就是指政治统治在多大程度上被人民看作是合理的和符合道义的。传统王朝的治乱循环，也是政治统治权力合法性出现严重危机的表现。早在商代后期，就产生了君主的权力来自于上天的统治观念。周公试图用"天命不于常"的道理来说明商周之际发生的朝代更替。这就是为政权提供合法性依据的"天命论"。"天命论"既为旧王朝的灭亡提供了合法性说法，也为新王朝的建立提供了合法性依据。既然君主可以打着"授命于天"的旗号实施所谓"正统"的统治，那么被压迫的平民也可以扛着"替天行道"的大旗推翻王朝的统治。传统中国的政治发展之所以没有走出治乱循环的怪圈，与它始终没有形成关于政治合法性的新理论有很大关系。

中世纪的西方，为政治统治提供合法性基础的是"君权神授论"。"君

---

① 燕继荣：《文明社会的文明治理——公共管理的制度选择》，载《学习与探索》，2005第二期。
② 殷啸虎、张海斌：《政治文明与宪政文明论纲》，载《法律科学》2003第二期。
③ [德]马克斯·韦伯：《经济与社会》上卷，林荣远译，商务印书馆1998年版，第239页。

权神授论"曾经为罗马天主教会统治整个欧洲提供了合法性基础，但也为不同教派争夺权力提供了借口，而且为各国君主反对罗马教会（即王权与教权的斗争）以及各国君主之间的权力斗争留下了余地。"君权神授"理论的模糊性和随意解释性是欧洲中世纪成为野蛮的"黑暗时代"的重要原因。

随着人文主义思想的兴起，"君权神授论"逐渐被"社会契约论"、"平等论"、"自由论"和"人民主权论"所代替。在此基础上，政治统治的合法性基础开始从上帝手中转移到人民手中。政治权力来自社会契约，政治统治的合法性建立在自由、平等的人们认可与自愿服从的原则基础上。也就是说，只有按照人民主权原则，采取平等的普遍的选举形式产生的权威才具有合法性。这在客观上导致了三个后果：第一，民主选举成为必要；第二，个人权利保护成为国家权力行使的价值标准；第三，有限政府的理念逐渐得以确立。社会成员定期选举统治者，谁赢得选举，谁就可以合法地成为"统治者"。在此基础上，人们又把"主权"和"治权"分开，主权属于人民，治权委托给政府。建立在人民主权原则基础上的定期选举领导人的宪政程序代替了给社会造成大动荡的"改朝换代"，这就为现代社会带来一种政治稳定的动态发展。因此，民主宪政被看成是衡量现代政治文明程度的首要标准。

其次，宪政也是使民主得以正常进行的保证。无论是作为一种政治价值，还是作为一种制度，民主都是人类政治文明的共同结晶和宝贵财富。在现代社会，任何一个国家都不可能脱离民主的发展进程。民主是一个不可抗拒的历史潮流，19世纪上半叶的法国政治思想家托克维尔指出，"人民生活中发生的各种事件，到处都在促进民主。……身份平等的逐渐发展，是事所必至，天意使然。这种发展具有的主要特征是：它是普遍的和持久的，它每时每刻都能摆脱人力的阻挠，所有的事和所有的人都在帮助它前进。"①

现代政治文明都主张"人民主权"，也就是我们通常所说的"一切权力属于人民"而不再主张国家权力属于某一个人、某一个集团或者某一个党派。这是民主政治与专制政治的最大区别。在实行民主政治的过程中，世界各国不仅在宪法上规定人民主权的原则，而且建立完善的选举制度、罢免制度、

---

① ［法］托克维尔：《论美国的民主》上卷，商务印书馆2003年3月修订第3版，第7页。

监督制度等以保证一切权力真正来源于人民进而真正属于人民。

在民主政治条件下，人民成了国家权力的所有者，但全体人民对国家事务不可能都亲自直接进行管理，不可能每件事情都直接行使国家权力，只有选举自己的代表去行使权力，这就产生了一个监督问题，一个权力制约问题。如果人民不能有效地制约自己的代表（即国家权力的具体行使者），不能有效地控制国家权力，就不可能保证国家权力仍然属于人民，也就不可能保证人民主权，而且不受监督和制约的权力必然导致腐败，必然违背人民的意志。人民主权原则自然要求建立一个权力制约机制，设置各种制约国家权力的技术。现代政治文明都是以权力制约为核心的。可以说，现代政治文明是一种控权文明，即有限政府文明。

人类社会是人的社会，人类社会的一切都应为了人的生存与发展、都应以人为本。保障和发展人权，理应成为一切民主政治追求的目的。作为现代民主政治基本载体的宪政不仅在宪法中规定公民的基本人权，而且规定违宪审查、国家赔偿等具体措施来保障基本人权。可以说，在现代社会，政治文明就是一种权利文明，一种人权保障文明。

宪法是人民意志的最高体现，宪法至上实质上就是人民的意志至上。只有宪法至上，权力制约和人权保障才能实现，人民主权才能成为现实。所以，在实行民主政治的国家，无不强调宪法至上，强调宪法高于普通的法律和法规，强调宪法的权威高于一切组织和个人的权威。在现代社会，政治文明体现在制度上就是宪政制度。

综上所述，现代政治文明无不是以人民主权、权力制约、人权保障、宪法至上为内容和特征的。换言之，现代民主政治已不再仅仅停留在人民主权，即人民当家作主的层面，而是以民主、控权、人权、宪法为基本构成要素，它已经发展成为一种宪政民主，由此现代政治文明也已成为一种宪政文明。因此，建设政治文明问题，实际上就是一个社会主义法治国家和宪政国家建设的问题。社会主义政治文明建设应以宪政建设为依归。

众所周知，近现代意义上的宪政是西方政治发展和法律文明演进的产物。宪政不是中国土壤上自然生长成熟的果子，宪政对于中国来说是舶来品。先进的中国人开出宪政的药方是为了救治久病未愈的中国，是为了中国的独立与富强。怎样进行当代中国的宪政建设？进行当代中国的宪政建设不能不对中国宪法或宪政的历史给予关注，正如毛泽东指出的："我们是马克思主义的历史主义者，我们不应当割断历史。从孔夫子到孙中山，我们应当给以总结，承继这一份珍贵的遗产。"①关注中国宪法或宪政的历史，就不能不关注中山先生的宪政思想及其实践问题。在近现代中国，惟一具有较为系统而完整宪政思想的政治家是中山先生，他的有些宪政思想，即便现在我们还远未实现。

孙中山不仅合理的吸收了西方宪政思想的精华，而且对中国传统政治思想进行了扬弃。我们知道，先秦儒、道、墨三家的政治思想，都可以说是"为人民而政治"，已萌生出民主政治的理想。儒家最高的政治原则是"民之所好好之，民之所恶恶之"，希望实现"天下为公，选贤与能"。老子主张"圣人无常心，以百姓心为心"，希望通过无为而治，让人民自富自己。墨子则强调地方官吏以迄卿大夫、诸侯、三公、天子都出于选举，希望做到"官无常贵，民无终贱，有能则举之，无能则下之"。但由于种种历史条件的限制，民主政治的理想未能在中国历史中实现，并且受到与民主政治水火不相容的君主专制的长期压迫。中山先生因西方民主政治的启发，一举而把二千多年的一人专制摧毁廓清，正式提出以民权为基础的民主宪政思想。这无疑是对中国古代"为人民而政治"思想的真正超越。在中国传统政治思想中，孙中山主要承继了儒家政治思想的传统资源，正如他在解释民权的涵义时所说："这些事实，中国几千年来虽然没有见过，但是老早便有了这种理想。譬如孔子说：'天下为公'。又有人说：'天下者，是天下人之天下也'。"②是以民为本还是以民为主，这是儒家政治思想与孙中山民主宪政思想的根本区别；用以民为主取代以民为本，是孙中山民主宪政思想对儒家政治思想的重大改造、突破和发展。众所周知，"中国传统政治哲学的主流是以民为本，历来并无异辞。"③明清之际的黄宗羲虽已提出"天下为主君为客"的思想

---

① 《毛泽东选集》第2卷，第534页。
② 《孙中山全集》第10卷，第461页。
③ 刘述先：《儒家思想与现代化》，中国广播出版社1992年版，第17页。

主张，但却终究未能跳出君主圈子，与以民为主还隔着薄薄的一层纸，而这层薄纸直到孙中山提出民权主义才真正予以捅破。孙中山之所以能在思想上超越前贤，实现中国政治思想史的这一历史性飞跃，就在于他在承继儒家政治思想的传统和资源的同时，吸取了西方民主政治的积极成果。没有这一吸收，不连接上西方民主政治，儒家政治思想是难以走出自身的历史局限性的，"故以民国之制，不可不取资于欧美"①。从实践上看，孙中山领导辛亥革命、推翻帝制、建立共和，得自西方民主政治的影响。徐复观先生说："由戊戌变法发展为辛亥革命，中国第一次才出现了以孙中山先生为首的知识分子集团的革命，真正出现了秀才造反，不但推翻满清，而且推翻了二千多年来的专制。此惊天动地的事件，若不想到与西方文化接触后所发生的伟大影响，便无法加以解释。"②而这种民主政治的实践，在中国传统政治自身是不曾孕育出来的。正如对中国传统文化具有深厚感情和深入研究的梁漱溟所说，如果中国完全闭关，就是再走三百年、五百年、一千年，也断不会有火车、轮船和民主精神产生出来。③单靠中国文化，只能希望一治一乱的循环，并不能解开中国历史的死结。

孙中山不仅提出了完整而系统的宪政思想，而且也设计出如何使中国走上宪政之路的路线图，即著名的建国三阶段论，应该说，这个路线图是适合近现代中国国情的，具有很好的可操作性。在继承和实践中山先生宪政思想方面，国共两党既有相同的地方，也有不同之处。共产党是真正实现了中山先生人民民主的宪政思想，而国民党则背弃了中山先生的这一宪政思想。国共两党都承继了中山先生的党建国家思想，但两党建国的方法与途径不同。在中国新一代政治精英与普通民众的关系史上，孙中山是一个划时代的人物，他先是注重会党，开创了联系群众的先声，其后将依靠会党与年轻学生并重，进而又将势力伸向新军，但这样做革命的效果并不理想。后来，孙中山发现了"农夫与工人"，不断号召他的追随者们深入底层社会，将农民与工人组

---

① 《孙中山全集》第7卷，第60页。
② 转引自李维武：《徐复观学术思想评卷》，北京图书馆出版社2001年版，第267页。
③ 梁漱溟：《东西文化及其哲学》，商务印书馆1987年版，第65页。

织起来。在那个时候,孙中山为首的国民党反帝反军阀的目标和联合工农的措施,同年轻的中国共产党人的最低革命纲领是完全一致的。在此基础上,两党联合起来共同发起了反帝国主义和封建军阀的国民革命。但到了1927年,国共两党为打倒列强、铲除军阀而发动广大民众进行民族民主革命的国民革命失败了。国民革命的失败,对中国现代民族国家的创建产生深远而重大的影响。从此以后,国共两党在创建现代民族国家的道路上分道扬镳,一个走了上层路线,一个走了下层路线。以蒋介石为首的国民党依靠城市买办资产阶级和农村中的封建地主阶级建立起国民党南京政权,这个政权欲使中国通过反革命的道路走向现代国家,但这种努力最终却一败涂地。国民党"以党治国"失败的命运是中国共产主义取得胜利的直接原因和前兆,农民革命为把中国推向共产主义的现代化道路,而不是资产阶级民主的现代化道路,做出了决定性的贡献。正如巴林顿·摩尔所说:"在中国,农民在革命中的作用甚至超过了俄国。他们为最终摧毁旧秩序提供了炸药。这里农民再次作为主要动力推动一个政党取得了胜利。"[①]在摩尔看来,革命是社会转型的一种手段;而社会转型的根本问题是农业社会的嬗变问题,农民是革命冲突的根源。他认为向现代世界转变有三种方式:英法美等国的"资产阶级革命",这种方式产生"西方形式的民主制度",把"资本主义和议会民主结合在一起";德日等国的"保守的自上而下的革命",它也是"资本主义的",但"经过反动的政治形式而最终成为法西斯主义";第三种方式是"共产主义革命",其主要参加者是农民,因此是"导向共产主义的农民革命"。[②]美国学者O.爱德蒙·克拉伯对此也做出与摩尔类似的评论:"在许多国家的历史中,国内外势力对革命的镇压,最终在很大程度上帮助了革命运动:这些镇压成了使各独立的因素紧密团结起来的压力。本来,中国争取自由的革命可能会导致建立一个温和的社会主义民主国家,但这个国家刚开始出现,这场自由革命便被打断了,自由革命的实质被排除、取消了。自由民主只是新王朝的统治

[①] [美]巴林顿·摩尔:《民主和专制的社会起源》,拓夫等译,华夏出版社1987年版,第181页。

[②] 同上。

者们的欺人之谈。在这种情况下，中国的左派运动也就拒绝、排斥在现存政府体制下进行政治、经济改革的任何可能性，左派因此被视作非法的而受到残酷的对待，左派也就更坚决，发展为从事激烈的暴动，结果自由学生及其他被压迫者也因为统治者的极度愤怒而受到更残酷的镇压。无所畏惧、坚持信仰成了中国民众起义的领袖们的特性。本来自由主义可能会自然而然地慢慢成长起来，但现在民众被迫过早地采取革命行动。中国共产党现在成了主要的革命组织，共产党作为一个独立的实体，可以从1927年6月13日共产党从国民党中分裂出来的这一天算起。"①

只要占社会基层绝对多数的普通民众的意识及其组织不发生变化，革命终究难以成功。②共产党人正是依靠动员人民大众参与革命的办法，才取得革命胜利，建立人民民主专政的国家政权的。在这里，人民大众的主体是占中国人口大多数的农民。正如毛泽东所说："中国民主革命的主要力量是农民。忘记了农民就没有中国的民主革命；没有中国的民主革命，也就没有中国的社会主义革命，也就没有一切革命。我们马克思主义的书读的很多，但是要注意，不要把'农民'这两个字忘记了；这两个字忘记了，就是读一百万册马克思主义的书也是没有用处的，因为你没有力量。靠几个小资产阶级、自由资产阶级分子，虽然也可以抵挡一下，但是没有农民，谁来给饭吃呢？饭没得吃，兵也没有，就抵不过两三天。""共产党是要革命的，革命就要组织队伍，组织队伍主要是组织农民，……。"③在毛泽东的观念中，全国革命的合法性——以及一个革命性政党的合法性——是以对农民的充分动员为基础的。要动员广大民众参与革命，就要给他们民权，解决他们关心的民生问题。事实上，中国共产党的"民权"、"民主"观念也是在大众动员的背景下形成的。"民主"作为一种政治动员的手段，它把农民带入由党所领导的组织中，让农民在地方政治中代替精英来扮演真实、重要的角色。

国共两党都自称在实践中山先生的宪政思想，但两党实践的结果大为不

---

① [美]O.爱德蒙·克拉伯：《中国共产党在三十年代》，萧秋等编《国外学者评中国共产党》，中国华侨出版社1992年版，第67页。

② [日]三谷孝：《秘密结社与中国革命》，中国社会科学出版社2002年版，第5页。

③ 《毛泽东文集》第3卷，人民出版社1996年版，第305~306页。

同。原因何在？政治学家邹谠对原因的解释可谓深刻，他指出："中国的社会革命以阶级斗争为指导思想，从阶级观念中又引申出群众的观念，中国政党以它的严密的组织和逐渐强大的组织能力，去发动群众，组织群众，引导群众参与政治，所以在革命的过程中，中国人民参与政治的格式起了数千年以来第一次的根本变化，农民及贫苦大众下层阶级都变成政治生活中的重要角色，不少人上升为干部，最高层的政治领袖也以他们为'参考群体'，这是共产党战胜国民党的最根本的原因。"① 回顾国共两党实践中山先生宪政思想的历史，总结它们失败与成功的教训与经验，对于我们党如何更好的执政也有借鉴。

二、学术上的意义

上面简要阐述了研究这个课题的现实意义，除了这个意义以外，研究这个课题的意义还应体现在学术价值上：它应该在研究方向、研究方法和得出的基本结论上，对该问题已有的研究有所补充、修正或发展。

任何一项科学研究都应建立在前人对该课题或者涉及这个课题的研究的基础上，考虑到科学研究的规范性和严肃性，有必要进行学术史的梳理与回顾工作。

关于孙中山宪政思想的研究，60年代有代表性的文献是李光灿的《孙中山的民权主义》（《历史研究》1962年第6期）；80年代有张磊的《论孙中山的民权主义》（《历史研究》1980年第1期）、唐凯霖的《也论孙中山的民权主义》（《湖南师院学报》1981年第2期）、谢刚的《论〈中华民国训政时期约法〉的理论来源》（华东师范大学学报1984年第6期）、王辉的《孙中山先生的五权宪法理论探略》（《安徽大学学报》1986年第2期）、李育民的《论孙中山的"权能区分"》（《学术月刊》1987年第11期）和王继洲的《论孙中山"以党治国"思想的演变和发展》（《广东社会科学》1989年第3期）；90年代有耿云志的《孙中山宪法思想刍议》（《历

---

① [美]邹谠：《中国20世纪政治与西方政治学》，刊于《思想家——跨世纪的探险》，《思想家》编委会编，华东化工学院出版社1989年版，第20页。

史研究》1993年第4期)、王祖志的《孙中山五权宪法思想研究新见》(《法学研究》1993年第4期)、徐珲琪的《略论孙中山与民初政党政治》(《近代史研究》1993年第4期)、王永祥等的《孙中山五权宪法思想评价新论》(《南开学报》1994年第4期)和陈先初的《孙中山政党政治论新析》(《湖南师范大学学报》1995年第6期);进入21世纪,王永祥等的《孙中山"五权宪法论"特质之我见》(《学术研究》2001年第2期)、秦国民的《论孙中山的民权政治思想》(《洛阳工学院学报》2001年第4期)、郭世佑的《孙中山的民权理念与辛亥革命》(《学术月刊》2001年第9期)、宋德华的《民国建立前后孙中山民权主义的起落及其原因》(《华南师范大学学报》2001年第4期)比较有代表性。应该说,上述学者对孙中山宪政思想的研究大多侧重于从历史的角度进行客观的描述,而较少从政治学的角度进行深入的分析。

对于孙中山宪政思想的实践问题进行系统研究,在大陆、台湾学术界较少;而在研究民国政治、政制和宪法史的著作中,涉及这方面内容的著作不少。例如,贾逸君的《中华民国政治史》(上、下卷,文化学社1932年版)、陈茹玄的《中国宪法史》(世界书局1933年印行)、潘树藩的《中华民国宪法史》(商务印书馆1935年版)、杨幼炯的《近代中国立法史》(商务印书馆1936年版)、吴经雄、黄公觉的《中国制宪史》(商务印书馆1936年版)、谢振民的《中华民国立法史》(正中书局1937年版)、平心的《中国民主宪政运动史》(进化书局1946年版)、陈之迈的《中国政府》(上海商务印书馆1946年版)、钱端升等的《民国政制史》(商务印书馆1939年版)、王世杰、钱端升的《比较宪法》(商务印书馆1936年版),这些是涉及孙中山宪政思想及其实践问题研究较早的一批著作,它们成为研究该课题的奠基之作。陈瑞云的《现代中国政府》(吉林文史出版社1988年版)、徐矛的《中华民国政治制度史》(上海人民出版社1990年版)、刘伟等的《中国近现代政体发展史》(华中师范大学出版社1992年版)、王永祥的《中国现代宪政运动史》(人民出版社1996年版)、徐祥民等的《中国宪政史》(青岛海洋大学出版社2002年版)、石毕凡的《近代中国自由主义宪政思潮研究》（山东人民出版社 2004 年版）、王兆刚的《国民党训政体制研究》（中国社会科学出版社 2004 年版），这些是 20 世纪 80 年代以来大陆学术界研究国民党政治体制的代表性著作，其中不乏有涉及这个课题研究的。台湾地区的学者在对国民党政制的研究的同时，也对孙中山先生的宪政思想及其实践问题进行了深入研究。这方面有代表性的著作是董霖的《战前之中国宪政制度》（台湾世界书局 1968 年版）、荆知仁的《中国立宪史》（台湾联经出版事业公司 1984 年版）、罗志渊的《中国宪法与政府》（台湾正中书局 1976 年版）。上述学者也只是从历史的角度研究孙中山宪政思想的形成、变化和实践问题，更多的是对历史事实的还原，缺乏从政治现代化角度考察孙中山宪政思想的形成、变化和实践。

　　本书的研究尝试克服上述研究的不足之处，力求从政治现代化的视角，即从中国现代民族国家形成的角度去透视孙中山宪政思想的形成、变化和实践。我们知道，近现代中国政治发展的主题就是创建一个现代民族国家。近代以来产生的所有思想和重大政治活动，从学习西方的船坚炮利，到师法西方的民主宪政制度，从维新改良、晚清新政到孙中山领导辛亥革命推翻封建君主专制制度，建立民主共和国，从袁世凯的强人政治到蒋介石的法西斯独裁，再到共产党动员农民进行革命夺取政权等等，无不是为了在中国创建一个现代民族国家。如果我们从创建现代民族国家的角度去透视上述思想与重大的政治活动，它们中的有些就得重新做出评价。例如，辛亥革命后革命党人移植美国的共和制创建南京临时政府在当时的条件下就似乎不大合理；再如，袁世凯的强人政治，我们就不能简单的说他想当皇帝，恢复帝制；又如，蒋介石的集权与独裁在当时政治生态环境下也不是一点道理没有等等。

第三节　研究的思路和框架

　　一般来说，文章的内容决定文章的形式，内容空洞的文章，即使配有华丽的形式，也难以掩盖其内容的贫乏，翻来覆去地玩弄文字游戏，是写作社会科学类文章的大敌。但是，形式对内容有重大反作用，这就要求我们去追求文章内容的同时，去注意文章的形式，当然这种注意绝对不应是刻意地。本文采取"线式"结构安排法，按照孙中山宪政思想的形成、基本内容、发展变化、实践这样的顺序行文。这样做的好处是，避免了因文章结构纵横交错可能给文章的内容带来的不必要的重复。

第二章研究孙中山宪政思想的形成。孙中山的宪政思想产生于国家救亡图存的需要，这一点与早期维新派和康梁维新变法思想产生的动因是一致的。康有为、孙中山二人都想要在中国创建一个现代立宪制共和国，康氏师法英国，想要在中国创建一个君主立宪制的共和国，而孙中山效法美国，想要在中国创建一个类似美国的民主共和国。只不过二人在创建现代立宪制共和国的途径与方法上不同，康有为采取的是和平改良的渐进办法，孙中山采取的是革命的激进方法。从戊戌维新运动再到清末新政，晚清帝国走的是一条自上而下改良的建构现代立宪制国家之路。戊戌维新运动在经过了短短一百零三天的夭折和实施新政却为清王朝的灭亡自掘好了坟墓的结局，证明走这条自上而下改良的方法来建构现代立宪制国家之路在当时的中国根本走不通。因此，孙中山不得不用体制外的革命取代体制内的改良来建构现代立宪制共和国。必须彻底推翻封建君主专制制度，才能在中国实现真正的立宪共和，才能走出治乱循环的周期率。强烈的革命性是孙中山宪政思想的一大特色，现代民族主义是其宪政思想中的应有之义。

第三章研究孙中山宪政思想的基本内容。孙中山宪政思想的理论基础是其创立的三民主义。民族主义是要解决民族矛盾，是建国的问题；民权主义是要解决政治问题，是建立什么样的国家的问题；民生主义是要解决社会问题。民族主义是实现民权主义的前提，不推翻满清帝制，就不能建立真正的民主共和国，民生主义是实现民权主义的基础，所以，民权主义是三民主义的核心内容。要实现民权主义，就要设计出宪政制度。在民权主义的指导下，孙中山提出了系统而完整的宪政思想，主要内容有：权能分立的政治学原理、中西结合的宪法思想、民权初步、地方自治、政党政治和建国三阶段论等。其中，五权宪法和权能分立是孙中山的基本宪政主张，其他四个内容可以被看作是实现其宪政主张的手段或者方式。因此，我们也把这四个看成是孙中山宪政思想体系中的内容。孙中山的宪政思想不仅体系完整，而且具有可操作性。这种可操作性具体表现在既有宏观规划，如建国三阶段论，又有微观计划，如民权初步、地方自治等。

  第四章研究孙中山宪政思想的变化。孙中山宪政思想的变化主要表现在其政党政治观的变化上。民国建立至袁世凯解散国会，孙中山信奉自由主义宪政制度，主张把国民党建设成为宪政制度下的普通政党，实行政党内阁制，开展政党政治活动。1919年后，袁世凯复辟帝制及其以后的军阀混战促使孙中山的政党观发生变化。他组建中国国民党，主张"以党建国"或者"以党治国"。孙中山政党观之转变，与其说是受苏俄社会主义革命的影响，不如说是他对重建国家途径的新认识。民国的混乱使孙中山感到中国迫切需要一种彻底的改造，需要采取一种根本的解决方法。我们可以从近代中国国家建设的主要任务来分析孙中山政党观的变化。孙中山"党治国家"思想的提出和实施，对于中国的宪政进程似乎是一种退步，但考虑到中国还没有建立现代意义上的民族国家，无法为宪政的实现提供主权的基础，所以，中山先生的"党治国家"思想仍不失为一种合理的选择。"以党建国"或者"以党治国"是孙中山宪政思想中的重要内容，对后来国共两党、对20世纪中国宪政进程都产生了深远影响。

  第五章研究国民党对孙中山宪政思想的实践。国民党的军政时期，即以党建国时期很短。在这个时期，国民党党建国家的任务并没有彻底完成：对外，主权没有独立；对内，地方军阀的分裂割据危险仍然存在，共产党的土地革命是如火如荼，后来又是日本的大举入侵，这种状况不能不影响到国民党的训政建设。应该说，训政是国民党实践孙中山宪政思想的主要活动。训政内容主要包括"以党治国"、五院制和地方自治。国民党没有能够通过训政而达致宪政。国民党训政失败的原因很多，其中，背叛了中山先生的人民民主的宪政思想是一个重要原因。蒋介石国民党政权是一个以军队为支柱、实行一党专政和个人独裁的政权，在这样的政权下，人民别说享有民主自由权利，就连生命权和生存权也无法保障。孙中山建国三阶段论的落脚点是实行宪政，还政于民。国民党并没有实行宪政的诚意，尽管制宪国大颁布了《中华民国宪法》，国民党"仿行"宪政，但实质上仍是国民党的一党专政，"行宪"不过是一场骗局罢了。所以，本文研究国民党实践孙中山宪政思想以"训政"为重点研究内容。

第六章研究中国共产党对孙中山宪政思想的实践。中国共产党是孙中山宪政思想的真正实践者。新三民主义与共产党的最低革命纲领是一致的，因此，它成了共产党宪政实践的理论基础之一。在第二次国内革命战争时期、抗日战争时期以及解放战争时期的革命根据地，共产党都真正的实践了中山先生的人民民主的宪政思想。当然，新民主主义宪政思想最终还是要向人民民主专政的宪政思想转变，这一点与孙中山最终想要在中国实现共和民主的宪政思想不同。由于共产党真正的实践了孙中山的人民民主的宪政思想，所以共产党也就得到了中国广大人民群众的拥护，共产党打败国民党，建立人民民主专政的国家政权也就成为必然的了。

回顾孙中山宪政思想的产生、变化、实践，不仅仅是对历史的一个公正交代，更重要的是要以此来总结近现代中国宪政建设的经验与教训，为当代中国的宪政建设提供借鉴。我们知道，当代中国还不是一个完全意义上的宪政国家，而宪政又是中国社会主义政治文明建设的依归。所以，如何进行中国的宪政建设就成为政治文明建设的重中之重。怎样进行当代中国的宪政建设？在总结国共两党对孙中山宪政思想经验教训的基础上，结合中国的国情，笔者认为应在三个方面进行宪政建设：第一，还"宪政"以本来面目，目前应强调宪政的"限政"、保障人权的精神；第二，应正确处理党的领导与宪政的关系问题，强调党也应在宪法、宪政的框架下活动；第三，应加强对公民的民权教育；第四，应注意保护人权。

第四节 研究的方法和角度

好的论文不仅需要内容与形式的完美结合，而且也需要坚持一个正确的分析问题的立场、视角和方法。本书首先坚持马克思主义历史唯物主义的立

第一章 绪 论

场。历史唯物主义是马克思一生中两个重大发现之一,"是科学思想中的最大成果"。①历史唯物主义认为,生产力和生产关系之间的矛盾,经济基础和上层建筑之间的矛盾,是人类社会的基本矛盾。这两对矛盾决定着五种社会形态的更替,是社会发展的基本动力。阶级是生产力发展到一定阶段的产物,在阶级社会里,阶级斗争是推动社会发展的直接动力或伟大动力。阶级斗争的最高表现形式就是革命,马克思说,"革命是历史的火车头"。②革命是阶级社会由低级向高级发展的决定性手段,用革命的手段推翻或摧毁旧的国家政权,建立革命阶级的政权,在新政权的推动下,社会继续向前发展。离开革命,离开阶级斗争,中国近现代史上很多事件就很难解释和加以解决,当然也包括孙中山宪政思想及其实践问题。20多年前,在孙中山研究领域享有盛誉的史扶邻(Harod Z. Schiffrin)教授把孙中山称之为"勉为其难的革命家"(reluctant revolutionary):"孙中山的作风令人费解,因他是个勉为其难的革命家。在致力革命时,他宁愿选择最少使用武力的措施达其目的……外国人造成的恐惧,使他阻止与帝国主义直接对抗。只是到了最后,他才支持这种对抗。他反对鼓励阶级斗争,也不愿意用暴力手段去消除本国的不公正根源。他虽具有大无畏的精神,但缺乏真正革命家所特有的冷酷。简言之,宁愿谈判而不从事杀戮,求和解而不想进行旷日持久的斗争。"③孙中山早年也幻想通过改良的方式使中国走上现代立宪制共和国,他在上李鸿章书中就已清楚地表达了这一想法,只是在和平改良的途径被堵死的情况下,才举起革命的旗帜的。当满清朝廷通缉孙中山时,当袁世凯复辟帝制、认为"孙大炮"只是捣乱时,当陈炯明炮轰广州大元帅府时,他能不起来革命吗?"夫个人杀人,有国家法律可以裁判;政府杀人,已无法守,人民自危,亦只得革命。"④在半殖民地半封建社会的基本国情下,任何温和的改良都是一种幼稚不成熟的想法。孙中山毕生致力于革命事业,并不是出于一时的感情冲

---

① 《列宁选集》第2卷,第311页。
② 《马克思恩格斯选集》第1卷,第456页。
③ 转引自间小波:《在革命与协商之间——论孙中山政治思维的两重性》,载《南京大学学报》(哲学、人文科学、社会科学版),2004第四期。
④ 《孙中山全集》第4卷,第112页。

动,而是经过严肃的理性思考后做出的抉择。20世纪的前50年,中国一直处在革命的大潮中,这不是哪一个伟人(包括孙中山、毛泽东)所能制造的,只能是客观环境的产物,正如列宁所说:"革命是不能'制造出来'的,革命是从客观上(即不以政党和阶级的意志为转移)已经成熟了的危机和历史转折中发展起来的"。①因此,孙中山的宪政思想之所以带有强烈的革命色彩,我们可以从这里找到答案。

其次,政治发展的研究视角。政治发展是指政治体系从一种假定的前现代的传统型向现代型过渡的过程。派伊(Lucian. W. Pye)在《政治发展诸方面》一书中将政治学家对政治发展的理解概括为10个方面,其中的第四个方面就是:"政治发展是建立和维持一个独立民族国家的过程"。②《布莱克维尔政治学百科全书》对"政治发展"所做的解释是:"政治科学中用于描述民族统一和国家建立的过程,特别是第二次世界大战后摆脱殖民统治的亚洲、非洲新独立国家的建立过程的一个概念。政治发展与现代化和经济发展的概念密切相关。"③马克思和恩格斯在《共产党宣言》中指出:"资产阶级日甚一日地消灭生产资料、财产和人口的分散状态。它使人口密集起来,使生产资料集中起来,使财产聚集在少数人手里。由此必然产生的结果就是政治的集中。各自独立的、几乎只有同盟关系的、各有不同利益、不同法律、不同政府、不同关税的各个地区,现在已经结合为一个拥有统一的政府、统一的法律、统一的民族阶级利益和统一的关税的统一的民族。"④这里的"国家",马克思、恩格斯使用的是nation一词,也就是"民族国家"。因此,民族国家的构建应是政治发展的一个主要方面。什么是民族国家?宁骚先生认为,所谓民族国家,就是建立起统一的中央集权制政府的、具有统一的民族阶级利益以及同质的国民文化的、由本国的统治阶级治理并在法律上代表

---

① 《列宁全集》第26卷,人民出版社1988年版,第257页。
② 转引自燕继荣:《现代政治分析原理》,高等教育出版社2004年版,第329页。
③ 戴维·米勒、韦农·波格丹诺编:《布莱克维尔政治学百科全书》,邓正来等译,中国政法大学出版社1992年版,第552~553页。
④ 《马克思恩格斯选集》第1卷,第255~256页。

全体国民的主权国家。①近现代中国主权不独立不完整，没有统一的中央集权制政府，国家也没有完成对社会的整合任务，这怎么能算是现代意义上的民族国家呢？然而中国恰恰又是在这样一个基础上，进行宪政建设的：清末新政、南京临时政府、国民党的训政建设均是在这样一个基础上进行的。这种状况决定了中国宪政建设的路程是多么艰难，正如恩格斯指出的："一个大民族，只要还没有民族独立，历史地看，就甚至不能比较严肃地谈论任何内政问题。"②因为，民族国家的形成是立宪政治的基础，缺少这个基础，宪政就无法实现，即使实现了，也不是真正的宪政，如毛泽东所说的"挂宪政的羊头，卖专政的狗肉"。新中国为什么实现了人民民主宪政，完成了政治转型，根本原因就在于建立强有力的人民民主专政的国家政权。

再次，比较研究方法。比较研究法，又称类比分析法，是指对两个或两个以上的事物或对象加以对比，以找出它们之间的相似性与差异性的一种分析方法。它是人们认识事物的一种基本方法。众所周知，中国的宪法是从国外移植过来的，宪法的引进意味着中国开始实行宪政。宪政并不是中国社会自然演进的成果，先进的中国人给中国选择宪政方案不是因为中国已经具备了实施宪政的条件。由于外患的压力，近代中国宪政化的历程，从一开始就将注意力集中在通过立宪减轻外患和使国家强大的问题上，"仿佛一纸宪法便可抵百万雄兵"。③中国的政治家和思想家没有充分的时间来思考宪政发育成熟的条件，只是希望有强大的国家、强大的军队，希望经济发展。将个人从压制性的国家中解放出来并不是近代中国人关注的重点，民族的救亡图存才是他们关注的中心所在。这种先天不足的宪政文化，影响了清朝末年的立宪活动和以后的宪政发展进程。在中国的思想家和政治家眼中，宪法的最高功利化价值莫过于它能与减轻外患与"富国强兵"联系起来。传统中国士绅的"半部《论语》治天下"被直接换成为"一部宪法治天下"。例如，康有为在1898年说："臣窃闻东西各国之强，皆以立宪法开国会之故……故

---

① 宁骚：《论民族国家》，载《北京大学学报》（哲学社会科学版），1991第六期。
② 《马克思恩格斯选集》第4卷，第427页。
③ 李剑农：《中国近百年政治史》，复旦大学出版社2002年版，第207页。

人君与千百万之国民，合为一体，国安得不强？"①孙中山也持这种认识。他把"三民主义"解释成"救国主义"，是旨在"促进中国之国际地位平等、政治地位平等、经济地位平等，使中国永久适存于世界"。因此，"信仰三民主义便能发出极大势力，这种极大势力便可以救中国。"②在孙中山的民权主义中，民主宪政在一定程度上也是一个手段。他明确地把宪法和国家的富强联系在一起，他说："我们要想把中国弄成一个富强的国家，有什么方法可以实现呢？这个方法，就是实现五权宪法。"又说："国家宪法良，则国强；宪法不良，则国弱。强弱之点，尽在宪法。"③他对人民权利的保护、治权的划分与限制以及地方自治、联邦等问题都给予了极大关注；然而，他之所以如此重视这些问题，更多的是由于它们能与国家的复兴与强盛联系起来。孙中山号召"取法乎上"，是因为采用民主共和的美国是最强大的国家，他说，"我们为志士的总要择地球上最文明的政治法律来救中国。"他认为共和比君主立宪更先进，"何不为直截了当之共和，而为此不完备之立宪乎？"④又如，孙中山和他的追随者们之所以推崇共和制，更多的是出于一种反抗满清统治的需要。正是基于这样的判断，孙中山在1911年革命党人推翻了满清统治之后便断然宣布，"今满政府已去，共和政体已成，民族、民权之二大纲已达目的。今后吾人之所急宜进行者，即民生主义"。⑤当然，推翻满清专制与实行民主共和之间是有一定联系的，在满清君主专制制度下，谈共和与宪政无疑是痴人说梦。但推翻满清君主专制的成功并非必然是共和政治，满清帝国垮台后，中国在相当长时期内并没有真正进入民主共和的时代。在孙中山的思想意识中，共和在很大程度上只是一面否定君主专制的旗帜，一种动员革命资源的意识形态。这与西方古典共和主义者崇尚共和的理念是完全不同的。再如，"权能分立"是孙中山宪政思想体系中的一个重要内容，"权能分立"既包含孙中山真切希望给人民以直接民权以达共和的构想，也包含他创造一个"万能政府"使中国尽快强大起来的愿望。从孙中山

---

① 谢遐龄编选：《康有为文选》，上海远东出版社1997年版，第399页。
②《孙中山选集》，第616页。
③《孙中山全集》第4卷，第331页。
④《孙中山全集》第1卷，第287页。
⑤《孙中山全集》第2卷，第338页。

"权能分立"思想中不难发现他有崇尚人民主权而弃西方意义上的宪政观点。总之，民主、共和、宪法、宪政都被孙中山看成是使国家富强的工具。孙中山对宪政采取实用主义的态度，从急于摆脱民族危机的角度来说，确属合乎情理的选择，但从宪政的核心价值——控制国家的权力以保障人权上立论，却不能不说这是一种起点的偏向。正如哈耶克追问的那样："难道宪法的作用仅仅在于使政府顺利且有效地运转，而不管它们的目的是什么吗？"[①]这种发端于"救亡图存"运动的宪政思想，与西方自由主义者所持的宪政思想不可同日而语。

为什么会出现这种情况？这是因为，近代以来连续五次战争的失败，一系列不平等条约的签订，使民族存亡问题成为人们关注的焦点。在威胁到民族和国家生存的外患之下，渊源于救亡图存、富国强兵动机的社会变革最终导致了孙中山宪政思想所体现的价值观的主体和重心是国家，而不是以个人为中心的自由主义。所以，孙中山以国家自由来否定个人自由，他说："我们为什么要国家自由呢？因为中国受列强的压迫，失去了国家的地位，不只是半殖民地，实在已成了次殖民地。""外国革命的方法是争自由，中国革命便不能说是争自由。如果说争自由，便更成一片散沙，不能成大团体，我们革命的目的，便永远不能成功。"[②]孙中山晚年对宪政两个基本内核——"个人自由"和"有限政府"的漠视，对后来国民党的训政与党治实践影响很大。蒋介石关心的也是国家主义，确认国家比个人重要，个人要绝对忠实于国家，保护个人权利应当让位于使国家统一和强盛的目标。与国统区相比较而言，中共在革命根据地实践孙中山宪政思想是实实在在的，是有目共睹的。但我们也应该清楚，中共也是把民主宪政当作一种政治统治的策略手段使用，是动员民众参加革命的一种策略或者手段，其目的是为了夺取政权。因为，要唤起民众，就要解决广大人民群众的民权、民生问题。毛泽东深知，在中国欲造成民主的事实，必须先建立人民民主专政的政权。因为，中国"不是一个独立的民主的国家，而是一个半殖民地的半封建的国家；在内部没有民主制度，而受封建制度压迫；在外部没有民族独立，而受帝国主义压迫。因此，

---

① [英]哈耶克：《法律、立法与自由》第1卷，中国大百科全书出版社2000年版，第2页。
② 《孙中山全集》第9卷，第282页。

无议会可以利用,无组织工人举行罢工的合法权利。在这里,共产党的任务,基本地不是经过长期合法斗争以进入起义和战争,也不是先占城市后取乡村,而是走相反的道路。"①革命的根本问题是政权问题,宪法不过是一张写着人民权利的羊皮纸,没有人民民主专政的政权,宪法规定人民的自由民主权利也将不复存在。

总之,"'富强为体,宪政为用'这是中国从近代以来影响最大、最深、最远的一个宪政文化范式。""富强"始终是一把悬在理论家和革命家中间的达摩克利斯之剑,它斩断了理论家一切"非理性化"的思考,强迫革命家回到民族主义的立场。②在近现代中国走向民主宪政的过程中,民族主义情绪的激荡始终是一个重要的特点。

本书使用的宪政概念是民主政治意义上的宪政概念,即毛泽东给宪政下的定义:"宪政是什么?就是民主的政治。"③本文一般不把宪政的本质看成是控制国家权力、保障人权。因为,直到1949年,近现代中国一直不存在一个强有力的政府,中国政府的权力不是太强大而需要控制,而是太弱而需要强化。当然这种强化应建立在民主、制度化基础上,而不是建立在个人独裁基础上。④建立在民主、制度化基础上的政府权力的集中防止了集权后权力被少数人滥用,确立了一整套科学决策体系,依靠科学、法律、精英三者的共同作用,实现了国家公共生活的良好治理;建立在个人独裁基础上的行政权力集中则完全背叛了民主,甚至连民主的形式都放弃了,它实行高度的个人独裁,一个领袖、一个政党、一个主义,对内实行血腥统治的高压政策。

---

①《毛泽东选集》第 2 卷,第 542 页。
②王人博:《宪政文化与近代中国》,法律出版社 1997 年版,第 535 页。
③《毛泽东选集》第 2 卷,第 732 页。
④建立在民主基础上的强政府与威权主义政府之间存在着基本的区别,这就在于它是一种均衡的政治制度,是将国家治理过程中的民主的制度需求,与强政府的制度需求有机结合起来的一种现代国家制度。80 年代,中国学术界一种流行的观点——新权威主义将民主与政府权威对立起来,在牺牲民主的基础上强化政府权威。实际上,民主并不必然意味着对政府权威的否定,现代代议制民主政治制度的各项制度安排,无论是选举制度、政党制度、议会制度功能的发挥,还是公民对政府决策过程的参与和影响机制,如果制度设置科学合理、关系恰当,都不但不会损害政府的权威,相反能够有效提高政府决策的能力和政府的权威。当代西方各国政治制度变革的一个基本趋势,就是如何在国家政治制度体系内,将民主与提高政府权威,加强政府能力有机地协调统一起来,应该说,迄今为止,在这方面,各国的改革努力和尝试是成功的。

第二章 救亡图存与孙中山宪政思想的产生

孙中山宪政思想的产生，是与17世纪70年代中后期，中国所处的政治历史背景分不开的。自第一次鸦片战争以后，中华民族遭受西方列强的不断侵略，面临着瓜分豆剖、亡国灭种的威胁，以至于救亡图存，争取国家富强，成为先进的中国人为之奋斗的目标。中国近代宪政运动的产生与发展是以救亡图存作为动力的，正如杨幼炯所说："我国革命的民权运动之发生，实由于清室误国外交所引起，清代自鸦片战争以后，列强藉国家之威力，强制欧洲经济制度之实行，坚欲我国门户之开放，以消纳西方之工业品，使我国陷入国际怒涛中，成为列强互争之对象，开始沦入次殖民地。"[1]从开眼看世界、"师夷之长技以制夷"，到洋务派的"中体西用"，再到改良派的君主立宪，先进的中国人设计的是一条自上而下改良的救亡之路。但残酷的事实已经证明，这条道路在近代中国根本走不通。等到自强运动和变法运动都失败了，日益危机的国家命运促使孙中山的救国救民方案得以产生，孙中山的宪政思想就是其救国救民方案中的一个组成部分。

---

[1] 杨幼炯：《中国政治思想史》，商务印书馆1998年版，第310~311页。

第一节 中国近代资产阶级宪政思想产生的背景

在 19 世纪以前，中国与世界的关系主要是中国与以中国为中心的东亚世界之间的朝贡关系。在这种朝贡关系中，传统中华帝国中的人们不知"国家与天下之差别"，认为自己是这个世界的中心，是文明礼仪之邦；而周边国家或民族则是"蛮"或"夷"，是未开化的民族。一直到 19 世纪初期，中国人仍然认为自己是东亚文明的中心。中国人和周围非中国人的关系是假定以中国为中心的优越感这一神话为前提的。中国不是亚洲的一部分，更不是远东的一部分，它是指体现文明本身的中心王国。

出于帝国漫长的边疆一带的和平与秩序或者是出于帝国要求周边国家对其文明仰慕的需要，中华帝国对其周边国家一方面采取剿夷（武力征服）或抚夷（羁縻）的策略，另一方面主要是采取不带任何征服性质的朝贡政策。所谓朝贡政策，就是只要这些周边地区诸国或民族承认中华文明的至上性和优越性，并定期或不定期地对中华帝国朝贡，就可以确保它们的治国或民族的地位。在保证中华帝国安全方面，朝贡政策通常是成功的；但这一成功最终也促使这个老大帝国的毁灭。这一成功使国人更加以为，中国是一个没有同其他国家互相竞争的国家或政府的世界体系中心。朝贡关系是他们唯一承认的处理国际关系的一种形式，国家之间法律上平等的思想，对他们来说难以理解。朝贡关系就是中国不承认其他国家与自己是处于主权独立平等的地位，没有现代意义上的外交观念。这一认识与欧洲近代的国际法直接相抵触，中国和西方世界没有共同的立场可作为它们之间关系的基础。

总之，19 世纪以前中国人的世界观是"天朝型模的世界观"：自我中心，把中国看作世界的中心，其他地方都是中国的边围；不以平等看待外国，把在中国临近的民族看作是"东夷"、"西戎"、"南蛮"和"北狄"的"化

第二章 救亡图存与孙中山宪政思想的产生

外之民"。①上至最高统治者下至一般的政府官员和士绅都没有近代民族国家观念。诚如梁启超在《积弱溯源论》一文中所说："中国人向来不自知其国之为国也。我国自古一统，环列皆小蛮夷，无有文物，无有政体，不成其为国，吾民亦不以平等之国视之。故吾中国数千年来，常处于独立之势，吾民之称禹域也，也谓之为天下，而不谓之为国。"②传统中的"中国"概念主要是一种所谓"有文化的邦土之体认"，而不是民族国家。③

最能证明这一判断的事实是1792年英国派马戛尔尼为全权特使来华这件事。英国政府给马戛尔尼的指示要他竭力迁就中国的礼俗，但在表示中英平等关系上不能含糊。交涉的内容主要是英国要求派使节常住北京，希望中国增开通商口岸，减少对广州通商的限制以及确立固定的、公开的税则等等。但是，乾隆皇帝把他当作一个藩属的贡使看待，要他行跪拜礼。马戛尔尼最初不答应，后来有条件的答应。他的条件是：将来中国派使到伦敦去的时候，也必须向英王行跪拜礼；或者是中国派员向他所带来的英王的画像行跪拜礼。他的目的是要表示中英两国之间的平等关系。中国方面当然不会接受他的条件，乾隆皇帝也很不快乐，接见以后就要他离京回国。

打破帝国体系，建立有独立主权的"国家体系"是欧洲殖民体系在政治上对世界历史的一大贡献。因为，国家并不是凭空创造的，而是在国家体系的框架内创造的。事实上，国家体系是定义国家的框架。资本主义世界经济的国家存于国家体系框架内这一事实是近代国家的特殊性，区别于其他的官僚政体。对于欧洲在世界范围内建立的殖民体系，美国学者斯塔夫里亚诺斯曾作过形象的描述："大片大片的地区，包括除利比里亚和埃塞俄比亚之外的整个非洲大陆和亚洲大部分地区在内，全都变成了欧洲列强的殖民地。在面积达1681.9万平方英里的亚洲地区，至少有944.3万平方英里的土地处于欧洲的统治之下。"④

---

① 殷海光：《中国文化的展望》，中国和平出版社1988年版，第4~7页。
② 梁启超：《积弱溯源论》，夏晓虹编：《梁启超文选》上，中国广播电视出版社1992年版，第67页。
③ 王尔敏：《中国近代思想史论》，台湾商务印书馆1977年版，第210页。
④ [美]斯塔夫里亚诺斯：《全球通史：1500年以后的世界》，上海社会科学院出版社1992年版，第561页。

1840—1842年的鸦片战争是中国被纳入欧洲殖民体系的开始，也是中国真正进入近代意义上的国家体系的开始。此后，中国被迫与西方国家签订了一系列条约，这些条约的签订标志着中国与东亚世界之间朝贡关系的开始解体和中国与西方世界之间条约关系的逐渐形成。一方面，条约关系为列强进入中国提供了某种合法性，英、法、德、美、日等国纷纷进入中国，开始了对中国全方位的瓜分，中国的半殖民地化程度进一步加深。正如费正清等人所言："19世纪60年代初期，西方列强开始扩大它们自己的机会，又有11个通商口岸最终开放，包括中国北部和满洲、台湾以及溯长江而上远达武汉的某些地方。在中国的沿海和内河港口中，外国船只继续参与中国国内航运业，这是一项在大多数国家中禁止外国人享有的权利。在交纳中等水平关税的基础上，鸦片贸易合法化了。只要交付2.5%的附加转口税，各类外国进口货都可以自由地在内地通行了，这项税大约相当于进口关税的一半，这样它们便可以与当地的产品进行竞争。外贸管理由经充实的上海外籍税务司负责，这使帝国海关署成为北京政府的一个由外籍人员组成的部门。"①甲午中日战争中国的失败和日本的胜利，标志着建立在朝贡基础上的东亚世界秩序彻底崩溃，东亚国际体系由过去一直以中国为中心转变为以日本为中心。日本之所以发动日清战争，原因之一，正如日本学者信夫清三郎所说："以粉碎华夷秩序为目的，其主要手段是与清帝国进行武力斗争。"②甲午中日战争后，列强掀起了瓜分中国的狂潮，中国的国家命运危机程度日益严重。

　　传统中国是儒家的天下共同体，按照张灏的说法，传统的天下观有两个层面：第一个是哲学层面，支配中国人世界秩序观的，是天下大同的乌托邦理想；第二个是政治层面，中国人对世界的理解是以中国为地理中心的华夏中心主义。③天下是一种普世化的文化秩序，没有族群、疆域和主权的明确界限。比天下次一级的共同体是王朝共同体，正如列文森所说：天下代表了一种文化价值，而王朝代表着政治秩序。④因此，从严格意义上说，传统中

---

① [美] 费正清、赖肖尔：《中国：传统与变革》，江苏人民出版社1987年版，第307~308页。
② [日] 信夫清三郎编：《日本外交史》上册，商务印书馆1980年版，第290页。
③ [美] 张灏：《梁启超与中国思想的过渡（1800-1907）》，江苏人民出版社1993年版，第112页。
④ [美] 列文森：《儒教中国及其现代命运》，中国社会科学出版社2000年版，第84页。

第二章　救亡图存与孙中山宪政思想的产生

国从来不曾出现过现代意义上的民族主义观念，仅有的只是对一家一姓之王朝或华夏文化的认同。早在1916年，杜亚泉就指出：中国古代"国家之名称，则为封建时代之遗物，系指公侯之封域而言；自国家以上，则谓之天下，无近世所谓国家之意义。至民族观念，亦为我国所未有。所谓蛮夷戎狄者，皆天生之蒸民，且多为古代帝王之后裔，以其地处偏远，俗殊文野，故加以区别。夏用夷礼则夷之，夷用夏礼则夏之，其区别本非固定，故与现时民族之区别不同。"①梁漱溟也认为："中国人传统观念中极度缺乏国家观念，而总爱说'天下'，更见出其缺乏国际对抗性，见出其完全不像国家。"这种并非以民族国家或政治共同体，而只是以王朝（国家）或文化（天下）作为界定群体的观念，只是一种"王朝中国"或"文化中国"，而且王朝的合法性在于代表文化的正朔，"它原是基于文化的统一而政治的统一随之，以天下兼国家的。"②传统的中华民族的边界十分模糊，只要在文化或政治上臣服于自己，便可承认它为华夏民族大家庭中的一员。钱穆说："中国人常把民族观念消融在人类观念里，也常把国家观念消融在天下或世界的观念里，他们只把民族和国家当作一个文化机体，并不存有狭义的民族观与狭义的国家观，民族与国家都只是为文化而存在。"③因此，传统中国与其说是民族主义的，毋宁说是以文化为中心的普世主义的。中国人只有不变的"儒家文化认同"，而鲜有明显的"民族国家认同"。因此，"我们只能说中国传统社会只是——以文化为基底的'天下性'的结构，而不能说是——以政治为基底的'国家性'的结构"。④

只是到了19世纪下半叶，西方列强用武力强迫中国签订了一系列不平等条约，中国人才被迫以陌生的国家观念取代了传统的天下观念，正如萧公权所言："盖同光以前国人墨守《禹贡》九州之地理范围，认为中国为惟一文明声教之区。四海之表，纵有生民，然不过夷狄之属，当为中国所无有，而不能与我相抗衡。故秦汉以来之政治皆以'天下'为其讨论之对象。二千年中，未尝改移。及至道、咸以后，中国向所贱视之夷人，忽起而陵犯天朝。

---

① 伧父：“静的文明与动的文明”，《东方杂志》第13卷、第10号，1916年10月。
② 梁漱溟：《中国文化要义》，《梁漱溟全集》第三卷，山东人民出版社1990年版，第160页。
③ 钱穆：《中国文化史导论》，上海三联书店影印本1988年版，第19页。
④ 金耀基：《现代化与中国现代历史——提供一个理解中国百年来现代史的概念架构》，罗荣渠等编《中国现代化历程的探索》，北京大学出版社1992年1月第一版，第7页。

彼强我弱之事实，昭然可睹，而无可隐讳。于是昔日自尊自满之态度，始为之一变。使节往还，是承认列国之并存也。设馆留学，是承认西法之优长也。二千年之'天下'观念，根本动摇，而现代国家之思想遂有产生之可能。然则帝国主义侵略之罪虽无可惋，其间接扫除之功，亦未可没也。"①条约关系将中国放在了整个国际体系之中，改变了中国的封闭状态，也改变了中国人的世界观，根深蒂固的华夷思想和传统的"天下"观念在一部分地主阶级知识分子心目中开始动摇，在他们的思想意识中开始产生了现代意义上的民族主义和民族国家观念。正如张灏曾经指出的那样：自1895年以来产生的很多思想有一个共同方面，即"这些思潮都带着浓厚的群体意识，期望把中国自此一危机中解放出来，他们向往着一个未来的中国，并追寻通向那目标的途径"。②这是由于，进入条约后的国家之间的关系主要是政治关系，即主权国家之间政治上的平等关系，这一点与朝贡关系主要从事贸易活动以及吸收文明不同。可以说，现代意义上的民族主义意识和近代国家观念正是伴随着国家独立与主权意识的高扬，以及对传统王朝观念的深刻反省和批判逐步形成的。这一民族主义属于近代中国民族主义浪潮的第一波，它是在夷夏内外之防的框架内展开的民族主义，我们可以将之称为"官方民族主义"。③"官方民族主义"是在清朝统治集团内部发展起来的，其代表人物是以康梁为首的维新派。近代中国的第二波民族主义浪潮是在晚清政治体制外部发展起来的以孙中山为代表的反满的大众的革命的民族主义浪潮。因此，"条约制度兴衰的一百年来，经历了帝国主义入侵中国的开始及其高潮，也经历了中国人民对侵略不断增强革命反抗的各个阶段。中国的主权在条约中不断受到损害；随着民族主义和革命的兴起，主权渐渐地又得到了维护。"④

---

① [美]萧公权：《中国政治思想史》三，辽宁教育出版社1998年版，第632页。
② [美]张灏：《再论中国共产主义思想的起源》载《中国历史转型时期的知识分子》，联经出版事业公司1992年版，第55~62页。
③ 本尼迪克特·安得森在《想象的共同体》一书中将"官方民族主义"形容为民族与王朝制帝国的刻意融合，对"官方民族主义"最好的诠释是，将之理解为一种同时结合归化与保存王朝的权力。上海世纪出版集团2005年版，第83~84页。
④ [美]费正清：《剑桥中国晚清史（1800—1911）》上卷，中国社会科学出版社1983年版，第231页。

第二章　救亡图存与孙中山宪政思想的产生

从朝贡制度向条约制度的转变，不仅在中国知识分子群中形成民族主义意识，而且造成民主政治观念的广泛传播。这是西方民族主义给近代中国社会带来的副产品，正如西方研究中国现代化的学者们指出的：西方的冲击，"对于一个本来就犹豫彷徨，在重要的变革面前举棋不定的王朝来说，无疑会产生破坏性的政治后果。不过，从另一方面来讲，它又有助于使中国人接触到比自己更现代化的社会，从而提供了一个为现代化而奋斗的长期动力。实际上，外国的影响使中国在20世纪初出现了10年左右的生机勃勃的改革年代，它使许多从外面学到的东西具体化了。"①民族主义在政治上的诉求就是建立一个民族国家及形成人民对该民族国家的政治认同。民族国家在本质上应当是民权的宪政的国家，民族主义和人民主权不可分离，从这一角度来说，民族主义和自由主义是同一的。美国政治学家摩根索（Hans J.Morgenthau）强调："无论从历史起源还是从其所发挥的政治功能来说，民族主义的思想和自由的思想密不可分，但也同自由的概念一样模糊不清。作为一种政治现象，民族主义为两种自由提供了源泉，即集体自由和个人自由。前者为一个民族摆脱另一个民族统治的自由，后者为个人根据自己的意志加入这一民族的自由。（在民族主义者那里），个人自由被视为是民族自由的先决条件，而民族自由仅仅是个人自由在国际舞台上的表达罢了。原先用来保障和支持个人自由的政治和法律被应用到民族。人民的意志应决定该由谁来统治他们及其如何来统治。一个民族应该属于哪个国家统治也是这一决策的一部分。所以，民族自决原则的实现是民主政治和民族主义的实现。"②

威尔·杜兰在观察了近代中国历史后说："今天中国人最强烈的感情是痛恨外国人，同样的，今天中国最有力的行动是崇拜外国人，中国知道西方不值得这样崇拜，但是中国人却被逼得不得不这样做，工业化或殖民化二者任由选择。"③面对西方文明的冲击，为了国家的富强、出于保国保种的需要，鸦片战争后那些具有现代民族主义思想的先进中国人走上了艰难的向西方

---

① ［美］吉尔伯特·罗兹曼主编：《中国的现代化》，江苏人民出版社1988年版，第269页。
② 转引自郑永年：《中国民族和自由主义研究（提纲）》，载哈佛燕京学社 三联书店主编：《公共理性与现代学术》，三联书店2000年5月北京第1版，第208~209页。
③ 转引自姜义华等编《港台及海外学者论近代中国文化》，重庆出版社1987年版，第63~64页。

探寻宪政之路——孙中山的宪政思想及实践问题研究

学习的道路。最初,中国向西方学习的是"船坚炮利"一类的器物文明,而对"船坚炮利"背后的政治制度关注较少。只是在军事上的较量屡屡失败后,才去关心政治的改良,但也一一失败了。后来,孙中山不得不用革命的方式推翻了腐朽的满清王朝,建立了一个新的民主共和国。无论是以康有为、梁启超为首的维新派的君主立宪还是以孙中山为首的革命派的民主共和,其民权的本质并没有什么区别,对于现实中国来说这是根本性的变化。因此,在实现这一彻底变革目标的路径上的不同选择("革命"与"保皇"),其实有着共同的"革命"意识底蕴。

第二节 以康有为为首的维新派的宪政思想

追循近代中国民主宪政思想的发展轨迹,我们可以清楚地看到民族危机对民主宪政思想的推动作用。近代中国以《南京条约》、《北京条约》、《马关条约》、《辛丑条约》这四大条约为关节点,民族危机一次比一次严重,专制统治的腐败性暴露得一次比一次深刻,反对专制的民主宪政思想也相应地依此而呈现一浪高过一浪的趋势。鸦片战争刺激了魏源、徐继畲等地主阶级知识分子对西方民主政治的兴趣,中法战争则激发了郑观应、王韬等早期改良派的立宪议论,甲午战争又启动了康有为、梁启超等维新派的改良尝试,八国联军入侵更使孙中山高举"民权革命"的大旗,提出了资产阶级共和国方案。民主宪政思想的变迁轨迹明显依外祸的严重程度成正比例关系发展着,而其产生、发展的阶段性演进也无不与历次重大危机相暗合。

1840 年的鸦片战争,把古老的中国推上了师夷的征程,也翻开了中国近代民权思想发展的第一章。虽然这一阶段西方民权思想并不在师夷的范围内,但思想界已潜滋暗长着对民主制度的歆慕和对专制制度的不满之情。在第一次鸦片战争期间,地主阶级士大夫中就有介绍近世西方宪政制度的,林则徐、魏源、徐继畲、梁廷楠等人是其中的代表。从林则徐的《四洲志》、魏源的《海国图志》、徐继畲的《瀛环考略》、姚莹的《康輶纪行》及梁

第二章　救亡图存与孙中山宪政思想的产生

廷楠的《合省图说》，到洪仁玕的《资政新篇》等，都将英国君主立宪政体及美国民主共和政体同时介绍到中国来，毫无成见地给西方两种不同类型的民主政治以高度评价。如魏源就认为美国既不专制又不世袭的民主制度，比起乾纲独断的中国式的"古今官家之局"优越得多，又"公"又"周"，尽善尽美。①他还称赞实行民主政治的瑞士是"西土之桃花源"。②19世纪40年代中期，徐继畬称赞打了天下而不做皇帝的华盛顿"几以天下为公"，像中国古代尧舜那样了不起。③19世纪50、60年代交替时期，冯桂芬公开称赞西方的民主制度优于中国，并把"君民不隔不如夷"作为改革的重点。洪仁玕的民主建议更多，甚至要求一切大政均"宜立法以为准"。魏源等人对于西方民主政治制度的了解还是很肤浅很模糊的，而且他们对于西方民主政治制度作这种肯定介绍时，也没有丝毫要中国"师"其"制度"的意思，更没有对照批评中国君主专制的主张。不过，这样以肯定、赞赏的态度介绍和评价西方民主政治制度，在中国是破天荒的。这种介绍无疑为以后的维新变法思想和孙中山革命的宪政思想的形成，提供了重要的事实依据和思想资料。

如果我们把魏源、徐继畬、梁廷楠等人称为近代中国"开眼看世界"的一派人，那么王韬、薛福成、郑观应、马建忠、郭嵩焘、何启、胡礼垣、钟天纬等人就是这派人的后继者。他们对于西方民主政治制度的介绍比"开眼看世界"那派人的更加深刻、更加系统了；而且，他们还联系当时的国际国内形势，论述了欲使中国富强不仅要学习西方先进的科学技术，而且还要学习其民主政治制度。

中法战争是中国近代民权思想发端的重要分水岭。在这次战争中，清政府未败乞和，洋务运动期间建立起来的福建水师和福州船政局被法军摧毁，洋务运动的自强方案受到了第一次检验。面对新的民族危机，早期改良派滋生了对清政府的不满以及对洋务自强运动的怀疑，并力图寻求更为有效的强国之道。中法战争以后，他们开始从洋务派营垒中分化出来，把关注的焦点

---

①魏源：《外大西洋墨利加洲总叙》，《海国图志》五十卷本，卷三十八。
②魏源：《大西洋瑞士国》，《海国图志》百卷本，卷四十七。
③徐继畬：《瀛环考略》卷下，台湾文海出版社手稿影印本，第210页。

从仿效西方国家的器物文明转向政体的改良上。马建忠的一段话很有代表性，他说："初到（法国）之时，以为欧洲各国富强专在制造之精，兵纪之严，及披其律例，考其文事，而知其讲富强以护商会为本，求强者以得民心为要。其制造、军旅、水师诸大端，皆其本末焉者也。"①郭嵩焘讲得更明确："西洋立国，有本有末，其本在朝廷政教。"②这种学理上的本末观的根本分歧，使早期改良派逐渐背离了仍偏重"变事"的洋务派，开始了变政教、开议院的理想设计。因而与洋务派有所区别，被称为改良派或早期维新派。

早期改良派关于设立议院、实行君民共主思想的出现，一方面是鸦片战争以来"西学东渐"的结果；更重要的，是与中法战争后清朝专制统治所造成的日益深重的国家灾难和民族危机是分不开的。他们从振兴商务，求得国家富强，反对外来侵略，摆脱民族危机的立场出发，逐渐由仿效西方国家工业生产的技术层面，深入到要改革中国的专制政体、实行君民共主的政治层面。王韬说："试观泰西各国……类皆君民一心，无论政治大小，悉经议院妥酌，然后举行……。中国则不然，民之所欲，上未必知之而与之也；民之所恶，上未密察之而勿施之也。"③陈炽更以明白的语言阐述了西方的"议院之法"，是"英美各邦所以强兵富国，纵横四海之根源也"。④由王韬、郑观应等早期改良派所追求的宪政的"富国强兵"的价值在中国宪政史上的意义有两点：首先，这种价值的设定对统治者和对人民都是能够接受的东西；其次，这种价值的追求表明了这样一种可能性：一个非西方化的国家不必非要从人权和权力的控制首要价值上追求宪政，而可以从国家和民族的利益层面接受宪政。⑤事实上，正是这一代知识分子开创了"宪政——富强"的理论范式，使中国的宪政追求不同于西方。这种理论范式深刻影响了康有为、梁启超乃至孙中山的宪政思想。

---

①马建忠：《上李伯相出洋工课书》，《适可斋纪言纪行》卷二，见沈云龙主编《近代中国史料丛刊》第153号，台湾文海出版社印行，第79~80页。
②《郭嵩焘日记》第三卷，湖南人民出版社1982年版，第137页。
③王韬：《弢园文录外编·达民情》。
④陈炽：《庸书·议院》。
⑤张晋藩：《中西宪法文化的比较——〈中国的宪法史〉序言》，载《中国法学文档》第一辑，法律出版社2005年版，第7页。

第二章 救亡图存与孙中山宪政思想的产生

早期改良派把得民心与政教同视为富强之本,实际上已窥到了西方政教的民主性。在这种认知基础上,他们设计了"君民共主"的议院方案以体现其微弱的限制君权和提升民权的要求,这一以"君民共主"的方式体现民权精神的阶段就成为中国近代民权思想的发端。这种政治理念一经出现,便会吸引越来越多人们的注意,启迪人们进一步探索西方民主制度及民权思想的真谛,这是早期民权思想的一大功绩。

民主政治不仅使国家得到合法性,而且更为重要的是,国家通过民主程序将大众从社会的边缘带进社会的中心,从而增强社会的凝聚力,并最终增强国家的力量。早期改良派那时就已经意识到了民主政治的这个功用。早期改良派发现,西方国家强大的秘诀是近代国民国家①所体现的、国民等于国家条件下的国家凝聚力、综合力。要得到犹如欧洲那样的君民一体的凝聚力,就要使人民能参与君王的政治,使君主与人民共同执政。他们认识到政治参与、舆论形成不再是少数科举合格者的专利,作为政治客体的人民也应当参加政治。出于这种动机,他们要求在政治体制内引入议会制度。早期改良派关于设立议院、实行君民共主的思想,在很大程度上是被当作解决中国的言路、君民隔绝等各种老问题的新方法;他们试图用设立议院的方式把皇帝和人民联系起来,因为,他们深知:只有当皇帝及其官员能倾听人民的声音,朝廷的决策表达人民的意志的时候,强有力的国家才会出现。这一点与欧美的议会制度是从削减君主权力的观点产生出来的不同。诚如三石善吉教授所言:"议院制度的导入不在于保护民权,而在于为了强化以抵御外敌为目的的君权、国家权力,换言之,是为了建立文化国家的防御体制。"②

早期维新派的宪政思想基本上还停留在克拉克所说的"在传统中变"(change within the tradition)的范围;1895 年后,在这种追求富强的心情中,改良变得更加激进了,一切似乎在向着西方式的"现代"转化,出现了"在传统外变"(change beyond the tradition)。③这一点在康有为以降的人的身上

---

① "国民国家"这一概念源自日本对民族-国家的翻译,它揭示了主权概念背后隐含的社会关系。国民国家的概念立足于平等的国民的自主能力及其对国家主权的决定关系。
② [日]三石善吉:《传统中国的内发性发展》,中央编译出版社 1999 年版,第 74 页。
③ 葛兆光:《中国思想史(第二卷),七世纪至十九世纪中国的知识、思想与信仰》,复旦大学出版社 2000 年 12 月第一版,第 682~683 页。

明显地表现出来。

甲午中日战争中国的惨败不仅使洋务派自强求富的愿望化为泡影，而且也使中国人的民族主义意识迅速凸显出来，随着民族主义精神的高扬，中国走向近代国家的进程大大缩短了，因为，"民族主义是近代国家建设过程中的一把钥匙，一种缺少了这种潜力的'道'，在生存斗争中就会异常不利。"①"民族主义这个东西，是国家图发达和种族图生存的宝贝。"②清朝政府向列强屈辱求和、割地赔款，自从第一次鸦片战争以来的半个多世纪中，早已是接二连三、屡见不鲜的，可那都是输给了船坚炮利、实力大大强于自己的泰西列强，国人固然深感屈辱愤懑，但是短时间里也无法改变这种实力对比悬殊的局面。可是这一次不同了，完全出乎国人意料的，竟然是败在一向看不起的、实力似乎并不强于中国的"东夷小国"日本手下。列强瓜分中国的危险已迫在眉睫，如何从亡国灭种的险恶前景中解脱出来，已成为朝野上下一切有识之士所共虑的迫切课题。正如梁启超在《戊戌政变记》中所说，"吾国四千余年大梦之唤醒，实自甲午战败割台湾偿二百兆以后始也。"就在《马关条约》签订的这一年，严复在天津《直报》上发表了一篇《救亡决论》，第一次响亮地喊出了"救亡"的口号。甲午中日战争中国的惨败，也使人们的思想观念发生了剧烈变化。许多人逐渐意识到：抵抗外国侵略不能单靠朝廷的力量，而要靠国民的共同奋起。救亡的迫切心情，增强了人们的民主观念，先进的中国人意识到：要救亡，必须将国家从属于君主一姓一家王朝的状态，改革为"以公治众"的民主政体。自此，一场以实行君主立宪为主要内容的维新变法运动终于兴起，并异常迅速地形成高潮。

众所周知，以康有为为首的维新派是仿效日本君主立宪的方式进行变法的。维新派为什么要仿效日本的做法呢？除了上面提到的"东夷小国"打败天朝大国这一客观事实外，还有一层原因，那就是：近代的日本曾经面临了与中国同样严峻的问题，即同样遭受西方资本主义列强的侵略，同样面临半殖民地和殖民地化的民族危机。但是，日本通过"明治维新"，确立了君主

---

① [美] 狄百瑞：《东亚文明——五个阶段的对话》，江苏人民出版社1996年版，第87页。
② 《孙中山全集》第9卷，第210页。

第二章 救亡图存与孙中山宪政思想的产生

立宪制度,在短短的十几年内,由一个传统国家变为一个强大的近代国家。考察日本明治维新的成果,康有为认为"日本改定国宪,变法之全体也"。①而"中国败弱之由,百弊丛积,皆由体制尊阁之故"②。因而主张仿日改制,行君主立宪。这一点虽然只是对早期改良派学理的因袭,却已将改制由议论提到实践的日程上。梁启超更偏重民权,他认为"国之强弱悉推原于民主"③,"君权日益尊,民权日益衰,为中国政弱之根源"④,因此"民权兴则国权立,民权灭则国权亡……故言爱国必自兴民权始"⑤。可见,在维新派眼里,西方的器物文明不足以使国家强大,其政治制度才是国家富强的根本,日本通过采用西方的政治制度使国家走上富强之路,那么我们中国为什么不仿效日本的做法实行君主立宪以使中国摆脱当前亡国灭种的危险处境呢?正如毛泽东在《论人民民主专政》中谈到那个时候中国人的思想认识问题时所说:"要救国,只有维新,要维新,只有学外国。那时的外国只有西方资本主义国家是进步的,它们成功地建设了资产阶级的现代国家。日本人向西方学习有成效,中国人也想向日本人学。"

"公羊三世"说是康有为藉孔子的名义宣扬据乱世—升平世—太平世的进化规律,并比附西方专制—立宪—共和的三段论,以为改制成君主立宪的西方民主制度张本的思想体系。孔子在这里被打扮成一个"日以进化为义"⑥的历史进化论者,被推到张民权、行改制的旗手位置上。抛开托古改制的功利目的,我们仍然可以看到它不可忽视的理性启蒙意义,即民主必然取代君主是世界潮流,"吾知不及百年,将举五州而悉惟民之从,而吾中国,亦未必能独立而不变,此亦事理之无如何者也"⑦。这是民主必然性的学理依据。

天赋人权论是20世纪最为有力的民权思想启蒙武器,严复曾把它译为古雅的汉语:"唯天生民,各具赋畀"⑧,并在《直报》上发表《辟韩》一

---

① 康有为:《日本变政考》,故宫藏本,卷七、卷六按语。
② 康有为:《上清帝第七书》,《戊戌变法》第二册,第204页。
③ 梁启超:《与严幼陵先生书》,《梁启超选集》,上海人民出版社1984年版,第42页。
④ 梁启超:《西学书目表后序》,《梁启超选集》,第38页。
⑤ 梁启超:《饮冰室合集·文集》第二册,第三卷,第96页。
⑥ 康有为:《孔子改制考》,中华书局1958年版,第285页。
⑦ 梁启超:《论君政民政相擅之理》,《梁启超选集》,第49页。
⑧《严复集》第一册,中华书局1986年版,第3、118页。

文对宣扬君权神授、专制有理、君主民仆的唐代思想家韩愈《原道》一文痛加批驳，论述人民是"天下之真主也"，主权在民、君仆民主、立君为民、君可废立等一系列反对专制的启蒙思想，宣扬人民的权利是天赋的，是不可转让、不可分割、神圣不可侵犯的。人民在自然状态，人人都是自由、独立、平等的。从来不存在天生的奴隶和天生的主人，不存在服从与被服从、奴役与被奴役的关系。人民为了保障自己的权利和自由，订立社会契约组成国家，因而国君是人民的公仆，如果国君违背民意而变成专制暴君，人民有权利推翻他的统治，以恢复自己的天赋人权。这一理论扭正了二千年来被歪曲的君民关系，是真正的西方民权理念的挥发。

在资产阶级历史进化论和民权平等论这两大思想武器的理性启发下，当时的以康有为为代表的先进知识分子"醉心民权革命论，日夕以此相鼓吹"[①]，他们对于封建专制的批判，对议院、民权、民智的认识都远远地超过了早期改良派，呈现出跃进式的进步。

康有为的功绩在于：他不仅在甲午战后的新的形势下，把维新变法，从早期维新派的著书立说推进到形成一个具有相当规模的思想运动和政治运动，从一般的宣传推进到直接的政治实践；而且，他还提出了各项变法主张以及对如何实施这种改革也作了通盘的筹划，制定了一整套方针和步骤。著名的经学家皮锡瑞对这一点十分推崇，把它同陈炽的著作做了一个比较，写道："阅《庸书》、《富国策》，多可行者。然统筹全局、权其先后缓急之序，一一如指诸掌，终以南海之四上书为最。"[②]

康有为深信，中国通向富强之路，必须要有一个基于民权的政府，以及适应近代政治生活需要的有效行政系统。1888年12月10日，他在《上清帝第一书》中，就表达了适当地改变几百年的古老政府机构，可在10年内致富强的观点，"尤望妙选仁贤，及深通治术之士，与论治道，讲求变法之宜而次第行之，精神一变，岁月之间，纪纲已振，十年之内，富强可致，至二十年，久道化成，以恢属地而雪仇耻不难矣"。[③]康有为将世界政治制度

---

① 《梁启超年谱长编》，上海人民出版社1983年版，第83页。
② 皮锡瑞：《师伏堂未刊日记》。
③ 谢遐龄编选：《康有为文选》，第261页。

第二章 救亡图存与孙中山宪政思想的产生

的发展演变归纳为今文经学的"三世说"公式:"据乱世"是君主专制时代;"升平世"是君主立宪时代;"太平世"是民主共和时代。据此,他认定:民主政治乃是最高与最完美的政体形式;君主立宪是比较不完善的政体形式,但却适合政治发展中较低阶段的国家;专制是最低最坏的政府,只存在与政治最落后的国家。康有为认为,君主专制乃是造成西力东渐以来中国挫败局面的原因。因此,中国的解救之道在于将专制政府改为民主政府;但是,专制不能一蹴而达于民主。其原因:一方面是由于政治变革的轨迹必须严格按照循序渐进的方式进行,必须由"乱世"而"升平",由"升平"而"大同",即由君主专制变为君主立宪,再发展为民主共和;另一方面是由于中国受专制之毒害很深,民智未开,尚未有行民主的资格。政治以及其他方面的进步,必须是渐进有序的,即在实施全面共和之前,中国必须经过君主立宪的过渡时期。

康有为在戊戌维新变法运动期间所作的各种改革建议中,有关君主立宪的建议最为重要。康氏君主立宪之议的要点在于取法英国和日本的君主立宪模式,通过自上而下的改良运动,和平渐进地实现由专制到宪政的政治转型。由于君主立宪方案的核心是建立资产阶级性质的议会制度,所以他深信议院在立宪制度中具有极为重要性;因为议院乃是君民上下交通的通道,并将他们联系起来,成为健康的政体。议院除便利征税之外(显然指的是英国的经验),还使人民能够经由代议仕发表政见与诉愿,并在达成对公众政策上扮演舆论的力量。他在一份奏折里曾指出议院的主要性质与优点:"东西各国之强,皆以立宪法、开国会之故。国会者,君与国民共议一国之政法也。盖自三权鼎立之说出,以国会立法,以法官司法,以政府行政,而人主总之,立定宪法,同受治焉。人主尊为神圣,不受责任,而政府代之。东西各国皆行此政体,故人君与千百万之国民,合乎为一体,国家安得不强?"[1]

康有为接着指出君主专制的基本缺点:"吾国行专制政体,一君与大臣数人共治其国,国安得不弱?盖千百万之人,胜于数人者,自然之数矣。"[2]

---
[1] 康有为:《请定立宪开国会折》。
[2] 康有为:《请定立宪开国会折》。

他并且警告,中国若不及时作政治改革,将步法国与波兰的后尘,免不了革命流血。如果路易十六知道局势危险,而决心立宪,确定统治者与被统治者之间的权利,他不但可免于一死,还可保全王朝。不幸的是,他未能理解这一放之四海而皆准的真理:且夫寡不敌众,私不敌公。①波兰的悲剧为同一性质的教训,尽管其历史境况不同。他特别指出,波兰之王受制于保守大臣以及作威作福的母后,不能够自己做主。如波兰之王能在局势尚未完全绝望前,还政于民,该有多好?显然,康有为列举这两个例子一方面有加强其说法的意思;另一方面,康氏虽对革命百般指责,但又不得不承认现代各国立宪政府都起源于法国革命,他写道:"近世万国行立宪之政,盖皆由法国革命而来。迹其乱祸,虽无道已甚,而时势所趋,民风所动,大波翻澜,回易大地,深可畏也。盖大地万千年之政变,未有宏巨若兹者,亦可鉴也。"②法国革命加速了民主化的进程,一个近代国家接着另一个近代国家取代专制而诞生。违背时势必然无效,中国只有顺应时势,当情况仍有可作为时,准备迎接君主立宪。因此,他在《上清帝第五书》中说:"伏原皇上……集群材咨问,以广圣听。求天下上书,以通下情。明定国是,与海内更始。自兹国事付国会议行。"

康有为政治革新的最终目的,是逐渐而彻底地将中国的专制政治转变为立宪民主。在达到这个目的之前,康有为认为对现行行政机构的大幅度改革乃是刻不容缓的事,因当时的行政机构,由于组织之腐朽,功能之退化,早已成为无用的时代废物,不先整顿这个行政机构,任何政治革新的努力都将徒劳无功。③康有为在1888年秋的《上清帝第一书》中,表示出他对现行制度的不满。他说,"今天下法弊极矣"!其缺点,多而且严重。"六宫万务

---

① 康有为:《进呈法国革命记序》。
② 康有为:《进呈法国革命记序》。
③ 的确,我们很难想象,没有一个合理的权力结构,没有一个强有力的政治权力的支撑,中国传统社会可以通过"无为而治"就可以自动地实现"全变"。因此,变法意味着必须建立一个新的、强有力的国家政权,要建立强有力的行政管理体制、财政体制,要国家进行社会动员的网络或触角向下延伸(从县延伸到乡村),要将一个文化共同体的中国改造成一个现代民族国家,要建立一种强有力的意识形态,在每个人的心中建立一种民族国家的认同。参阅苏力:《现代化进程中的中国法治》,《学问中国》,江西教育出版社1998年4月第1版,第191页。

第二章 救亡图存与孙中山宪政思想的产生

所集也,卿贰多而无所责成,司员繁而不分委任,每日到堂,拱立画诺……卿贰既非专官,又多兼差,未能视其事由……故虽贤智亦皆束手。"州县级的地方政府,情形也没有多好。"兵、刑、赋、税、教、养合责于一人,一盗佚,一狱误,一钱用而被议矣。"①然则,地方官吏自然以保身为先,而以服务政府人民为次要,更坏的是地方官职的买卖,使贪污贿赂成了司空见惯之事。康有为也许是当时唯一将产生这些问题的根源追溯到专制统治之人。他在1895年6月30日《上清帝第四书》中说:"中国自古一统,环列皆小蛮夷,故与外无争雄竞长之心,但于下有防乱弭患之意。至于明世,治法尤密。以八股取士,以年老累官……一职而有数人,一人而兼数职,务为分权掣肘之法,不能尽其才。"他要求对现行行政制度进行改革,不只是为了提高行政效能,而是为了逐步达成议会、宪法、三权分立、责任政府这一套现代立宪制政治制度。他在《上清帝第六书中》中说道:"近泰西政论,皆言三权:有议政之官,有行政之官,有司法之官。"中国政府中大致有相当于行使行政权与司法权的机构,但却缺少一个"议政"的机构,即"百官皆备,而独无左右谋议之人,专任论思之寄"。因此,中国政府没有一个机构来筹备大幅改革计划。为了弥补这个漏洞,他主张立刻设立"制度局"。这并不是真正的立法机构或议会,而是一个新的政府机关,康有为希望藉此超越现行政府衙门的干涉,而推行其革新计划。制度局由十二个部门组成,分别掌管法律、度支、学校、农、工、商、铁路、邮政、矿务、游会、陆军与海军等有关事物。因此这可以说是一个雏形的内阁,十二个部门共同体现一个现代政府的"议政"、执行与行政等功能。制度局的设立,是企图为君主立宪方案的最终实现找到一种渐进的、新旧并行的、逐渐过渡的变政方式。制度局的设立,一方面能使维新派原来在正规政治结构之外进行的许多活动(请援、上书、组织学会等非正式的、非制度化的政治参与方式和手段),渗入旧结构的内部,从而使自己的政治参与方式合法化、制度化,这种参与方式的转换显然有利于改革事业的推进;另一方面,制度局的设立,也使维新派得以从学会进入最高决策中枢,同皇帝一起商定法典,制定政策,这将排斥

---

① 谢遐龄编选:《康有为文选》,第260页。

总揽军政大权的军机处。设十二个局推行新法,势必逐渐取代分掌各项政务的六部。康有为提出设立"制度局"和"十二局",实质是维新派以和平的方式向封建顽固派和洋务派争夺权力。

众所周知,康有为是借君权的力量来推行中国的立宪民主政治的。梁启超在1901年对康有为的立场,作了这样的解释:"中国创民权者以先生为首,(知之者虽或多,而倡之者殆首先生)然其言实施政策,则注重君权。以为中国积数千年之习惯,且民智未开,骤予以权,固自不易;况以君权积久如许之势力,苟得贤君相,因而用之,风行雷厉,以治百事,必有事半而功倍者。故先生之议,谓当以君主之法,行民权之立。"①当然,康有为依靠王权推行变法,并非基于王权神圣的信念,事实上,他所建议的恰恰是取消王政的第一步。康有为依靠王权进行政治改革的主要原因在1898年他在《上清帝第五书》中说的最为清楚:"人主有雷霆万钧之力,所施无不披靡,就皇上所有之权,行方今可为之事,举本握要,则亦可一转移间而天下移风,振作人心矣。"他要求清帝效法俄国皇帝彼得与日本天皇明治成功的例子,"以俄国大彼得之心为心法,以日本明治之政为政法而已"。但康有为的这一计划有致命的缺失,因为,"在中国缺少可代替的领袖,——既在政治上有能力又能够利用传统的象征资源,像是明治天皇周围的那些资源"。②光绪虽有充当中国的明治天皇的素质和锐气,但当时的中国不允许他做明治天皇。破坏和扼杀新政的是以慈禧为代表的封建顽固势力,光绪的悲剧,是在他的周围没有形成一个足以制服慈禧一伙的力量。即以袁世凯的告密而论,也是由于新旧势力的悬殊决定的。如果不是力量对比悬殊,狡诈的袁世凯就会是另一种选择了。③可见,光绪皇帝虽有至上的决心,但却无依靠力量使决心化作实际行动。当然就某一意义而言,也不能完全责怪包括慈禧在内的满洲人。因为康有为的最终目标是要结束满清在中国的统治。执行这些方案不啻政治自杀,要满清放弃专制,无异与虎谋皮。显然,康有为的不革命的

---

① 梁启超:《戊戌政变记》,夏晓虹编:《梁启超文选》上,第319页。
② [美] 狄百瑞:《东亚文明——五个阶段的对话》,江苏人民出版社1996年版第87页。
③ 陈旭麓:《光绪略论》,施宣圆主编:《中华学林名家文萃》,文汇出版社2003年版,第13~14页。

和平立宪，只能是他一厢情愿的幻想而已。

立宪作为由专制到宪政的制度转型，是政治现代化中的革命性变革。自17世纪英国革命以来，立宪就与革命相伴而行。因为，世代统治人民的君主们是不会心甘情愿地拱手让出他们的统治权力的。正如布莱克所说："由于既任的政治领袖置身于他们的生活方式和自己的利害关系中，因此毫不奇怪，不是出于胁迫，他们就不会放弃自己的权力。传统政治体系绝不会以立宪方式为最初的改革做好准备，领导的变更意味着传统政治寡头的失势，因而不可能没有暴力而实现。……从传统领导向现代领导的转变通常是一种疾风暴雨式的过程。从17世纪到19世纪，大不列颠、法兰西、美利坚、得意志、意大利都饱受大革命和内战的重创，我们没有理由相信，后来建设现代化的国家将能够避免暴力。"① "百日维新"的失败清楚地表明，试图通过自上而下的改良来建立近代国家是无效的。唯一的办法是从下面进行革命。中国统治阶层，特别是满洲人，不愿用和平的方式来建立近代国家，日益危机的国家命运促使孙中山的宪政思想得以产生。孙中山的宪政思想与康有为的宪政思想在追求的基本目标上是大致相同的，即都要在中国建立现代立宪制国家，只不过途径有和平渐进与暴力革命之差别。因此，可以把"百日维新"时康有为的宪政主张看作是导向孙中山的宪政思想的一种过渡。

第三节 孙中山宪政思想的产生

西方民族主义理念的核心部分乃是个人主义，在英国资产阶级革命、法国大革命和美国独立战争中，这一理念都主张通过民族国家的建立，打破封建壁垒，实现自由贸易，保障个人在法律的范围内追求财产和荣誉时，可以不依照他人的意志，尤其是政府的约束和干涉。所以，民族主义在现实的政治变革中不仅作为民族独立的现实运动和政治理念，而且必然要推动这一社会内部的经济、政治、文化向扩大个人自决权利和保障个人基本权利方面发

---

① [美] 布莱克：《现代化的动力》，四川人民出版社1986年版，第92页。

展。在这一思想的影响下,孙中山等人组织和发动的革命运动,意义也就在于为抵御西方的入侵,为解救民族的危亡,创建全新的民族国家,而这个全新的民族国家所体现的现代性主要就是民权、宪政。建立以民权、宪政为价值取向的民族国家,就要如梁启超所说的"必取数千年横暴混浊之政体,破碎而齑粉之",就要"破坏",就要"革命",革君主专制的命。君主立宪与民主共和没有本质的区别,"革命"与"保皇"的区别在于:前者是"有血之破坏",后者是"无血之破坏"。梁启超主张"无血之破坏",反对"有血之破坏","中国如能为无血之破坏乎,吾馨香而祝之。中国如不得不为有血之破坏乎,衰绖而哀之。"①孙中山则主张"有血之破坏",当然他的以革命的方式寻求民权、宪政的主张也经历了一个变化发展过程。

孙中山开始萌发倾覆清朝的革命大志,最初只在中国传统观念的范围内。1893 年中法战争,虽则,在香港"以学堂为鼓吹之地,借医学为入世之媒",和陈少白、尤烈、杨鹤龄等人大谈革命,被人称为"四大寇",但与此同时,他却并未放弃士子用世途径,1894 年 6 月专程北上天津,上书李鸿章。孙中山在《上李鸿章书》中,全面阐述他的改良思想:(1)"人能尽其才",论述了人才的培养和使用。(2)"地能尽其利",论述了如何发展农业生产。(3)"物能尽其用",提倡了先进的科学技术。(4)"货能畅其流",主张保护商业,促进商品流通。孙中山认为只要抓好这四件事,就可以收到"百事兴"、"民食足"、"材力丰"、"财源裕"的效果。从这里不难看出,孙中山此时的思想水平,还达不到早期维新思想,大致仍属于"师夷之长技以制夷"、自强求富的洋务思想范畴。

不过,上书终如泥牛入海,杳无信息。就在这次上书后,孙中山的思想发生了变化,他意识到和平方法"不可复施",遂以出国考察农业的护照再赴檀香山,并于 1894 年 11 月在当地联合华侨二十余人成立了欲以暴力革命推翻清政府的政治组织——兴中会。1895 年 2 月他回到香港,成立兴中会总部,并首次在会章中提出以暴力推翻清政府的政治纲领"驱除鞑虏,恢复中华,创立合众政府"。接着,孙中山组织了广州起义。这说明孙中山彻底

----
① 梁启超:《新民说·论进步》,《饮冰室合集·专集》之四,中华书局 1989 年版,第 60~65 页。

第二章 救亡图存与孙中山宪政思想的产生

抛弃了改良思想,确立了革命的决心。《檀香山兴中会章程》载有"辱国丧师"、"庸奴误国"等词句,证明该会的创立与甲午战败的刺激有关。1897年《伦敦被难记》回忆:甲午战后,"朝廷即悻然下诏,不特对于上书请援之人加以谴责,且谓此等陈情变法之条陈,以后概不得擅上云云。……积渐而知和平之手段不得不稍易以强迫"。这说明兴中会之所以马上组织武装起义,有鉴于清廷对公车上书的压制。可见,孙中山"为救国而革命,进行武装起义,用暴力推翻清政府,是源起于要求改良而不可得的必然结果"。①

上面这些事实还只是孙中山思想转变的浅层原因,更深层的原因在于其强烈的民族主义意识。按照孙中山的解释,民族主义是从与生俱来的"种姓"出发,要求民族的独立;而民族独立的实质,是由本民族掌握国家政权的问题。众所周知,"一部中国近代史就是一部西方列强入侵步步加深的历史。这是一部中国人民的苦难、屈辱与怨恨不断增强的历史,一部越来越广泛的社会阶层投入到救亡图存运动中去的历史,当然也是中国民族主义形成的历史。"②孙中山的民族主义首先是由于西方列强的侵略使中国遭受了快要亡国灭种的灾难所激发出来的,它是以避免列强瓜分鲸吞为出发点的。早在1895年的兴中会宣言上,他就这样写道:"方今强邻环列,虎视鹰瞵,久垂涎我中华五金之富、物产之多,蚕食鲸吞,已见效于接踵;瓜分豆剖,实堪虑于目前。"与西方列强的侵略密不可分的是清朝的专制统治,正是由于它的昏庸腐朽,造成了列强侵略的便利条件,"中国今日已为满洲人所据,而满清之政治腐败已极,遂至中国之国势亦危险已极,瓜分之祸已岌岌不可终日,非革命无以救重亡,非革命无以图光复也。"因此,反满与救亡是一致的。

另外,促使孙中山走上革命反满道路的原因还在于:满清王朝在中国建立了民族压迫的牢狱,除满洲人外的汉人及其他几个少数民族在清朝专制统治下无丝毫民族平等地位。1906年《中国同盟会革命方略》写道:"今之满洲,本塞外东胡……灭我中国,据我政府,迫我汉人为其奴隶,有不从者,杀戮亿万。我汉人为亡国之民者二百六十年于斯。"正如萧公权所说:"中国革

---

① 李泽厚:《中国近代思想史论》,天津社会科学院出版社2003年版,第288页。
② 曹锦清、陈保平:《中国七问》,上海科技教育出版社2002年版,第107~108页。

命之远因殆种于满人之歧视汉族与汉族之仇恨满人。清廷以塞外异族,乘中国内乱,夺取天下。明室遗老多抱种族思想,或蛰隐深山,或力谋恢复,屡经失败,犹以反清复明之宗旨,结为秘密团体。太平天国初起之时即曾得三合会之赞助。中山先生鼓吹革命亦以洪门会馆为对象。向使清廷入关之后,不以征服者自居,以平等待汉族,则经二百六十年之统治,两族间之畛域或可归于泯合。然而满之于汉,始终歧视。初肆残杀,嗣加钳制。积怨既深,排满愈烈。"①这个时期,孙中山的民族主义还是比较狭隘的,但这种民族主义却是发动反清革命的有力的思想武器,因为它很容易唤起人们对满族统治者的鄙夷仇恨心理。②

与孙中山狭隘的民族主义偏见紧密联系的,是他对君主专制制度下清朝行政、司法机关的腐败程度的认识。孙中山详尽地介绍了进入官场的道路以及各种升官的方法。做官有四种途径:科场出身、兵弁出身、保荐贤才、捐班出身。每一种出身无不是靠钱来打通关节;当官后俸禄很少,无不靠受贿、搜刮、贪污过活。"他必须接受贿赂,才能支付他上级对他索取的贿赂,而且必然要纵容两种贪污:在他的下属们中间,以及比他的职位或官阶更高的那些人中间。"③因此,"贪污行贿、任用私人,以及毫不知耻地对于权势地位的买卖,在中国并不是偶然的个人贪欲、环境或诱惑所产生的结果,而是普遍的,是在目前政权下取得或保持文武公职的唯一的可能条件。"④整个行政机关的腐败是由它的基本制度造成的。孙中山进一步指出:"这种贪污是产生饥荒、水灾、疫病的主要原因,同时也是武装盗匪常年猖獗的主要原因。"⑤同样,司法机关也令人绝望。孙中山指出:"中国目前的统治者

---

① [美]萧公权:《中国政治思想史》三,第776~777页。
② 与孙中山的反满的种族民族主义不同的是梁启超为代表的以国民为核心的国家民族主义。这两种民族主义的主要区别在于所反对的对象不同:前者是作为内部统治者的满清皇朝;后者是作为大中华民族(包括汉满民族)外部敌人的帝国主义列强,这种民族主义也可以叫做"防卫性民族主义。"防卫性民族主义"是萨义德教授在其《知识分子论》一书中提出的概念,持有这种民族主义的人觉得自己的民族受到政治灭绝的威胁、有时受到生命灭绝的实际威胁,会使人献身、竭尽所能去保卫自己的民族或对抗民族的敌人。具体到近代中国的语境,"防卫性民族主义"就是去殖民主义。[美]爱德华·W·萨义德:《知识分子论》,单德兴译,北京三联书店2002年版,第38页。
③《孙中山全集》第1卷,第95页。
④ 同上书,第102页。
⑤ 同上书,第89页。

第二章 救亡图存与孙中山宪政思想的产生

的存在、他们授予司法职位的整套理论与实践、他们的生计、乃至是否能保住自己的官职,这一切都不可分割地与维护一成不变的现存制度密切相关。"①在专制制度下,每个官吏的意志就是法律,民事诉讼是公开的受贿竞赛,刑事诉讼程序不过是严刑酷打的代名词。孙中山指出:"满清王朝的贪赃枉法,都是极恶劣;必须由汉人取代满人执政,情况才可改善。"②实事求是地说,孙中山的估计不完全正确,因为这时正是戊戌变法的前一年,光绪皇帝将要下令改革。然而,恰恰就是这种把清朝看死了的估计,坚定了孙中山的革命决心。以后的事实证明孙中山的这种估计是正确的。诚如萧公权所言:"光绪、宣统先后变法失败,殆可认为革命之近因。种族思想之潜力虽极伟大,然而经二百余年之压制已非人士所能保有。倘使清室能洗心革面,于鸦片战争或太平天国之后即奋发有为,则富强可望,康梁等所梦想之君主立宪政治未始不可实现。无如当政者愚昧贪私,毫无觉悟。行新政则百计阻挠,使成具文。言立宪则心存诈伪,口惠无实。庚子一役尤极尽愚顽丑恶之能事。观清末二三十年中之朝政,不异自致颠覆,促爱国者使其速起革命也。"③可见,孙中山超越改良主义而成为革命派,也反映了晚清社会政治秩序危机的深化。它表明,清廷作为一个日渐衰微的旧王朝,已丧失了对现代化的挑战做出有效反应的能力,传统政治秩序已不再具有凝聚民族、社会动员和推进现代化进程的力量。

勿庸置疑,狭隘的民族主义有可能给革命带来种种弊病,使革命变成纯粹的改朝换代,洪秀全、杨秀清等人的革命就是典型的例子。1905 年以后,孙中山对太平天国的评价在赞扬的同时,也尖锐地指出其不足。他认为,太平天国"只以驱除鞑虏自任,此外无所转移"。1912 年 4 月,孙中山辞去临时大总统之职后在同盟会会员饯别会上又说:"太平天国即纯为民族革命的代表,但只是民族革命,革命后仍不免为专制,此等革命,不能算成功。"在洪秀全、杨秀清的政治思想中,除推行宗教革命和种族革命外,基本没有社会革命的思想,均田主义并未认真实行过,他们的真实心志不在建设新国

---

① 陈旭麓主编:《孙中山集外集》,上海人民出版社 1990 年版,第 8 页。
② 同上书,第 124 页。
③ [美] 萧公权:《中国政治思想史》三,第 779 页。

家或者新社会,而在建设新朝代。但是孙中山毕竟是孙中山,他的民族主义是向西方学习的结果,属于资产阶级思想范畴。众所周知,民族运动的榜样一直都是法国大革命中产生的共和政体的民族国家,在这个意义上的民族主义是指具有相同历史民运的民众把自己看作是拥有相同种族、相同语言的集体。他们的认同不仅表现为出身相同,也表现为他们都是具有政治行为能力的国家公民。因此,产生于西方经验的民族主义本身即带有人民主权的意义,如同格林费尔德所指出的:"人民主权与社会各阶层的平等构成现代民族观念的基本性质,它同时也是当代民主政治的基本信条,在民族性的意义上产生了民主政治,二者不可分割。"①正是这一点彰显了民族主义的现代性质,因此,孙中山的民族主义不同于章太炎等人的那种"夷夏之辩"的中国传统封建观念。孙中山是华盛顿的崇拜者,更服膺林肯的"民有、民治、民享"口号,在提出"驱除鞑虏"(民族革命、民族主义)的同时,就提出了"创立合众政府"(政治革命、民权主义),1903年又提出"平均地权"(社会革命、民生主义),这就从三个侧面确定了革命的三重性质。这样,民族革命不能脱离民权主义而任意发展,并且以共和政体为目标。②正如李大钊所言:"他(指孙中山——引者注)承接了太平天国民族革命的正统,而把那个时代农业经济所反映出来的帝王思想,以及随着帝国主义进来的宗教迷信,一一淘洗净尽。他整理了许多明末清初流传下来以反清复明为基础的,后来因为受了帝国主义的压迫,而渐次扩大着仇洋色彩的下层结社,使他们渐渐脱离农业的宗法的社会的会党的性质,而入于国民革命的正轨。"③至此,

---

① Liah Greenfeld, Nationalism: Five Roads to Mordernity (Cambridge: Harvard University Press, 1992), p10.

②民族主义对内如果不倡导和践行民主,也就从根本上谈不到整合民族大众的问题。梁启超就曾指出现代民族主义的两个不可分割的方面:第一,凡不是中国人都没有权来管中国的事;第二,凡是中国人都有权来管中国的事。没有民主,很难说有现代意义上的民族主义。参阅房宁:《民族主义思潮》,高等教育出版社2004年版,第37页。但是,民族主义在中国传播的过程中,民族主权和人民主权被分离开来,民族主权占据最主要地位,人民主权变成国家主权,民主主义变成国家主义。这一点与西方现代民族国家形成过程中民族主权和人民主权是互动的不同。这种不同不是某些政治、知识精英人物的自由选择造成的,而是取决于中国现代民族国家形成过程中所处的国际国内环境。当中国人开始进行民族国家建构的时候,中国已经沦为一个半殖民地国家,国家的主权已不具有独立性。国家建构的首要任务是要争取民族主权,没有民族主权,民主宪政建设也无从谈起。

③转引自李泽厚:《中国近代思想史论》,天津社会科学院出版社2003年版,第284页。

第二章 救亡图存与孙中山宪政思想的产生

孙中山完整的民主革命理论体系——"三民主义"得以形成,其中"民权主义"在"三民主义"体系中占首要地位。

孙中山在革命实践中,始终认为"民权主义,就是政治革命的根本"。① 他提倡用三民主义改造中国,就是要用民权主义来改造中国。孙中山明确地说:"我们国民党提倡三民主义来改造中国,所主张的民权,是和欧美的民权不同。我们拿欧美以往的历史来做材料,不是要学欧美,步他们的后尘;是用我们的民权主义,把中国改造成一个'全民政治'的民国,要驾乎欧美之上。"② 他在认真研究欧美资产阶级民主革命的经验后,认识到民权重于平等、自由。他说:"欧洲在一两百年以来,本是争平等、自由,但是争得的结果,实在是民权。因为有了民权,平等自由才能够存在,如果没有民权,平等自由不过是一种空名词。"③所以,孙中山认为革命首先必须为民权而斗争,如果"民权不能够完全发达,就是争到了平等,也不过是一时,不久便要消灭的。"④

在孙中山看来,民族主义只是手段,而不是目的。他曾经说过,他的民族主义就是法国大革命所标举的"自由",就是美国总统林肯所提出的民有。他在多次演讲中,都以独立与平等作为民族主义的理想,并以世界大同作为民族主义的目的。这"大同"的重要内容,也就是人人有平等的政治权利,亦即民权主义。所以他认为光靠民族革命是不能解决问题的,必须同政治革命同时进行:"中国数千年来都是君主专制政体,这种政体,不是平等自由的国民所堪受的。要去这政体,不是专靠民族革命可以成功。……我们推倒满洲政府,从驱除满人那一面说是民族革命,从颠覆君主政体那一面说是政治革命,并不是把来分作两次去做。"他并且认为,"就算汉人为君主,也不能不革命"。可见,民族革命归根到底也是民权主义。⑤

与民族主义一样,孙中山也把民生主义纳入他的民权主义的范畴。民生主义是作为实现民权主义的一种途径而提出的,他说:"我人欲贯彻民生主义,非在官僚中夺回民权不可。"⑥后来孙中山进一步认识到政治革命与经济革

---

① 《孙中山选集》,第82页。　②《孙中山选集》,第757页。
③ 同上书,第735页。　　　　④同上书,第739页。
⑤ 同上书,第82页。
⑥ 陈旭麓主编:《孙中山集外集》,上海人民出版社1990年版,第92页。

命的联系,把三民主义称之为"发财主义",①说:"民生主义如果能够实行,人民才能够享幸福,才是真正以民为主;民生主义若是不能实行,民权主义不过是一句空话。"②在这里,民生主义和"以民为主"的民权主义紧紧地联系在一起,其核心仍然是民权主义。

三民主义可视为孙中山政治思想的进一步发展,它以民族国家理念中的人民自治为政治最基本的原则,由此之上"故于政治之精神,执共和精神",③毕竟,自太平天国以来,革命党人所发动的反清斗争均沿用中国传统词汇"造反"、"起义"、"光复"等等。1895年广州起义失败后,孙中山、陈少白等由香港东渡日本,船经日本神户作短暂停留时,孙中山登岸购得一份载有"支那革命党首领孙逸仙"抵日消息的日本报纸,大受启发,说:"革命"一词,出自《易》中"汤武革命,顺乎天而应乎人"一句。"日人称吾党为革命党,意义甚佳,吾党以后既称革命党可也"。④这一话语转换的重要历史意义,即如孙中山所说,中国历史上实行的都是"帝王革命"、"英雄革命",唯独他矢志以求的乃是平民革命,或者说是国民革命。目的在于"扫除中国一切政治上、社会上旧染之污,而再造一庄严华丽之新民国,为民所有,为民所治,为民所享。"⑤

总之,孙中山三民主义的重点是在民权主义,只有民权主义比较能概括他的三民主义,也只有民权主义才是三民主义的中心。用孙中山自己的话来说:"总之,我们革命的目的,是为中国谋幸福,因不愿少数满洲人专制,故要民族革命;不愿君主一人专制,故要政治革命;不愿少数富人专制,故要社会革命。"⑥他把一切都归于反专制,把一切都纳入民权主义而民权主义化了。由于民权主义的核心是建立"主权在民"的共和国,它集中体现了孙中山的民主宪政思想。具体地说,就是学习欧美之法,建立一个以自由、平等、博爱为其一贯精神的民主共和国,让国民来选举总统,选举议员,组织议会和制定宪法。《同盟会宣言》就"创立民国"的政纲作了如下解释:"今日由平民革命以建国民政府,凡为国民皆平等以有参政权。大总统由国民公举。议会以国民公举之议员构成之。制定中华民国宪法,人人共守,敢

---

① 《孙中山全集》第9卷,第277页。　② 《孙中山全集》第10卷,第462页。
③ 《孙中山全集》第1卷,第172页。　④ 冯自由:《革命逸史》初集,第1页。
⑤ 《总理遗教》,《演讲》,第207页。　⑥ 《孙中山选集》,第86页。

第二章 救亡图存与孙中山宪政思想的产生

有帝制自为者,天下共击之。"孙中山提出的宪政理论正是保证共和国的国家权力始终掌握在人民手里的一道护身符。因此,随着三民主义的提出,孙中山的宪政理论也得以产生。

值得一提的是,孙中山之所以能够提出如此先进的三民主义还与他个人的生活经历和他所受的教育有密切关系。孙中山与外国人接触最早,十三岁就出国了。他所上的学校全是外国人所设立的学校。他对西洋情形及近代文化的认识远在李鸿章、康有为等人之上。这是中华民族的一件大幸事,因为我们只能从近代化找出路,中国的政治精英人物就应该对近代文化有正确深刻的认识。孙中山所受的科学的教育,并且这种教育是长期的。科学的思想方法是近代文化的至宝,但是这种方法不是一两个月的训练班或速成学校所能培养的。不了解这一点,就不能了解为什么他所提出的三民主义救国理论能超越他的同时代人所提的方案。

余英时先生曾经说过:"中国人在反西方帝国主义的同时,却又在西方发现了一样东西——是中国人过去曾模糊地想象过但从未清楚地提出过的东西——即民主的政治制度和与之相偕而行的个人自由尊严。"①可见,包括孙中山在内的先进的中国人对宪政问题的思考是由西方列强的武力侵略而引发的。"中国人到了近代,也成了需要民主的民族。我们的祖先不需要,那是因为他们没有民主也可以生存。现在我们是没有民主便无法生存。不是我们自己无法生存,而是那些民主的国家不容我们生存!……我们是被迫投入这一个民主的洪流之中。"②

在二千多年漫长的岁月里,中国一直在王朝更替的迷阵里转圈圈,走了一段艰难而曲折的道路却始终没有跳出一"治"一"乱"循环的"周期律"。这正如19世纪的一位名叫托马斯·梅多斯的西方人评论的那样:"在所有已达到某种程度的文

---

① 余英时:《略说现代中国民族主义与民主的关系——一个历史的体察》,载《百年来两岸民族主义的发展与反省》,(台北)东大图书有限公司1991年版,第1页。
② 马森:《中国民主政制的前途》,台北:圆神出版社1977年版,第8页。

明民族当中，中国人是最缺乏革命性，却又是最富有反叛倾向的。"①他这话是指，皇朝的兴亡递嬗已成为中国历史的特点；它引起的不是革命，而仅仅是统治家族的更换。当欧洲的政治形态开始向现代意义上的宪政演进的时候，中国仍然处于周期循环之中，只不过是进入了周期中的鼎盛阶段，即所谓的康乾盛世。到了晚清，这种状况得到了改变。晚清的遭遇是先前任何一个朝代所不曾有过的，它所面临的是三千年未有过的大变局，变法改制自然是不可避免的了，问题的严重性还在于，变革是在中国传统政治思想与西方民主政治思想交会、冲突的背景下展开的，这就使得"中华帝国的转型不再会是以往历史上曾有过的改朝换代，而是国家形态的重构（朝代国家转变为民族国家）"。②鲁迅曾经说过：中国太难改变了……不是很大的鞭子打在背上，中国自己是不肯动弹的。③鸦片战争这一鞭狠狠打在传统中国的脊背上，从此中国再也无法在治乱循环的规律里生活了，古老的中国在强大的西方面前不能不变，尽管这种变是不情愿的、被动的。不变意味着再次受辱，不变意味着死亡。从此以后，中国不得不面对铁甲火炮胜过我们大刀长矛的西方列强。近世那些先进的中国人首先感知的就是西方军事装备的威力，它不仅对中华民族的生存构成威胁，而且也使我们对传统价值观念的信仰上发生了变化。中国就在这一"打"一"守"的过程中，开始迈上了向西方学习的历程。这期间经历了从取法西方的兵器、声光化电之技到师学西方宪政之制的重大转折。

正如有学者指出的那样，"亚洲国家在面临殖民统治，或在国际关系中处于不利地位时，人们把西方强大的原因简单地归结于立宪主义，归结于它们有统一的宪法，认为只要制定了宪法，并以宪法精神制约社会生活，那么国家的强大就有了保证。因而，忽视了对立宪主义的价值判断，简单地从救国手段的意义上理解立宪主义，移植立宪主义，其结果必然导致立宪主义的工具化与社会危机。"④这种判断也很符合近代中国的景况。由于近世中国面临的主要问题是救亡图存，出于对国家与民族生死存亡的焦虑，先进的中国人在学习西方宪政时始终抱着这样一种信念：宪政是使西方国家得以富强的主要原因，那么我们学习西方的宪政制度也会使中国摆脱

---

① 转引自[美]斯塔夫里阿诺斯：《全球通史——1500年以后的世界》吴象婴、梁赤民译，上海社会科学院出版社1999年版，第71—72页。
② 刘小枫：《现代性社会理论绪论》，上海三联书店1998年版，第205页。
③ 转引自鲁青：《从十五世纪出发（话说）》，中华书局2004年版，第250页。
④ 韩大元：《亚洲立宪主义研究》，中国人民大学出版社1996年版，第64页。

第二章　救亡图存与孙中山宪政思想的产生

亡国灭种的局面，也会使中国富强起来。以此为信念，他们便把对西方宪政文化的研究转换成在宪政与国家富强之间探寻因果关系的实用性思考。早期维新派是如此，康梁变法派也是如此，孙中山的宪政思想也概莫能外。早期维新派认为，"君民共主"的政体是最好的政体；康梁变法派所看到的最强大的国家是君主立宪制的英国和日本；在孙中山的民权主义体系中，他之所以重视民主制，更多的是由于它能与国家的强盛联系起来，孙中山注意到最强大的国家是民主共和的国家，美国就是很快发展起来的最典型的例子。"取法乎上"是孙中山借民主共和欲达国家富强这一最高目标始终未变的一个视点。"取法乎上"，就是说，"要择地球上最文明的政治法律来救我们中国"，"从高尚的下手"，"万莫取法乎中，以贻我四万万同胞子子孙孙的后祸"。①在孙中山看来，共和制显然比君主立宪制更先进更文明，因而中国应采用共和制而不是君主立宪制。对此，林毓生写道："我们学习西洋的时候，我们并不是平心静气地学，我们是想把外国的东西学好以后，使我们的力量增加，使我们强起来：我们最基本的冲动是一个功利的冲动，而不是一个人文的冲动（当然也有例外，如王国维先生早年对叔本华的了解）。当功利的冲动使我们学习西洋的时候，常常发生一种迫不及待的心情。那么复杂的外国现象与学问，人家演变了几千年，我们哪里有工夫都学呢？我们所要学的是我们所最需要的东西。"②

---

①《孙中山全集》第1卷，第281页。
②林毓生：《中国传统的创造性转化》，三联书店（北京）1988年版，第14页。

第三章 孙中山宪政思想的基本内容

寻求用宪政秩序代替以治乱循环和成王败寇为特征的王朝政治与霸道政治,是中国自19世纪末以来的最持久而未果的政治追求。辛亥革命推翻了满清专制制度,结束了二千余年的"朝代国家"形态,建立了民主共和国,这是中国政治发展史上的一个新纪元。传统中国社会的国家更替只是朝代国家的更替,辛亥革命后,中国社会的国家更替再也不是朝代国家的治乱循环了。

按照宪政的理念,任何统治权的合法性与正当性,都有两条检验标准:第一条是政治权力的取得、行使与更迭是否遵循宪政程序来获得被统治者的自愿同意;第二条是公民个人的权利和自由是否受到保障。只有定期得到被统治者的自愿同意,并为个人的权利和自由提供有效保障的统治权才是正当的;只有遵循相应的宪法程序取得、行使和更迭的统治权才是合法的。以民权政治为基础的现代国家形式取代了以神权政治为基础的朝代国家形式。民权政治取代神权政治,把权力从天上搬到了人间,完成了政治文化的世俗化,这是政治现代化的一个特征,从此中国政治摆脱了神权的影响,中国政治的合法性实现了根本性的位移。

政府权力的和平移交类似于经济领域中所有权与经营权的分离,权力可以由不同的人经过人民委托来使用,政府权力的和平移交主要是通过选举制度实现的。由于民权能够为政府权力的和平移交提供深刻的合法性依据,所以孙中山认为:要免除因争夺皇位而导致的治乱循环,惟一有效的办法就是废除君主专制制度,实行民权主义。他相信,只要"行民主之制,则争端自绝"。①民权主义是孙中山三民主义的中心思想,正是在民权主义的指导下,中国革命才具有明确的近代性质,革命之后再也不是皇权的更替,而是现代民族国家的创立。民权主义是孙中山宪政理论的基础。民权主义的中心内容就是建立现代立宪制民主共和国。

共和制与君主制有什么本质的区别呢?共和的根本原则是天下为公,国家的权力是公有物,而非一人、一派、一党之私器,国家的治理是所有公民的共同事业。正是在天下为公的理念和精神基础上,才衍生出人民主权、权力制衡、法治等宪政思想。1920年5月1日,孙中山在为《新青年》杂志题词时庄重地写下了四个大字,即"天下为公"。②在天下为公的思想指导下,孙中山阐述了专制政体和共和政体的根本区别,他认为,"专制国之政治在于上,共和国之政治在于民";在君主专制下,"君主为主体,人民皆其奴隶",在共和政体下,"人民为主体,政府为之公仆,无贵族、平民之阶级,无主国、藩属之制度";在专制政体下,"少数人理一国之政事",在共和政体下,"国民均有维持国政之义务"。简言之,共和政体与专制政体的本质区别在于国家主权的归属上,"专制政体之主权,为君主一人所私有,共和政体之主权为全体国民所有"。③

---

①《孙中山全集》第7卷,第61页。
②陈旭麓主编:《孙中山集外集》,上海人民出版社1990年版,第634页。
③西方民主制度实际上存在两个传统:一个传统是共和与道德,另一个传统是民主与科学。以古希腊雅典和罗马共和国的古代民主为代表构成了前一个传统的主体,而近代以来的西方民主制则成为后一传统的主体。孟德斯鸠在其《论法的精神》中认为,共和政体是全体人民或仅仅一部分人民握有最高权力的政体,他并且把共和政体区分为贵族共和与民主共和两种形式。共和国的全体人民握有最高权力的政体是民主政治,共和国的一部分人民握有最高权力的政体是贵族政治。他还认为,政治上的美德(这种美德不是一般道德上的,也不是基督教的)是共和制得以存在和发展的基础。古代共和制的精神基础是道德,现代民主制的精神基础是科学。这是古代共和制与现代民主制的重要差异。包括孙中山在内的中国近代以来的自由主义者特别强调共和与"民主与科学"的关系,而共和与道德的关系一直被他们所忽视。在孙中山的宪政思想中,共和也仅仅指民权和权力分立一类的东西。《孙中山全集》第2卷,第361页。

第三章 孙中山宪政思想的基本内容

第一节 权能分立

　　所谓的"权能分立",就是指"人民有权,政府有能"的权能区分理论,其基本思想是主张把国家的大权(亦即政治统治的权力)分成两种,一为"政权",另一为"治权"。"政权"简称"权",是指政治上的统治权力,它指的是通过国家机关体现出的人民或君主的权力。民主国家的政权掌握在人民手中,也即"人民当家作主",也即"民有、民治、民享"。之所以如此,就在于任何政权都必须解决政治统治的正统性问题。所以,孙中山认为,"政是众人之事,集合众人之事的大力量,便叫做政权,政权可以说是民权"。①政权分为四权,包括选举权、罢免权、创制权、复决权。政权是管理政府的力量,即驾驭包括立法、行政、司法等所有机关在内的政府的力量,它属于人民。"治权"是指统治、治理国家和社会公共事物的权力,具体地讲就是指各种国家机关的权力,正如孙中山所说,"治是管理众人之事,集合管理众人之事的大力量,便叫做治权,治权就可以说是政府权。"②治权是政府自身的力量,包括立法权、行政权、司法权、考试权和监察权,它可简称为能,它应是为民服务的力量,属于政府。

　　国家是全体国民的事,是"政";政府是管理国民之事的机构,是"治"。人民有其权,政府有其能。人民能充分行使其政权,而政府也能充分行使其治权。前者的目的在于实行"全民政治",使人民能够管理政府;后者的目的在于实现"万能政府"。按照孙中山的构想,把国家政治大权中的"政权"完全交到人民手中,使"人民有充分的政权可以直接去管理国事"。③在中央,人民行使"政权"的机关是由全国已经完全自治的县各选出一名代表组成的

---

①《孙中山全集》第9卷,第347页。
②同上书,第347页。
③同上书,第347页。

国民大会。国民大会是国家的最高权力机关，行使中央统治权，中央政府各机关均由国民大会产生，并对国民大会负责，国民大会对于中央政府官员有选举权和罢免权，对于中央法律有创制权和复决权。在地方，凡一完全自治之县，人民即有完全的直接民权，所谓"其国民有直接选举官员之权，有直接罢免官员之权，有直接创制法律之权，有直接复决法律之权"。在这四项政权中，选举权和罢免权是管官吏的，即"选之在民，罢之亦在民"；创制权和复决权是管法律的，即符合人民利益的法律则创制之，违背人民利益的法律则舍弃之。所以，孙中山认为，"人民有了充分的政权，管理政府的方法很完备，便不怕政府的力量太大，不够管理"，人民反抗政府的态度便可以改变；而政府有了五个治权，"无论什么事都可以做"，以谋人民之幸福。这样，人民有"权"，政府有"能"，用人民的"权"来控制政府的"能"，既可以防止政府权力的滥用，同时又可以产生一个高效率的"万能政府"。①

在中国传统的君主专制统治中，掌握政权的君主同时拥有最高的立法权、行政权、司法权、军事权以及监察权等，整个国家机构都围绕着君主一人运转，向君主负责而不向人民负责；在现代民主（主要是间接民主）政治中，国家权力一般由一整套常规的官僚机构执掌，其中最强有力的决策者多数是通过选举产生，向人民负责，并受法律限制和约束。从这个角度看，治权不仅要解决国家机关权力如何行使的问题，而且要解决国家机关权力的服务对象问题。民主国家的一切都是属于人民的，人民是国家的主人。政府是人民选举产生的，权力是人民授予的，理所当然要为人民谋福利。政府为人民谋福利，不带有任何形式的恩赐。在民主国家，政府官员和人民的关系发生了根本的变化，在真正意义上，他们成为人民的公仆，公仆不再是少数人欺世盗名的说辞。因此，孙中山认为，政府官员作为人民公仆，其主旨便是为民服务，民主制度中的政府官员要力戒特殊化、等级化。孙中山曾把共和国比作"大公司"，认为"人人都是这个公司内的股东"，而"大总统、各部总长国务员等，就是一切办事人员，都是我股东的公仆。"②这一点与杰斐逊

---

①《孙中山全集》第9卷，第347页。
②同上书，第798页

第三章 孙中山宪政思想的基本内容

把政府看成经纪人、而人民是真正拥有的董事可谓异曲同工。孙中山的"公仆思想"是现代政府服务意识的集中体现。

孙中山之所以提出"权能分立"理论,是由于他对西方民主政治制度的"完满无缺"产生的怀疑。他说:"现在讲民权的国家,最怕的是得到了一个万能政府,人民没有方法去节制它;最好的是得到一个万能的政府,完全归人民使用。……第一说是人民怕不能管理的万能政府,第二说是为人民谋幸福的万能政府。"①在1922年发表的,《中华民国建设之基础》一文中,孙中山比较完整地表述了"权能分立"论的基本原则:政治主权在于人民,或直接以行使之,或间接以行使之。其在间接行使之时,为人民之代表者或受人民之委托者,只尽其能不窃其权。予夺之自由仍在人民。显然,"权能分立"的原则首先是人民有权的原则。这一原则是对君权至上观念的彻底否定,超越了中国传统政治思想中的"民本"的观念。

好的宪政制度,应该是人民有权,政府有效率,"宪政政体必须不止是限制权力的政体,它还必须能有效地利用这些权力,制定政策,提高公民的福利"。②"权能分立"原则也包含着政府有"能"的原则。从孙中山的有关言论和著作中,我们可以清楚地发现:他基本上肯定政府有积极、正面的功能和价值,所以,他明白地指出:"国家的责任,是设立政府,为人民谋幸福。"他也清楚地说明,要建设一个"政治最修明、人民最安乐之国家"必须要有一个廉洁而富有效率的"万能政府"。③政府的能,不仅在消极方面不能侵害人民的自由,而且要在积极方面替人民谋幸福。个人自由主义者认为国家的任务只是在消极方面维持社会秩序,让人民自由发展;怎样是人民的福利,只有人民自己才知道,政府不必过问,也不该过问。照这样说,好的政府,当是无能的政府了。这种思想,已为近代福利国家的学说所淘汰,福利政治的学说认为国家不仅在消极方面不能侵害人民的自由,而且应在积极方面为人民谋幸福,使每一个人的衣食住行娱乐,都得到完满的解决。

---

① 《孙中山选集》,第765页。
② [美]斯蒂芬·埃尔金等:《新宪政论——为美好的社会设计政治制度》,周叶谦等译,北京三联书店1997年版,第156页。
③ 《孙中山全集》第9卷,第321~322页。

孙中山之所以主张建设一个"万能政府",是基于对19世纪以来西方国家之政府能力学说的反思,以及受当时社会主义思潮的影响所致。19世纪末,随着资本主义经济危机的频繁爆发,政府"束手无策",于是人们开始对古典经济学所主张的"消极政府"、"自由放任"原则展开了反思和批评,而社会主义便是当时批判"消极政府"的最具影响力的思潮之一。尽管当时社会主义的流派很多,但主张集体行动及公有企业,以改善群众生活,并主张公有企业的所有权可委托于中央政府、地方政府或合作企业,则成为社会主义者共同的信仰之一。孙中山在伦敦蒙难后,深受社会主义思潮的影响,他立志要在落后的中国通过政府的力量来改造社会,他认为:如果有了好的政府,社会文明便有进步,便进步得很快,能为人民谋幸福的政府,势必广受人民的热烈欢迎,这是他力倡"万能政府"的原始动力和根本理由。

那么,如何建构这个"万能政府"呢?他在《民权主义五讲》中提出了两个例子,一是俾斯麦执政时的德国政府,另一个是尧舜禹汤文武诸帝的政府。由这两个例子可以推知,他所谓的有"能"的政府必须具备两个条件:其一,政府必须具有很大的能力;其二,政府必须由具有才能和政治道德的人们组成。在《民权主义六讲》中,他进一步指出,行政、立法、司法、考试和监察之五权分立的政府,是世界上最完备、最善良的政府。"政府替人民做事,要有这五个权,就是要有五种工作,要分成五个门径去做工。……政府有了这样大的能力,有了这样做工的门径,才可以发挥出无限的威力,才是万能政府。"①由此可知,在其理念中,五权分立的政府其实就是他所谓的"万能政府"。孙中山着重民生福利的法律思想,配合有能的政府,分为立法、行政、司法、考试、监察五个部分,就是要分成五个门径去替人民服务。孙中山主张专家政治,要求实际管理政府的必须是有能的专门家,否则,就不能造成一架高效率的国家机器。他说:"国民是主人,就是有权的人,政府是专门家,就是有能的人。由于这个理由,所以民国的政府官吏,不管他们是大总统、是内阁总理、是各部总长,我们都可以把他们当作汽车夫。只要他们是有本领,忠心为国家做事,我们就应该把国家的大权托付于他们,

---

① 《孙中山全集》第9卷,第354页。

第三章 孙中山宪政思想的基本内容

不限制他们的行动,事事由他们自由去做,然后国家才可以进步,进步才是很快。如果不然,事事都是要自己去做,或者是请了专门家,一举一动都要牵制他们,不许他们自由行动,国家还是难望进步,进步还是很慢。"①

孙中山考察了欧美人民争民权的历程,他发现:在民权发达的国家,多数的政府都是被弄到无能的;民权不发达的国家,有的政府却很有能。孙中山试图要解决这一矛盾,追寻一个完全为人民使用、为人民谋幸福的万能政府。为达此目的,孙中山主张政权和治权分立。政权、治权分立,一是要把这两个权力交给不同的主体去行使,政权要完全交到人民的手中,治权要完全交到政府的机关内。二是政权对治权拥有支配权,就是说它们之间不是那种互相制衡的关系,而是单项的主权者和执行者之间的关系,即只存在执行者对主权者的负责,不存在执行者对主权者权利的干预。在这里,他作了个形象的比喻,它把人民比作工程师,把政府比作机器,"在一方面要政府的机器是万能的,无论什么事都可以做;又在另一方面要人民的工程师也有大力量,可以管理万能的机器。"②

可见,由人民掌握政权,政府行使治权,所体现的"权"与"能"的分立,不是对立的,而是统一的。人民掌握政权,是为了造成一个为其服务的"万能"政府;政府行使治权,是通过职能上的分工合作,实现有效率的统治,以确保人民掌握政权。正如孙中山所说:"用人民的四个政权,来管理政府的五个治权,那才算是一个完全的民权政治机关。","中国能够实行这种政权和治权,便可以破天荒在地球上造成一个新世界。"③可见,权能分立原则所体现的主要还是直接民权的保证。④

---

① 《孙中山选集》,第776页。
② 《孙中山选集》,第798页。
③ 同上书,第798~801页。
④ 孙中山比较重视直接民权(直接民主),忽视议会代议制(间接民主)。宪法规定的人民主权过于原则化、抽象化;在实际政治生活中,人民行使主权的渠道是很狭窄的、很有限的。人民行使主权的手段只限于选举,少数国家的人民还可以对政府官员们的决定表示同意或反对。即使在实行直接民主的瑞士,主权也无法由全体人民来行使。这是"代议制"政府得以产生的客观依据。人民主权大多是通过议会来行使的,人民主权的实质不过是议会主权。"人民主权"与其说是一项法律原则,不如说是一个为政治统治提供合法性的依据。正如美国政治学者托马斯·戴伊所说,在一切社会,"掌握大权的都不过是少数人。无论是否假借'人民'的名义来行使这种权力,一概如此。"参阅宋玉波:《民主政制比较研究》,法律出版社2001年版,第14~19页。

孙中山主张权能分立，是以人类天赋不同作根据的。孙中山从人的天赋出发，将人分为三等。一是先知先觉，能创造发明，是发明家，这样的人在社会中数量少；二是后知后觉，能明理晓事，可以作宣传家；三是不知不觉，不晓事，不明理，只会做事，人数最多，是实行家。[①]由于治权行使需要学问和专门知识，那些不知不觉、缺乏学问和知识的多数人便只有将管理众人的事交给自己选出的有知识有能力的人去干，干不好的就罢免，这样就可以做到人民有权和政府有能。

第二节　五权宪法

在"万能政府"和"权能分立"的新政治学理论基础上，孙中山设计了"五权宪法"的新民主政体。孙中山对"五权宪法"非常重视，常常把它与三民主义并提，把二者看成是建国方略，以至把自己的学说简练的概括为"三民主义，五权宪法"。如果说民族、民权、民生这三大主义是孙中山一贯的政治主张，那么立法、行政、司法、监察、考试五权宪法则是三民主义的规范化与制度化。早在1906年12月，孙中山在《民报》创刊周年纪念会上，第一次提出了五权宪法。他说："兄弟的意思，将来中华民国的宪法是要创一种新主义，叫做'五权分立'。""五权分立"就是将政府的权力划分为立法、行政、司法、考试、监察五权，然后分别归五个独立的部门来行使。孙中山在1922年的《中华民国建设之基础》中说："三权分立，为立宪政体之精义。盖机关分立，相峙而行，不致流于专制，一也；分立之中，仍相联属，不致孤立，无伤于统一，二也。凡立宪政体莫不由之。吾于立法、司法、行政三权之外，更令监察、考试二权亦得独立，合为五权。"[②]五权宪法，顾名思义，就是在宪法中确认了国家的这五种权力。因此，以五权分立为基本内容的宪法，就称作五权宪法。

[①]《孙中山选集》，第767页。
[②]陈旭麓主编：《孙中山集外集》，上海人民出版社1990年版，第35页。

第三章 孙中山宪政思想的基本内容

孙中山为什么在三权之外再加上监察和考试二权呢？孙中山早年曾崇尚过西方国家的"三权分立"体制，即使到了辛亥革命胜利后，他还以美国的"三权分立"体制为蓝本，以《中华民国临时约法》的形式构建了中华民国的政治体制。他在长期考察欧美各国政治制度的过程中，逐渐发现了西方"三权分立"体制的诸多弊端，其一就是他发现了欧美官吏的选拔和任用，或操之于行政机关，或单纯由选民选举。这两种做法都不可能做到任人唯贤，保证所用之人德才兼备。就选举而言，它常常受到诸如财产状况等的限制，且还往往以口才为衡量标准，"那些略有口才的人，便去巴结国民，运动选举，那些学问思想高尚的人，反都因讷于口才，没有人去物色他。"①这样容易埋没具有才能而无口才的人。而委任则难免任人唯亲，而且委任官员常常随着上级官员的进退而进退。他指出："美国共和党、民主党向来迭相兴废，遇着换了大统领，由内阁至邮政局长不下六、七万人，同时俱换，所以美国政治腐败散漫，是各国所没有的。"②并且"从英美目前来看"，"英国首先仿考选制，美国也渐取法"，但英、美的考选权都不是独立的。美国"只能用于下级官吏，并且考选之权仍然在行政部之下，虽少有补救也是不完全的"。③有鉴于此，孙中山认为只有限制被选举人的资格，才能避免这些流弊的产生。为此，他主张借鉴中国古代的官吏选拔制度，增加考选权并将其从行政权中独立出来，使经选举或委任产生的官吏，再经过考试合格才能有效。在当时，孙中山尤其强调考试权的独立性，反对任何人对考试权进行任何形式的干预和侵犯。他认为，如果考试权不独立，就不能真正发挥考试选拔人才的作用。所以组织国家机构时，除了设立立法、行政、司法机关外，还要专设一个考试机关，独立行使考试权。这样不仅可以避免西方国家选拔官吏的弊端，还可使选拔出来的官吏真正成为"国民的公仆"。

孙中山在主张考试权必须独立的同时，也强调监察权的独立。一方面是因为孙中山出于对考试权与监察权二者关系的认识，另一方面也是因为他发现了西方"三权分立"的另一个弊端——没有独立的监察权。孙中山认为，

---

① 《孙中山全集》第1卷，第330页。
② 同上书，第330页。
③ 同上书，第330页。

就是将考试权独立了出来，经过了严格的考试，也仍免不了有不称职的人员充任政府官吏。为了完善这个环节，他认为监察权也是不可缺少的，它可以保证政府官吏在不称职时随时被罢免。同时，他从西方社会的政治制度中窥见到，立法机关除拥有立法权以外还拥有弹劾官员的权力，"现在立宪各国，没有不是立法机关兼有监督的权限，那权限虽有强有弱，总是不能独立，因此生出无数弊疾。"①从美国的情况来看，美国纠察权归议院掌握，议院"往往擅用此权，挟制行政机关，使他不得不俯首听命，因此常常造成'议院专制'"。②"议院专制"又常常使得行政机关不能充分行使自己的职权，从而造成政府的低效能。为此，孙中山主张必须将纠察权从立法机关中分离出来，设立专门的、独立的监察机构。而独立后的监察机关不仅要监督议会，同时还要专门监督国家政治，以纠正其所犯错误，并弥补"今天共和政治的不足之处"。孙中山进而分析说："照正理上说，裁判人民的机关已经独立，裁判官员的机关却仍在别的机关之下，这也是理论上说不过去的。"③

分权（separation of powers）在中文中常常被译为三权分立，从历史的发展过程看，用立法、司法、行政划分政府职能是18世纪末以后才形成的西方政府理论的概念，在很大程度上是对美国宪法确立的制度进行理论描述的结果。在传统君主专制国家，国家权力的分工性较差，君主往往既是立法者，又是执行者，同时又是司法者，并且君主所掌握的国家权力是绝对的。在民主基础上产生的宪法否定了君主至高无上的权威，一切国家机关必须依据宪法行使权力，而国家权力的产生又是基于宪法的规定而产生。现代意义的宪法作为国家的根本法，它首先起到的是授权作用，也就是说，人民通过宪法的规定委托国家机关依据宪法所授予的国家权力来为人民服务。宪法的首要任务就是组织国家政权，正如孙中山所说："所谓宪法者，就是将政权分几部分，各司其事。"④宪法对国家政权组织形式规定的方式主要有两种类型：一种是以权力分立和制衡原则为基础产生的三权分立制度，一种是以民主集

---

① 《孙中山全集》第1卷，第331页。
② 同上书，第331页。
③ 同上书，第331页。
④ 《孙中山全集》第5卷，第486页。

第三章 孙中山宪政思想的基本内容

中制为基础的人民代表大会制度。三权分立制度的特点是国家权力分为立法权、行政权和司法权三种权力，与立法权、行政权和司法权相对应的就是立法机关、行政机关和司法机关。人民代表大会制度的特点是由人民代表组成的人民代表大会作为最高国家权力机关，国家最高权力机关所行使的国家权力是一种集合性的权力。在十月革命的影响下，虽然孙中山曾"以俄为师"，但他不主张简单效仿俄国的政体模式。孙中山的"五权宪法"不是俄国的以民主集中制为基础的人民代表大会制度。

事实上，孙中山五权宪法思想与三权分立学说之间也不存在直接的继承关系。我们知道，分权思想的核心是防止个人或机构专权，以保持政治自由。因为一切握有权力的人都容易滥用权力，他们使用权力一直到遇有界限的地方才停止，所以，要防止滥用权力，就必须以权力约束权力。具体说来，首先需要把立法、行政、司法三权赋予不同的国家机关来行使，更为重要的是，为防止其他权力的侵越行为，各个权力机关应该有"自卫权"，表现在权力的范围上，就是权力在一定程度上是混合或联合的，即各部门是"部分参与或支配彼此的行动的。"以立法权和行政权的关系为例，孟德斯鸠主张行政权应通过"反对权"来参与立法，即行政机关有取消立法机关所做出的决议的权力，立法机关也有权力审查它所制定的法律的实施情况，这样，既不会造成立法机关专制，也不会造成行政机关专制。分权制政体是以对国家权力以及行使权力的人持怀疑、不信任的态度为出发点的，因为它认为任何一个权力机关掌握绝对的支配权都是对民主政治的破坏。为了保持政治自由，必须以权力对抗权力。由于旨在实现其"万能政府"的构想，所以，孙中山的"五权分立"思想中不强调五权之间的相互制衡，而是国家机构内的职权分工，即国家权力可以由不同的国家机关分别来行使，五种治权互相联属、分工合作。在他眼中，"三权分立"中的相互制衡是一个耗散结构，在相互制衡中，政府消耗了大量的能量，也不利于政府提高工作效率。所以，他主张"五权"之间应该通力合作，它们之间的关系"好象一个蜂窝一样，全窝内的觅食、采花、看门等任务，都要所有的蜜蜂分别担任，各司其事。"[①]这

[①]《孙中山全集》第8卷，第572页。

一点实际上是政府管理的一般规律,它存在于任何阶级社会的政体中。可见,孙中山提出五权分立的目的是为了增进政府的效率,而不是为了控权。孙中山的控权思想是通过"权能分开"来实现的,这一点与西方宪政理论所认为的控权思想不同。一般而言,控权需要通过权力分立来实现,但是权力分立本身却无法保障控权目的的实现。单纯的分权往往是出于效率的需要:为了达到专业化,不同的机构应该行使不同的职能。保护自由不在于分权本身,而在于相互钳制的体系中的分权的安排。①17世纪英国的立宪主义和18世纪孟德斯鸠的《论法的精神》之于宪政理论的重要性,莫不在于其对一种对抗性的、制衡的制度设置所做的推动与发展。同样地,对于建国初期的美国联邦党人而言,"制衡而非民主"才是其塑构政治秩序的基本原则。②

孙中山不主张像西方那样以制度的形式来限制各种国家机构的权力及其官吏的权力,而是寄希望于官吏的政治道德——统治者乃人民共同利益之看管者,他必须忘记本身之利益,包括自己生命之安全。③此一观念早已明载于老子之书中:"故贵以身为天下者,则可寄于天下。爱以身为天下者,乃可以托于天下。"这是孙中山继承中国传统的"贤人政治观"的一种表现。

总之,正如孙中山所说:"五权分立,这不但为各国制度上所未有,便是学说上也不多见,可谓破天荒的政体。"④

现代意义上的宪法除了规定国家的结构、权力分配方式以外,还有保障公民权利的作用。宪法作为国家的根本大法,它也是全体社会成员实行社会自治的总契约,或者说宪法是规定人民权利的契约,即孙中山所说,"宪法者,

---

① [美]斯科特·戈登:《控制国家——西方宪政的历史》,应奇等译,江苏人民出版社2001年版,第282~283页。
② 钱永祥:"权力与权利的辨证——《联邦论》导读",《宪政主义与现代国家》,《公共论丛》第7辑,北京三联书店2003年版,第48页。
③ 吴经熊:《中国法律与政治哲学》,刘小枫编《中国文化的特质》,北京三联书店1990年版,第309页。
④ 孙中山重视官吏的政治道德的思想,体现了中国传统政治的人治特点。如何防止权力的异化和腐败,分权制衡是最好的方式。首先,分权制衡建立在人性恶的假设之上。在这里,人性恶主要不是一个事实判断,而是认识问题的方式,是制度建构必须予以考虑的因素。因为,只有这样考虑问题,才可能有一个好的结果。其次,权力具有两重性的假设。权力既可以为民造福,也可以祸国殃民。不能假设握有权力的人不会滥用权力,能够自动为人民服务,做称职的人民公仆,如果那样,当权力滥用,将要给国家和人民造成很大损失时,就会毫无抵御办法。

第三章 孙中山宪政思想的基本内容

国家之构成法，亦即人民权利之保障书也"。①要保障人民依法享有的集会、结社、言论、出版、居住、迁移、信仰等基本人权，就要发挥宪法的限制作用，防止政府对这些权利的侵犯。限制政府权力最有效的办法之一就是坚持人民主权的原则，正如詹姆斯麦迪逊在《联邦党人文集》第51篇中所说，"对人民的依靠无疑是控制政府的首要手段"。为此，国家权力的所有者——人民应是制定宪法的主体，而依据宪法的规定行使国家权力的机关不能是国家权力的所有者，它们只是国家权力的行使者，其行使国家权力的方式由宪法加以规定，并且不得超越宪法的规定行使国家权力，也不得滥用宪法所授予的国家权力。所以孙中山说："法律是一种人事底机器……宪法就是一个大机器……现在讲民治，就是要将人民置于机器之上。"②

孙中山之所以能够提出"五权宪法"思想，与他把欧美文化之所长同中国固有文化中的精华结合起来，并在此基础上进行创新有关。他在1924年关于《民权主义》的第六讲明确地说："这两个权（指监察、考试——作者注）是中国固有的东西，中国古时举行考试和监察的独立制度，也有很好的成绩。像清朝的御史，唐朝的谏议大夫，都是很好的监察制度，举行这个制度大权就是监察权。监察权就是弹劾权。……至于历代举行考试，选取真才，更是中国几千年的特色。"③正如钱穆所言："近代只有孙中山先生，他懂得把中国传统政制来和西方现代政治参酌配合。他主张把中国政治上原有之考试、监察两制度，增加西方之行政、立法、司法三权，而糅合为五权宪法之思想。我们且不论此项理想是否尽善尽美，然孙先生实具有超旷之识见，融会中西，斟酌中西彼我之长，来适合国情，创制立法。在孙先生同时，及至目前，一般人只知有西方，而抹杀了中国自己。总认为只要抄袭西方一套政制，便可尽治国平天下之大任。把中国自己固有优良传统制度全抛弃了。两两相比，自见中山先生慧眼卓识，其见解已可绵历百代，跨越辈流，不愧为这一时代之伟大人物了。"④孙中山这样做的目的，无非是想使未来的中

---

① 《孙中山全集》第5卷，第319页。
② 《孙中山选集》，第493~494页。
③ 同上书，第762页。
④ 钱穆：《中国历史研究法》，北京三联书店2001年版，第26~27页。

华民国宪政制度比西方国家的宪政制度更为完善。

何干之在1941年出版的《三民主义研究》论著的专节中高度称赞了孙中山的"五权宪法"思想,他指出:"总括起来说,中山先生的民权主义思想里面最精彩最有价值的地方,就是直接民权和万能政府:人民要有四个权,政府要有五个治权。然而根据欧洲人民革命的经验,政府的五个权,必要统一在人民代表机关里面。不是把权和能分开,而是把权和能统一起来,不是把政权和治权作为两个系统,两个截然对立的东西,而是把政权和治权变成一个系统,变成一个东西的两种机能。不是要人民做阿斗,国家官吏做诸葛亮,而是要人民做阿斗,同时又做诸葛亮。"①

第三节 地方自治

地方自治的思想是与资产阶级革命以来崇尚自由主义的倾向密切相关,它本身是民主政治的产物。在卢梭的主权不可分割的理论影响下,单一制的国家结构形式得到了法国政治实践的肯定。托克维尔在考察美国联邦制度的基础上,认为联邦制的好处就是将小国与大国的优点结合在一起,"在联邦制国家,就不存在这样的弊端(小国有利于发展民主,不利于国家繁荣;大国有利于国家繁荣,不利于发展民主),因为国会只制定全国性的主要法令,而法令的细目则留给地方立法机构去规定"。②托克维尔认为,联邦制也是有缺陷的,最大的问题就是两个主权并行。因此联邦制国家必须以具有长期的自治传统和政治常识的社会低层民众为基础。可见,地方自治的理念最早是与联邦主义思想结合在一起的,组成联邦的各个州或邦实际上是享有政治上的自治权的。地方自治思想主旨是反对中央政府的过于集权,因此,在单一制国家结构形式下,地方政府也应享有一定程度的自治要求。孙中山主张,中国应实行单一制的国家结构形式,不宜实行联邦制。因为,在近现代中国,

---

① 转引自蒋碧昆编著:《中国近代宪政宪法史略》,法律出版社1988年版,第221页。
② 转引自莫纪宏:《现代宪法的逻辑基础》,法律出版社2001年版,第483页。

第三章 孙中山宪政思想的基本内容

联邦制既不利于国家的统一，也难以实现建立在扩大政治参与基础上的地方自治。

孙中山对地方自治非常重视，他曾经把地方自治看成是建立民国的基础。孙中山论及地方自治的时候，他有一个最明确的概念，就是地方自治必须以真正的"民治"作为它的主要内容。他说："真正民治，是兄弟所主张的民权主义，能够极端做到，可以让人民在本地方自治，政府毫不干涉，那才完事。"孙中山所主张的地方自治主要是县自治。地方自治的范围除了清查户口、确定地价、修筑道路、垦殖荒地、振兴水利、兴办实业、设置学校、开办银行和保险事业以外，还应包括训练民众成为合格的公民的任务：一方面要训练民众具备履行作为共和国国民应尽义务的能力；另一方面要训练民众具备选举县官以执行一县之政事和选举议员以议立一县之法律的能力。孙中山非常重视"地方自治"方案的实施，把它看作是实施"直接民权"的主要手段，认为："盖无分县自治，则人民无所凭藉，所谓全民政治，必无由实现。无全民政治，则虽有五权分立、国民大会，亦终未有举主权在民之实也。"①袁世凯之所以背叛中华民国的民主共和制度，能够顺利地复辟帝制，一个重要原因就是我国地方缺乏民主制度，我国民主共和制度的根基不牢。由此他认识到，地方自治对于"民主共和制"有着极为重要的积极意义，"欲民国之巩固，必先建其基础"，而"地方自治者，国之础石也，础不坚，则国不固。"②从这一认识出发，孙中山在以后用了很大精力认真研究欧美和日本先进国家的地方自治制度，又派人去日本对其地方自治精神和方法进行考察，并从而认识到"法、美两国能日臻完善"，"以注意地方自治为根本"。而日本学西方所以能取得巨大成功，关键之一在于它的地方自治搞得好，即"非强于其坚甲利兵，乃强于地方组织之健全"。由此他更加感到必须从中国的实际情况出发，创立一套民主的地方政治制度，尤其是建立以县委单位的地方自治制度，这对于从根本上创立和巩固中国的民主宪政制度具有极大的意义。因此，孙中山在他的后半生中，便把创立和实现以县为单位、以人民行

---

① 陈旭麓主编：《孙中山集外集》，上海人民出版社1990年版，第35~36页。
② 《孙中山全集》第3卷，第326~330页。

使四项"直接民权"为核心内容的地方自治制度,作为他努力追求的目标。

1920年,孙中山写成了《地方自治实行法》,系统地阐述了实行地方自治的范围、顺序和方法。1923年他在制定《中国国民党党纲》时,又把实行县自治和四种直接民权明确地写进了党纲,作为党的奋斗目标。在1924年1月发表的《中国国民党第一次全国代表大会宣言》和同年4月发布的《建国大纲》中,又明确宣布了实行地方自治和直接民权的方针。如在"一大"宣言中说:本党"确定县为自治单位,自治之县,其人民有直接选举及罢免官吏之权;有直接创制及复决法律之权"。又说:"国民党之民权主义,于间接民权之外,履行直接民权,即为国民者,不但有选举权,且兼有创制、复决、罢免诸权也。"①

为什么孙中山要明确规定"以县为自治单位"和在每个自治县中,国民均有行使"四项直接民权"呢?因为孙中山在晚年感到,西方各国的民权制度,虽然是依据"主权在民"的原则,但它实行的民主制度主要是代议制,即间接民权制,人民有选举权而没有罢免权。而这些议员和官吏当选之后,却往往违背人民的意志行事,而人民对他们也无可奈何,这就造成主权在民的原则不能得到真正落实。在中国如果没有真正的民权和民治,中华"民国"就只能徒有其名。要克服西方各国这种民主制度的缺陷,切实保障我国人民真正掌握民主权力,孙中山认为,只有扩大人民的直接民权,使人民既有对官员和议员的选举权,又有对他们的罢免权;同时还有对法律的创制和复决权。孙中山认为,人民有了这四种"直接民权",与代议制的间接民权相结合,才能真正实现"主权在民"的原则,人民才能真正成为国家的主人,真正成为掌握一县范围内的最高统治权的"皇帝"。孙中山还认为,根据中国的实际情况,实现以县为单位的地方自治是适当的,因为县的范围不大,人民对于本县的土地、环境、资源和利益都有所了解,对于本县的历史文化传统和风俗民情有较深的认识,县作为一级行政机关又有悠久的历史,人民较为习惯,能够适应。实行县自治,除了对民主政治建设有巨大意义外,而且对于促进本县经济文化发展也有着非常重要的意义。如组织本县人民在本县

---

① 《孙中山选集》,第526页。

第三章 孙中山宪政思想的基本内容

范围内修筑道路，兴修水利，开发山林，发展工商业，兴办学校，创办医院，开展慈善事业和互助救济活动等等，都比较容易进行，可以取得事半功倍的效果。实行县自治，是真正促使千千万万中国人成为国家主人的最有效的途径。正如哈佛大学的孔飞力教授指出："孙逸仙认为不习惯于立宪政府和政治参与的形式和观念的国家，建国必须遵循自下而上，从县到省，到中央的顺序。公民必须在国民党的监督下，根据县的模式，在'自治'的形式和实践方面接受训导。在政治发展的这个'训政'阶段，党的领导目的在于使一个省内所有的县实现'自治'，然后在省本身实现'自治'。当大多数的省份能够如此自治时，国民代表大会即可颁布一部以五权分立为基础的宪法。"①中国宪政的大厦不可能建立在这样一个直接以缺少民主政治习惯的亿万小自耕农为基础的社会上。可见，地方自治在孙中山的宪政设计中占有突出的地位。

首先，地方自治是国家宪法和法律保障的地方自治政府、团体和个人行使自主权的活动。因此，地方自治是宪政的基础。现代宪政理论是以保护人权为核心的理论，而人权理念的正当性又是以自治为前提的。所以，现代宪政理论、人权理念能否得到逻辑上的确证，自治的正当性就是逻辑上需要解决的首要问题。没有地方自治，保障人民权利的宪法不过是一纸空文。地方自治，"能养成人民对于公共事物的关切心，使人人都知道有监督公共事物之执行的责任。"②如果人民对于与自己无直接利害关系的事情都很漠视，不知道尽公民的义务，立宪政体就会失去存在的基础。在孙中山看来，地方自治的实施可以广泛吸引人们参与政治活动，从而，促进他们对于国家事务的关切。孙中山认为"事之最切于人民者"莫过于"一县以内之事"，而一旦"人民有县自治以为凭藉，则进而参与国事，可以绰绰然有余裕，与分子构成团体之学理，乃不相违。苟不若是，则人民失其参与国事之根据，无怪国事操于武人及官僚之手。"③

其次，实施地方自治得以迅速"移官治为民治"。自治这个名词，从字

---

① [美]费正清：《剑桥中华民国史》下卷，中国社会科学出版社1998年版，第391页。
② [英]詹姆斯·布赖斯：《现代民治政体》，张慰慈等译，吉林人民出版社2001年版，第132页。
③《孙中山全集》第7卷，第67页。

义解释，就是官治的反面。自治，就是地方上的事物完全由地方上的人自己去管理，自己去决定，或选出代表去管理，而不受中央的干预；官治，指地方上的公共事物，悉由中央委派人员管理，而地方居民只是被治的地位，丝毫没有政治参与的权利。孙中山曾将自治作为"官治"相对立的"民治"概念来对待。他在《中华民国建设之基础》一文中指出："权在于官，不在于民，则为官治；权在于民，不在于官，则为民治。"①孙中山认为，不以县作为自治单位，"中央及省仍保其官治状态，专制旧习，何由打破？"②官治是违背民主原则而必须"打破"的，因为这意味着把"政治之权付之官僚"。在"官僚而贤且能"的情况下，人民虽然"一时亦受其赐"，但颇类"婴儿之仰乳"；在"官僚而愚且不肖"的情况下，则"人民躬被其祸。……为鱼肉之于刀俎"。与此相反，"民治"意味着"政治主权在于人民"。无论主权的行使是"直接的"抑或"间接的"，而"予夺之自由仍在人民"。③"官治"必须要为"民治"所取代，地方自治则是这种民主变革的主要手段。

再次，孙中山的地方自治是均权主义前提下的地方自治。由于联邦制对改变民国初期的混乱局面无法提供制度上的帮助，中央集权制又令自由主义知识分子和政治精英难以忍受，于是便有了均权主义的试验。均权主义是孙中山为了消除中央集权和地方分权的弊端而提出的一种新模式。他认为，均权并不是权力的平均，而是按照权力的性质标准，把中央与地方权限进行合理分配。"中央有中央当然之权，……军事、外交、交通、币制、关税是也。地方有地方当然之权，……如教育、卫生，自治范围内是也。"简言之，"均权主义"就是"凡事物有全国一致之性质者，划归中央；有因地制宜之性质者，划归地方。不偏于中央集权制或地方分权制"。④这里所谓的"事务"，就是"均权"的"权"，"权"和"事务"在孙中山的用语中没有加以严格的区别。用法律规定自治事项，仍是中央集权制，而不是均权制度。因为，法律可以规定地方自治事项，也可以取消地方自治事项；可以把某些事项划

---

① 陈旭麓主编：《孙中山集外集》，上海人民出版社1990年版，第34页。
② 《孙中山全集》第7卷，第67页。
③ 陈旭麓主编：《孙中山集外集》，上海人民出版社1990年版，第34页。
④ 《孙中山全集》第9卷，第123页。

归地方,也可以从地方剥夺这些事项。予夺之权,一切操之中央。这仍是中央集权制,而不是均权制。在"均权制度"下,中央的统治权不是由地方所让与,地方的自治权当然也不是由中央所赋予,中央和地方各自享有它应享有的权限。所谓"划归地方"不过是在宪法上确认这种事实罢了。这种权既不是法律所能创设,也不是法律所能取消。以法律任意规定地方自治事项,绝不是承认和尊重地方自治权,也就不是采用"均权制度"。可见,均权的对象是国家的各项管理权,而不是主权,主权属于国民全体,是不能平均的。"均权主义"是作为处理中央政权和地方政权之间的关系和活动范围的理想准则。因为,完全的中央集权与完全的地方分权都是比较片面的。完全的中央集权,虽能维护中央权威的至上性、保证政令的统一与畅通,但却不利于发挥地方的积极性,有可能形成庞大的官僚体系和助长专制主义倾向。完全实行地方分权,虽然有助于培育地方政府和广大公民的自治精神,有效地阻止专制与独裁,但也会导致中央政府的弱化、社会资源的浪费和社会的分裂。地方自治的目的是使人民能充分直接地行使民权,让地方人民把自己的事情管好,所以实行地方自治也是均权主义政治所要求的。

孙中山的这一整套地方自治的设想,不仅考虑了近现代政治发展的总体趋势,而且也充分考虑了中国的国情,正如他在1924年中国国民党第一次全国代表大会的《宣言》中指出的:"夫真正的自治,诚为至当,亦诚适合于民族之需要与精神,然此等真正的自治,必待中国全体独立之后,是能有成。中国全体上未能获得自由,而欲一部分先获得自由,其可能耶?故自知争回自治之运动,决不能与争回自由民族独立之运动分到而行。自由之中国以内,始能有自由之省。"由于国民党没有完成中国现代民族国家的建构任务,孙中山的地方自治设想也就没有在近代中国得以实现。

第四节 民权初步

中国社会"人心涣散、民力不凝结"。孙中山认为,这正是"至大至优"

的中华民族"据此至广至富之土地，会此世运进化之时、人文发达之际，犹未能先我东邻而改造一富强之国家"①的根本原因。为此，孙中山不遗余力地倡导民权，以期激发国民的主人公精神，最终实现"民之所有，民之所治，民之所享"的民主政治。中国拥有近千万平方公里的土地和数亿人口，又有长达两千多年的君主专制历史。推行民主政治，困难重重。孙中山认为，从中国的实际出发，四大民权的实现，必须从最基本的技术操作层面入手，将民主政治具体化为集会、结社、议事方式的训练，即"民权初步"。孙中山对此非常重视，"民权何由而发达？则从固结人心、纠合群力始。而欲固结人心、纠合群力，又非从集会不为功。是集会者，实为民权发达之第一步。"可是，"中国人受集会之厉禁，数百年于兹，合群之天性殆失，是以集会之原则、集会之条理、集会之习惯、集会之经验，皆阙然无有。以一盘散沙之民众，忽而登彼于民国主人之位，宜乎其手足无措，不知所从，所谓集会则乌合而已。"②在《建国方略之三：社会建设》中，孙中山不厌其烦地详论集会、结社、议事、动议、讨论、选举、表决、计票、维持会议秩序、制定社团章程、明确个人权利义务等等琐碎的操作细则，绝非将民主问题简单化，庸俗化，而且依据"知难行易"的认识论原则，将民主政治理论，落实为一般民众人人都能掌握的普通常识与行为规范。孙中山认为，民主政治体制的"议事之学"，好比"兵家之操典，化学之公式，非浏览诵读之书，乃习练演试之书也。若以浏览诵读而治此书，则必味如嚼腊，终无所得。若以习练演试而治此书，则将如澈蔗，渐入佳境。一旦贯通，则会议之妙用，可全然领略矣。"他希望家族、学校、农田、工党、商会、公司、国会、省会、县会"皆当以此为法则"，由此养成国民的民权意识，"倘此第一步能行，行之能稳，则逐步前进，民权之发达必有登峰造极之一日。"③

我们知道，宪法、宪政等所代表的近代西方政治组织方式与运作规范，是西方社会演生出来的自然结果，宪法是出于成长，并非出于创制；并且，西人的宪法与宪政也是在长期的运用中已然达到与其生活丝丝入扣的磨合程

---

① 《孙中山选集》，第383页。
② 同上书，第384页。
③ 同上书，第385页。

第三章 孙中山宪政思想的基本内容

度的一种纯熟技巧。中国的宪法与宪政是移植西人的,而非社会固有产出的。诚如荆知仁所言:"任何一种成功的政治文化,不仅有其形貌的一面,更重要的是必然有其神髓的一面。模仿一种外来的政治文化,其形貌易得,其神髓则难求。当一种政治文化的相关基本信念未经过有效的社会化过程,升华为人生或日常生活的基本信念之前,其形貌性的制度,是很难产生预期的功效的。"①西人的宪法、宪政种子要想在中国的土壤上开花结果,也需要经过一个磨合期。在这个磨合期内,我们所要做的工作就是训练民众运用民主政治的技巧。宪政是一种政治制度,同时也是一种政治生活习惯;如果希望宪政早日实现,我们应当努力于民主习惯的培养,而不可仅仅注意于宪法的颁布,也即在实行宪政中求宪政之进步。理论分析如此,事实证明也是这样。民元之初,袁世凯解散国会,北洋军阀破坏约法,其中原因甚多,而多数民众没有运用民主政治的习惯和技术也是一个不可忽视的原因。孙中山所论"民权初步",只是涉及民主社会建设的纯粹技术性环节,看起来似乎意旨平淡,未及"大道"。但是,程序民主是实体民主的前提与基础。特别是在人口众多且平均文化程度不高、民主意识淡漠的中国,对民众进行这方面的启蒙教育,正是建设民主社会必须的基础性工作,意义不可小看。正如萧公权所说:"民主不可能随叫随到,即使最有决心的改革派与革命派也难立致。如历史可提供线索,建立民主的捷径,除了良好的环境与领袖外,要有许多像一七七五年在美国殖民地争取自治的、普利斯顿队长一样的农民,虽然他们从未听到哈林顿、薛地尼、洛克等人所倡导的'自由的真谛'。"②就孙中山先生所倡导的民权论来看,选举、罢免、创制和复议为四种主要民权,人民要行使这四种权利,必须经过假以时日的充分训练,决不能有所侥幸,也绝不是一纸宪法所可奏功。

---

① 荆知仁:《中国立宪史》,台北联经出版事业有限公司1984年版,"卷首语"。
② [美]萧公权:《近代中国与新世界——康有为变法与大同思想研究》,汪荣祖译,江苏人民出版社1997年版,第227页。

第五节 政党政治[①]

国家的主权属于全体人民，国家是公共的，人民拥有国家就像拥有共同财富一样（republic 和 commonwealth 两个著名的术语就是这两个意思）。由此可以推导出政府和国家之间是有区别的，政府不等于国家，政府只是由暂时代表国家行使权力的少数人组成的机构。这意味着一个国家可以有不同的政府，政府可以改变而国家则保持连续。通过更换不称职的政党来改变政府的做法，是确保公共权力不被滥用、人权不被侵犯的根本性办法。宪政制度提供了现代国家公共权力和平转移的机制，从而为政党在这一过程中发挥作用提供了舞台。所以，"政党制度可能是现代人对政治艺术的最大贡献"。[②]

现代意义上的政党和政党制度，是 19 世纪上半叶，随着代议制民主政治体制的发展而发展起来的。一般地说，代议制议会的议员既然来自社会的各个阶层，那么他们就代表着各种社会利益，这就不可避免地存在着意见和观点的冲突，有冲突就必然导致联盟。各种联盟的结果就是议会内部分化为几个大的派别。议会中的政治派别发展为现代意义上的政党，是与现代自由民主选举密不可分，事实上，正是选举制度使现代政党的运作成为可能。因为，没有政党，成千上万的选民只是没有组织的散兵游勇，既无力提出自己的政治目标，也无力就一些重大问题进行讨论。当 19 世纪选举权不断扩大时，议会中的政治派别就变成一种群众性组织，发展出自己的规章制度和组织机构，并利用组织机构拉选民，以竞选的方式来获得执掌政府的权力。现代意

[①] 政党政治通常指通过政党行使国家政权或通过政党推动国家政治生活的形式。狭义的或严格意义上的政党政治特指资产阶级的竞争性的政党政治，即按照一定法律或程序建立起来的政党，通过合法的竞选，执掌国家政权，实现党的纲领和政策。也有学者把政党政治看作是人类历史发展进程中，由政党掌权并在国家和社会生活中处于中心地位的政治。其性质定位属于民主政治，是民主政治既有发展但又发展不够充分的产物，因而是间接民主、代议制民主的一种表现形式。参阅王韶兴：《政党政治与政党制度论》，《政治学研究》，2000 第四期。

[②] [美] 莱斯利·里普森：《政治学的重大问题》第 10 版，华夏出版社 2001 年版，第 209 页。

第三章 孙中山宪政思想的基本内容

义上的政党和政党制度就是这样在自由民主选举发展基础上形成的,"物性如此,人性亦然,群众心理,对于国家必有附丽,其所同趋之目的,即为众意之所在,本此众意加以组织,而政党成焉,此立宪国家之产物也。"① 如果不能获得一定的议会席位,一个政党甚至不能生存。可见,没有建立在自由选举基础上的代议制度,就无以产生政党。

同样,没有政党,也没有代议制政府,民主政治也无法运行。现代民主是政党民主,作为民主政体基础的政治制度与政治实践都有政党所创造,离开了政党民主,就没有政治民主。政党在创制政府,特别是创制民主政府方面起了主要作用。在现代民主国家,实际上政府都是由政党掌握的,现代代议制民主政府也可以被称为政党政府。一般地说,政党政府是指在完全意义上的宪政民主国家中,两个或多个政党通过在自由选举中竞争选民的支持而轮流执政,并因为这种自由选举中的政党竞争,而使普通公民的意愿成为国家的公共政策的基本来源和依据的政府形式。②根据政党制度的不同可以区分出两类不同的宪政体制:一类是正常状态的宪政体制,如美、英、法等国;另一类是非常状态的宪政体制,法西斯政权是这一类的典型。在正常状态的宪政体制框架内,一般存在两个以上可以平等竞争的政党,政党不直接干预政府的行政工作,政党的组织结构是松散的。根据行政机构的区别,正常状态宪政体制可分为四个类型:一是总统制,以美国为典型;二是内阁制,以英国为代表;三是委员会制,为瑞士所奉行;四是混合制,戴高乐行政改革后的法国是典型。这四种类型政府的组建和运作都离不开政党。③在非常状

---

① 陈旭麓主编:《孙中山集外集》,上海人民出版社1990年版,第513页。
② 赵成根:《民主与公共决策研究》,黑龙江人民出版社2000年版,第245页。
③ 在总统制国家,虽然选民可以直接选总统,但实际上也是选择政党,因为没有政党的提名和支持,任何人也别想成为总统候选人,更不要说坐上总统宝座;并且,总统也可以利用他本党的支持者在国会对他的忠诚来加强他的权力,事实上,当总统的政策在本党内部遇到强烈反对时,他的权力也会达到最低潮,同样地,当总统受到一个比较团结的党的支持时,他的权力确实是很显赫的。在议会内阁制国家,一般都是由议会中的多数党领袖组阁,选民投票并不是基于对其政策的了解,而是把票投给他认为能最出色地将公共利益综合起来的那个党,选民并不决定由谁来统治,而是决定由哪个政党来统治。在法国,总统的权力有时超过宪法对其所授予的权力,原因在于他或她是多数党派的领袖。瑞士联邦议会中拥有席位的政党一般在10个以上,占有最多席位的为激进党、社会党、基督教民主党和中间民主联盟,瑞士政府——联邦委员会因此由此四党分别推荐2名和1名(中间民主联盟)候选人组成,但各政党提名的人选一旦被联邦议会正式选举为政府成员,便脱离所属党派。

态宪政体制框架内,一般只允许一个合法政党存在,这个党垄断一切政治权力。处于垄断地位的政党的组织高度集中,并有严格纪律。军队和官员都是属于党的,他们效忠的对象是党和党的领袖,而不是宪法和国家。这两类宪政体制尽管区别很大,但也有共同之处:第一,都承认权力的合法性来自于法定程序,都不承认天然血缘关系是权力合法性的基础,政治权力和职位是不可世袭的;第二,都把政党作为一种统治工具。正如英国著名历史学家杰弗里·巴勒克拉夫所说:"政党不仅是现代政治组织的独特形式,而且是它的中心。"[①]政党和政党制度是涉及议会制成败,甚至是所谓近代立宪民主制度成败的大问题。

近代中国,西学东渐,社会思潮涌动。西方政党观念也随之传入,并融于维新立宪、民主共和之历史进程。严格说来,中国近代政党开启于孙中山及其时代。孙中山一生都在为在中国实现资产阶级的民主共和国的理想而奋斗,为了实现这一理想,他给党的斗争历程设计了一套革命或建国程序——军政时期、训政时期和宪政时期,这套革命程序在实际斗争过程中多次加以修订完善。按照他的革命或建国程序,中国最终是要实现宪政,把国家推入民主法治的轨道。那么,宪政实现以后,党又处于什么地位呢?党与政权是一种什么样的关系?孙中山在有生之年没有看到宪政的实现,没有实际操作过宪政时期的政党活动和党政关系,因此,要考察孙中山的政党政治,有必要先弄清他所主张的民主政治是什么范畴的民主政治。孙中山晚年政治思想的一个重要组成部分是"全民政治论",它的基本内容是:要人民能够直接管理政府,便要人民能够实行四个民权——选举、罢免、创制和复决。人民能够实行四个权利,才叫全民政治,四大民权是全民政治的核心。但孙中山认为四大民权不宜在广漠之省境实行,应当以县为单位,以县为单位的地方自治行直接民权。宪法颁布之后,中央统治权则归国民大会行使,即国民大会对于中央政府官员有选举权,有罢免权,对于中央法律有创制权和复决权。在地方实行直接民权,在中央还是实行间接民权。1924年《中国国民党第一次全国代表大会宣言》指出:"国民党之民权主义,于间接民权之外,复

[①] 杰弗里·巴勒克拉夫:《当代史导论》,上海社会科学院出版社1996年版,第124页。

第三章 孙中山宪政思想的基本内容

行直接民权,既以济代议政治之穷,亦以矫选举制度之弊。"代议政治和全民政治相结合,间接民权和直接民权相结合,是以孙中山为代表的革命民主派所得出的实际政治结论。尽管孙中山晚年对俄国新发明的"人民独裁"政体深表赞赏,但其目光始终未能脱离资产阶级议会制度的窠臼。孙中山晚年效法苏联提出"以党建国"和"以党治国"论,那是因为他看到真正的民国还没有建立起来,还需要革命,革命胜利、待国建好以后,就实行全民政治。孙中山不过是暂时放弃国民党极力倡导的政党政治和议会政治,而不是彻底放弃。通过孙中山晚年的"全民政治论"的分析,我们仍然可以看出,他改进了但并没有完全放弃政党政治和议会政治的理想,至少可以说在中央政治的领域内是如此。这样,我们就可以有充分的理由把孙中山关于政党政治的认识仍然作为他的宪政思想的重要内容来看待。

孙中山认为,政党的产生于国民的知识能力有关。"国家之所以成立,盖不外乎国民之合成心力"。"唯是国民合成心力之作用,非必能使国民人人皆直接发动之者。同此圆顶方趾之类,其思想知识能力不能一一相等伦者众矣。是故有优秀特出者,有寻常一般者。而优秀特出者,视寻常一般者恒为少数。虽在共和立宪国,其直接发动其合成心力之作用,而实际左右其统治权力,亦恒在优秀特出之少数国民。在法律上,则由此少数优秀特出者,组成为议会与政府,以代表全部之国民。在事实上,则由此少数优秀特出者集合为政党,以领导全部之国民。"①孙中山是以立宪政治为条件谈政党产生的,是有一定道理的。

孙中山认为政党政治是"共和政治"的正规范本,"政党政治……在国民主权之国,则未有不赖之为唯一之常规者。"这里需要注意政党政治与后文的政党国家的区别:政党政治只能在一个法理型国家的政制中出现,它不允许某一政党依其政党理念的道义——价值诉求而占有政制上的独断地位;相反,政党国家则是某一政党依此其政党理念的道义性而独统的国家政制。②在同盟会和国民党时期,即1905年至1914年,他的政党观的基本内

---

① 《孙中山全集》第2卷,第396页。
② 一旦革命党通过社会政治行动,达成民族国家的建构,其政制就会成为政党国家。中国革命党一出现,就承担了为民族共同体争取现代国家形态的历史使命,因此便有道义理据要求党化国家的政制。参阅刘小枫:《现代性社会理论绪论》,上海三联书店1998年版,第99~100页。

涵可归纳为代议政体下的政党政治,其基本模式是仿效英国和美国的政党制度。他认为,"世界完全政党之国,一为英国,一为美国",因而希望国民党、共和党两党诸君能以英美先进国的政党为模范。

正如英国著名政治学家詹姆斯·布赖斯所说,如果把一国宪法设立的政府视为一座庞大的工厂,那么政党就是这座工厂中的发电机,只有当政党这台发电机开足马力之后,机器才能运转,工厂才能进入永不停息的运作轨道。①孙中山也充分估计了政党在现代社会政治生活中的作用,认为政党不是一般的社会团体。在共和立宪国,政党扮演着"政治之中心势力"和"真能纵指示为代议机关或政府之脑海者的角色","实可谓为直接发动其合成心力作用之主体,亦可谓实际左右其统治权力之机关"②,政党是代议制政体的重要有机构成部分。首先,政党是民主政治赖以运作的手段。我们知道,政治中最重要的问题莫过于权力了。民主政治制度的标志就在于它能让人民大众掌权。为了让人民大众掌权就需要某种组织,它代表大众,以大众的名义行使权力。其中,代表群众并分配权力的最好组织形式就是政党。因此,孙中山认为,"民国之政治若普问于国民之可否,岂不是行极繁之手续?故欲简而捷,必赖政党。今与二三政党商量妥协,而国之政治即举。"③第二,政党是代议制政体的基石之一。孙中山认为,立法机关是人民公意的代表,"欲有完全国家,必先有完全议院,必先有完全政党"。第三,政党是民主共和政体的特点和优点——"政争"的根据,"政争者,为绝好之事也。须知政争也,非争势力乃争公道。"正是在这个意义上,"国家必有政党,政治始得到进步"。④

孙中山又多次强调了政党的巨大意义,他认为,"若无政党则民权不能发达,不能维持国家,也不能谋人民之幸福,民受其毒,国受其害。是故无政党之国,国家有腐败、民权有失败之患。"⑤"中华民国以人民为本位,

---

① 转引自刘建军:《一党执政与现代民主的契合》,《执政的逻辑:政党、国家与社会》,复旦政治学评论第3辑,世纪出版集团、上海辞书出版社2005年版,第18页。
② 《孙中山全集》第2卷,第396~397页。
③ 《孙中山全集》第3卷,第39页。
④ 同上书,第5页。
⑤ 同上书,第43页。

第三章 孙中山宪政思想的基本内容

而人民之凭藉则在政党。"①孙中山认为政党的作用：一是，"养成多数者政治上之智识，而使人民有对于政治上之兴味"；二是，"组织政党内阁，直（执）行其政策"，具体到国民党来说，就是贯彻三民主义，以达到"为国家造幸福、人民谋乐利"的目的；三是，"监督或左右政府，以使政治之不溢乎正轨"。②代议制政体下的政党活动则是合法的公开的活动，以和平方法逐渐促进社会之改良。

现代政治理论认为，政治竞争是政治主体间在同一方向上的相互作用，即作为竞争的政治主体在同一时间和空间内平等地趋向同一的目标，这种竞争是以维持现有的政治制度为前提的，而主体之间在不同方向上的相互作用则是政治斗争。③按照西方学者们的见解，相互竞争的政党构成了现代议会制度的政治基础。在自由民主社会，政党之间的竞争根源于人性结构中的普遍因素，只要允许人们自由运用理智，便会产生不同的意见和情感，不同党派之间的分化、组合和冲突就是必然的；更为重要的是，由于共和国"保护了获取财产的各种不同才能，立刻就会产生不同程度的和各种各样的财产占有情况"，这种财产占有上的不平等正是造成"党争"（factions）的"最普遍而持久的原因"。④什么是党争呢？孙中山指出："谋以国家进步、国民幸福而生之主张，是谓党见；因此而生之竞争，是谓党争。"⑤党争不能涉及到"你死我活"的问题，党争是"一家"之争、一个阶级"内部"之争，而非"敌我"之争。党争限制在资本主义体制的范围内，即公认为非革命性质的问题上。这从反面说明，在阶级裂痕很深的社会里，就不可能出现两党制，因为在这种情况下，一党很可能认为另一党是在动摇着社会基础。孙中山反对为少数人的权利及私人安乐而发生的私争、意气之争；他也反对用不正当手段、卑劣行为以弱敌，因此他特别强调党德，"惟政党之竞争，以道德为前提，所有政策，一秉公理，然后以之谋国，其国以强，以之谋党，其党以昌"。⑤关于政党之间的相互关系，孙中山认为，同处共和立宪政体下

---

① 《孙中山全集》第3卷，第4页。
② 同上书，第147页。
③ 参阅李景鹏：《权力政治学》，黑龙江教育出版社1995年版，第405~406页。
④ 《联邦党人文集》，第48页。
⑤ 《孙中山集外集》，第74~75页。

的各政党，均应以国家为本位，以福国利民为目的，因此它们既是"对党"，又是"良师益友"，它们是在位党与在野党的关系，不同政党之间应该互相扶助，互相监督，互相竞争，互为进退。

孙中山主张政党内阁制，政党是政治的中心势力，是政府的脑海。政党的政策，实际上代表着人民的意见，政党把此意见宣布于国会，"得国民赞成多数者为在位党，起而掌握政治之权；国民赞成少数者为在野党，居于监督之地位，研究政治之适当与否"。①在位党组织内阁，执掌政权，负完全责任。如果内阁不执行政党的意见，可以推倒之。如果在野党得多数国民之信仰，将起而代握政权，变为在位党。孙中山主张两党政治，因为他认为："一党之精神才力，必有缺乏之时，而世界状态，变迁无常，不能以一种政策永久不变，必须两党在位、在野互相替代，国家之政治方能日有进步"。②

第六节 建国程序论

建国程序说是孙中山关于实施宪政程序的学说。孙中山认为，中国长期受专制制度的束缚，人民教育水平不够，如骤然实行民主，会导致政治混乱；而且就现实而言，军阀专权，割据混战，不以革命手段扫除军阀，也不可能实现民主。因此，中国要由专制制度变为民主制度，则必经过三个程序，即1906年同盟会公布的《军政府宣言》中宣称的军法之治、约法之治和宪法之治。军法之治，即军政府督率国民扫除旧污之时代。它属于共和国奠基时期，这一时期的基本任务是"内辑族人，外御寇仇"，对"满洲政府不平等之政治，推廓震荡，无俾遗孽"。这个时期正处于"新脱满洲之羁绊"，建立民主新秩序的关键时期。在政治上要废除清朝专制时代的"政府之压制"，"官吏之贪婪"，"差役之勒索"和"刑罚之残酷"，以及"辫发之屈辱"等封建暴政。这一时期的主旨是打碎旧的封建专制制度，消灭一切落后的风俗习

---

① 《孙中山全集》第3卷，第35页。
② 同上书，第35页。

第三章 孙中山宪政思想的基本内容

惯,恢复社会秩序,建立各级新的组织机构,兴办实业和教育,创立民主革命新秩序,建立共和制度。"军法之治"期限为三年。约法之治,即军政府授地方自治权于人民,而自总揽国事之时代。这一时期的任务是中央政权继续由军政府掌管,各县实行地方自治、地方议会及地方行政官员皆由人民选举,凡完全自治的县,其国民享有直接的选举、罢免、创制、复决四权。另外,还要"开发富源",以便为完成"宪政"准备条件。"约法之治"规定期限为六年。宪法之治,为国家进入正规的以宪法为依据、开展共和国政治生活的时期,为实施"五权宪法"的阶段,"军政府解除权柄,宪法上国家机关分掌国事之时代"。"宪法之治"应在"全国之县皆达完全自治"的时刻,人民得以通过"国民代表会选举会长"。这对于中央政府而然,做到了各县已达完全自治者,皆得选举代表一人组织国民代表大会,制定"五权宪法"。在本县实施中全体国民"依宪法行全国大选",每名代表享有选举、罢免、创制、复决四大民权。具体行使五权职能的"五院",则为全国最高"治机"机关。

但是,在辛亥革命后组建南京临时政府时,并没有实施其革命方略。中国进入议会、政党等自由主义政治的试验期。共和政体虽然确立,但宪政民主并没有实现。事实证明,忽视革命方略,由专制一跃进入宪政民主的不现实性。孙中山每念及此,就会产生"真可为太息痛恨"[①]之情。革命失败以后,在重建中华革命党时,孙中山将党的革命程序仍分为三期:一、军政时期。以积极武力,扫除一切障碍,奠定民国基础;二、训政时期。以文明治理,督率国民,建设地方自治;三、宪政时期。待地方自治完备之后,乃由民选举代表,组织宪法委员会,创制宪法。宪法颁布之日,即为革命成功之时,国民始得享有一律平等的公民权利。1920年11月公布的《中国国民党总章》,将党的进行分为二个时期:一、军政时期;二、宪政时期。它把训政时期并入了军政时期,没有什么实质性的区别。到1924年4月,孙中山在其著名的《国民政府建国大纲》中进一步完善了他的"建国三序":军政时期,即"政府一面用兵力以扫除国内之障碍,一面宣传主义以开化全国之人心,而促进国家之统一",一切制度悉隶于军政府之下,无扩大政治参与之可能与必要。

---
① 《孙中山全集》第7卷,第66页。

 探寻宪政之路——孙中山的宪政思想及实践问题研究

待实现国家统一,扫除了军阀势力,则进入训政时期,训政时期为"军政府授地方自治权于人民,而自总揽国事之时代";训政是监护式政治的一个名词,即由执政的中国国民党指导、训练国民学会行使民主权力,而训政时期的统治权,则由国民党行使,实行以党治国。其任务一是要由党来指导国民,努力在政治、经济、文化各方面除旧布新;二是推行地方自治,作为训练国民行使民主权利的实际操作。地方自治以县为单位,一省内县自治过半,则标志着训政时期的结束,即可进入宪政时期。宪政时期为"军政府解除权柄,宪法上国家机关分掌国事之时代",在此阶段,颁布宪法,党所掌握之统治权交还给国民,实行完全的民主制度。

孙中山的革命发展阶段理论,有其翔实的论证理论。一是论证中国人民有能力取法乎上,实行民主政治;二是创造这一理论,使国民懂得在革命取得政权之后,只有按照革命发展进程理论去实施才能有领导有步骤的进行革命和建设,最终制定"五权宪法",使中华民国真正进入实行"五权宪法"和民主政治制度化、程序化、法律化的共和时代。这一理论对宣传革命思想、推动革命运动深入发展都起到了很大作用。革命发展阶段理论不仅反映了民主革命运动的一般规律,也反映出中国国情的特征和创建民主制度的艰巨性。其理论依据是:首先,"五权宪法"这种资产阶级民主制度政体的建立,需要一个不断完善、不断发展和不断巩固的过程。将中国民族资产阶级革命过程划分为即有区别、又有联系的几个阶段,从革命进程的角度和实践证明看是符合事物发展客观规律的。其次,孙中山在"军政时期"和"宪政时期"之间,设置了过渡阶段,"约法时期"。这是根据中国国情和当时的各方面条件所作的正确选择。因为,刚刚推翻帝制,中国几千年的封建专制统治和半殖民地国家意识影响,在社会各个层面都已根深缔固。人们没有享受过民主,也没有行使过民主权利,民主意识薄弱。从这样的民族状况和国情来考虑,制定一个逐步适应民主制度和民主政治的革命程序是非常实际的,也是革命成功的必然途径。从而培养国民良好的民主与法治素质,来推动革命的渐进发展。另外,孙中山关于训政时期的理论体现了他同改良派、保皇派在对人民评价上的明显不同。改良派、保皇派视人民为"愚民",没有做国民

第三章 孙中山宪政思想的基本内容

资格,而孙中山则指出:通过"军政"、"训政"尽快提高国民素质,促进民主宪政。他在亲自起草的《国民政府建国大纲》中指出"政府一面用兵力以扫除国内之障碍,一面宣传主义以开化全国之人心,而促进国家之统一。"

　　孙中山的建国程序说,是其宪政思想中最精彩的内容之一。既表明了他对民主共和的坚定的信仰和不懈的追求,又表明了他一直为真正实现民主共和的目标寻求具体的途径,使他的民主共和思想有较高的现实性。这同不少参加革命者,只是向慕共和,却对其缺乏真切了解的情况大不相同。如,一般浅识的人承认军政、宪政之自然,但不了解训政阶段是必要的,千万不能免的。孙中山说过:"由军政时期一蹴而至宪政时期,绝不予革命政府以训练人民之时间,又绝不予人民以养成自治能力之时间。于是第一流弊,在旧污未由荡涤,新治未由进行。第二流弊,在粉饰旧污,以为新治。第三流弊,在发扬旧污,压抑新治。更端言之,即第一为民治不能实现,第二为假民治之名行专制之实,第三为并民治之名而去也。此所谓事有必至,理有固然者。"①民国以来的困难都是由于国人不明了因而不接受训政引起的。

　　上述孙中山的宪政思想反映了近代中国社会经济、政治发展到一定阶段的历史特点和急剧变化中的阶级力量对比关系,是自鸦片战争以来,中国先进人物向西方寻求真理的社会思潮的重要结晶。与康有为、梁启超、严复等维新派的宪政思想相比较,孙中山的宪政思想仍算得上是近代中国最先进、最具影响力的学说。列宁曾对孙中山的宪政思想给予了高度评价:"孙中山纲领的每一行都渗透着战斗的、真诚的民主主义。它充分认识到种族革命的不足,丝毫没有忽视政治自由或允许中国专制制度与中国社会改革、中国立宪改革等等并存的思想。这是带有共和制度的要求的完整的民主主义。"②孙中山的宪政思想是一个带有划世纪意义的伟大思想,它

---

① 《孙中山全集》第7卷,第66~67页。
② 《列宁选集》第2卷,第424页。

不仅指导了辛亥革命的发动,而且指导了南京临时政府的建设。制定中国第一部真正的资产阶级性质的宪法——《中华民国临时约法》的指导思想就是孙中山先生的民权主义。

任何革命的理论都不是凭空产生的。孙中山的宪政思想既是向西方学习的产物,也是结合中国20世纪初的现实国情而进行深刻探索的结果,更是他本人不断自觉地对以往革命奋斗的经验教训进行总结的收获。孙中山在认识论上主张"知难行易",将实践提到重要地位,认为"知"是"行"的结果,但认识、理论也重要。他的理性认识仍然处于相当低级和朴素的阶段,非常缺乏真正抽象的深刻,从而达不到对事物本质的认识。在哲学上,他始终坚持经验主义的认识论,这使得他的宪政思想带有强烈的经验主义的色彩。

宪政是以宪法为前提、共和民主为内容、法治为载体、人权为目的的政治理念、政治制度和政治运作过程。宪政包含一些基本的原则:一是宪法至上原则,二是民主原则,三是法治原则,四是人权原则,五是权力制约原则,六是有限政府原则,七是保障财产权原则。与这样的宪政概念和宪政的这些基本原则相比较,不难看出,孙中山的宪政思想受国家主义思想影响很大。例如,孙中山把他的三民主义定义为"救国主义",即"促进中国之国际地位平等、政治地位平等、经济地位平等,使中国永久适存于世界"。①显然,孙中山所说的"救国主义",实质上是以对外争取主权独立为主要内容的现代民族国家的建构理论。又如,"建国三序"也表现了国家权力支配社会的理念:军政时期,军政府总揽国务与地方行政、军权控制民权;训政时期,军政府对地方事物仍具有支配和控制的制约力。兵权和民权、政府公权与地方自治权之间,并不是一种互动和谐的对应关系。程序论所体现的,仍是一种国家主义的理念。再如,在自由观上,孙中山认为,中国人不是自由太少,而是自由太多。他要求,中国人必须牺牲个人的自由,把自由用到国家上去,"到了国家能够行动自由,中国便是强盛的国家。"②孙中山的自由观也受到国

---

① 《孙中山全集》第9卷,第184页。
② 同上书,第282页。

第三章 孙中山宪政思想的基本内容

家主义①理念的影响。孙中山的宪政思想受到国家主义影响也是可以理解的。因为，自19世纪中叶以来，中国是一个国家命运问题非常突出的国家。作为西方现代民族主义的一个流派，国家主义一传到中国，就为关心国家和民族命运的先进知识分子所注意。到20世纪初，立宪派和革命派都把国家主义作为抵御外国侵略、实现民族统一、建立现代民族国家的内容之一。其中，梁启超译介德国伯伦知理的国家学说，流传影响很广，而伯氏政治学说中恰恰有浓厚的国家主义思想。

---

① 国家主义认为，国家是一个民族伦理精神的体现，个人本身只有成为国家的一员才具有客观性、真理性和伦理性，如果脱离了民族国家，也就丧失了作为人的种种权利，当然也包括人的自由。每一个个人都是某一国家的一员，他的一切利益在很大程度上是依靠他所处的国家的政治威力，个人只有通过维护国家利益才能维护自己的利益。所以个人利益首先是从属于某一国家的，民族国家利益是崇高的，高于一切。国家主义理论最早是文艺复兴时期霍布斯的《利维坦》提出的。在宪政主张上，国家主义者坚信"无限政府"是国家富强、统一和个人自由的保障。为了国家利益，既可以否认个人的最高价值，也可以否认宪法的权威性。与国家主义相反的是自由主义，自由主义认为，民族国家虽然有一定的合理性与合法性，甚至在它的形成过程中具有相当程度的正当性，然而就其政治、法律和文化的基础来说，自由主义以民族成员的个体性为合法性、合理性与正当性的标准，强调以理性为基础的个人自由，主张维护个性发展。在国家问题上主张国家的政治生活、经济生活和社会生活都应以维护、个人自由为目的，反对任何形式的专制。在宪政主张上，自由主义者坚持宪法至上，坚持有限政府，国家为保护人权应实行法治与分权制衡。参阅徐讯：《民族主义》，中国社会科学出版社2005年版，第92~94页。另可参阅钟群：《比较宪政史研究》，贵州人民出版社2003年版，第417~418页。

第四章 从政党政治到以党建国：孙中山宪政思想的变化

"以党建国"或者"以党治国"是孙中山宪政思想中的重要内容，对后来国共两党、对20世纪中国宪政进程都产生了深远影响。民国建立至袁世凯解散国会，孙中山信奉自由主义政治，主张把国民党建设成为宪政制度下的一个普通政党，实行政党内阁制，开展政党政治活动。1919年后，孙中山的政党观发生转变。他组建中国国民党，主张"以党建国"或者"以党治国"。孙中山政党观之转变，根源于他对改造中国途径的新认识。民国的混乱使孙中山感到中国迫切需要一种彻底的改造，需要采取一种根本的解决方法。当然，苏俄社会主义革命的影响也是孙中山政党观转变的一个重要因素。我们可以从近代中国国家建设的主要任务来分析孙中山政党观的变化。

国家建设与现代民族国家的形成密不可分，正是国家建设塑造了现代民族国家，它体现了一个社会共同体政治现代化的主要方面；而现代民族国家的形成也规定了国家建设的现代化方向。因此，现代民族国家的创立，"常常（即使并不永远）引起社会其他方面的发展。学术界有时把这些变化称为'现代化'。国家建设是这些变化的政治方面，……"[1]通过对现代民族

---

[1] ［美］安东尼M奥勒姆：《政治社会学导论——对政治实体的社会分析》，浙江人民出版社1989年版，第392页。

国家的形式和渊源的综合性分析，历史学家布莱克教授总结了国家建设的主要特征：一是决策的统一，换句话说，是政治权力的集中；二是它的功能比以前政治形式扩大了；三是法律规范的也代表了现代民族国家的特性。这反过来又导致了同样特别、同样难对付的官僚制度的发展；四是公民在公共事物中作用的扩大了。其中，政治权力的集中当是国家建设的首要任务。①当然，根据现代化理论，民主政治也是国家建设的关键；通过民主程序，国家得到合法性。但是，我们应把国家的建设和民族主义看作是民主政治生存和稳定发展的一个制度前提。1996年，耶鲁大学教授Juan J.Linz和哥伦比亚大学教授Alfred Stepan在他们的合著《走向巩固的民主制》一文中就把这一观点正式提出来："要谈得上民主的巩固，必须满足三个基本条件。首先，在一个现代的政治体（polity）中，除非国家存在，否则不可能有自由而权威的选举，不可能有对合法暴力的垄断，也不可能通过法治对公民权利进行有效的保护。……没有国家，也就没有民主。"②

第一节 近代中国国家建设的主要任务

1911年的辛亥革命对满清帝国的行政和政治制度造成毁灭性的打击，尽管在此之前，这个制度已经从内部受到地方官员、军官和非官方士绅的侵蚀。革命之后，也不可能立即形成一种替代性的国家政治制度以取代被推翻的帝国制度。那些为了推翻清朝统治而临时联合起来的不同的统治阶级群体，其效忠的对象是根本不同的，而且，在用什么制度形式来取代独裁的君主制度的问题上也存在分歧。地方的士绅和军事首领有密切联系，几年之后，权力越来越依赖于以地方为基础的军事机器，由于军队及其将领互相争夺地盘和物质资源，各地的军阀的势力越来越大，他们所控制地区的各种权力都集中在他们手中，"军阀"之间的割据形成了，"夫去一满洲之专制，转生出

---

① [美]安东尼M奥勒姆：《政治社会学导论——对政治实体的社会分析》，浙江人民出版社1989年版，第392页。

② [日]猪口孝等编：《变动中的民主》，林猛等译，吉林人民出版社1999年版，第56页。

第四章 从政党政治到以党建国：孙中山宪政思想的变化

无数强盗之专制，其为毒之烈，较前尤甚。"①军阀们努力在更大的程度上脱离中央政府，或控制中央政府，但他们很少想到去建立一种新型的政治体系。关于1916年至1928年的军阀政治下的"自然状态"，罗兹曼等人的描述既生动而又深刻："到了20世纪20年代，中国大小军阀林立，从占据半个县乃至几个省，地方领导分子自然也就是三教九流，什么人都有。他们的社会背景殊异。……然而，真正的问题不在于现代化过渡时期使某些来路不明的人掌了权。中国困难的实质在于，这种过渡阶段破坏了久经考验的选拔领导人的程序，代之以毫无章法可循的局面，以至于谁能聚众作恶，谁就能上台。"②

军阀主义是对中国宪政实践最具危害性的因素之一：军阀们对权力的控制是纯粹军事性的而非政治性的，他们无法使单纯军事性的权力向有合法性的政治权力层面转化；军阀们即便可以建立起对全国大部分地区实行控制的全国性政权，制定出名曰宪法的文件，甚至标榜所谓的"法统"，但他们无法给政府权力提供一个真正民主性的基础。军队和武力是其唯一资源，穷兵黩武的本性使他们无法动员广大人民，形成以民主的形式强化政府权威的政治制度。军阀主义的政治弱点不在于它对权力的无限贪欲，而在于它把权力的构成看得过于狭隘，而不能促进非军事性因素的发育成长。因而，在近代中国的历史上，不管军阀政府颁布过多少部宪法，组织过多少届国会和内阁，选举出多少届大总统，然而军阀主义本身已扼杀了宪政的价值。军阀主义在中国的滋生使远未生根的宪政制度失去了最重要的社会依托。在军阀政治的游戏规则下，混战的规模和次数逐年增大，政权更迭的频率变幻莫测，这种情况已不能再用"宪政危机"来解释，不仅不再存在所谓的"宪政危机"，就连一般的政治秩序都不复存在了。

与1911年革命爆发之前的中央政权相比，中华民国的这个中央政府的控制力日益缩小，新的民主共和国徒具形式，在企图实现西方式民主政治革命之后，产生的却是一批军阀，他们才是这个本来是和平主义的国家的最高

---

① 《孙中山全集》第6卷，第158页。
② [美] 罗兹曼主编：《中国的现代化》，江苏人民出版社1988年版，第231页。

统治者。没有他们的支持，谁也不可能成为政府领导人，即便当上了政府的领导人也不可能长久。在"共和"的招牌下，国家实际陷于军阀割据和长期分裂状态，持续的政治权威衰退导致民主政治迟迟走不上正轨。中国仍一直处于一种"国家危机"或"权威危机"之中，正如罗荣渠所说："辛亥革命尽管使无所不包的普遍王权的一元结构突然解体，但是从帝制的废墟中却不能产生出一个现代性国家，而是分裂出大大小小的传统型权力中心，形成严重的政治权威危机。"①不仅如此，新建立的中华民国南京临时政府也没有能够实现对征税权的垄断，革命之后，"县款不解省，省款不解中央"成为极普遍的现象；民国的法律也没有在全社会、尤其是在广大的乡村社会得到普遍认同和贯彻，当时的人称南京临时政府"政令不出南京，甚至不出总统府"，这话一点也不过分，这些苍白无力的法律文件始终没能形成现实社会中的法律秩序。在1949年之前，这些问题一直没有得到彻底的解决。

通过上面的分析，本人坚持认为：晚清至民国初年的国家建设不仅有政治民主化的任务，还有民族国家重新整合的任务。在一定程度上，后者比前者更为重要，也更为紧迫。罗荣渠教授澄清了在国家重建和政治现代化问题上的一个虚幻的假象，即认为国家政治体制的重建和政治现代化的根本目标应当是政治民主化。这是一种以西方资产阶级民主制为目标模式的政治发展理论。罗荣渠教授指出，民主化只不过是现代化过程中国家重建的一个内容，除此之外还有许多其他内容，这些内容包括：封建主权国家转变为现代主权国家，世袭的等级官僚制转变为合理的科层官僚制，国家的有限的经济、财政控制与税收权力转变为庞大的经济财政控制与增税权力，臣民体制转变为公民体制，亲兵和雇佣兵制转变为常备军制，等等。②这些转变的根本目标是加强和扩大国家政权的社会基础，增强国家的社会动员能力。正如艾森斯塔德所说："现代性对中国的冲击采取了两种方式，这样也就对中国的社会、政治和文化秩序提出了两类虽然不同但又互相密切联系的问题。第一类是外

---

① 罗荣渠：《现代化新论》，北京大学出版社1993年版，第302页。
② 《罗荣渠与现代化研究——罗荣渠教授纪念文集》，北京大学出版社1997年9月第1版，第143页。

第四章 从政党政治到以党建国：孙中山宪政思想的变化

部的力量与问题，即西方与日本的冲击提出了中国在新的国际环境中维护民族主权的能力问题。第二类则是内部的，即如何克服帝国秩序的崩溃的趋势，以及在这种秩序被毁灭之后如何解决内部无政府状态这种新形势下的分裂势力（比如军阀们建立割据政体的努力），以及在旧的秩序消失之后如何建立一种新的有生命力的秩序。"①可见，中国建立现代民族国家不仅仅是以民族主义意识形态、用革命的方式推翻封建君主专制制度，建立一个立宪民主制度；而且，还有一个国家如何整合社会，即民族国家的创立问题。孙中山政党观的变化正是在上述背景下发生的。

第二节 民初议会、政党政治的失败与孙中山"以党建国"论的提出

按照同盟会的革命方略，在义师既起之后，应实施军法之治，并经约法之治后，方进入宪法之治。也就是说，武昌起义后，即应组织极端强有力的军政府；至于制定宪法和建立宪政体制，还很难提上日程。但是，同盟会的会员中了解孙中山思想的人很少，正如孙中山所说："民国建元之初，予则极力主张施行革命方略，以达革命建设之目的，实行三民主义，……而吾党之士多期期以为不可。经予晓谕再三，辩论再四，卒无成效，莫不以为予之理想太高……呜呼！是岂予之理想太高哉，毋乃当时党人之知识太低耶？予于是乎不禁为之心灰意冷矣！"。②立宪派的代表和革命派的代表也没有把往日所定的革命方略放在心上。孙中山说："当同盟会成立之初，则有会员疑革命方略之难行者，谓清朝伪立宪许人民以预备九年，今吾党之方略定以军政三年、训政六年，岂不与清朝九年相等耶？吾等望治甚急，故投身革命，苦于革命成功之后，犹须九年始得宪政之治，未免太久也云云。"③对于革

---

① ［以］S 艾森斯塔德：《传统、变革与现代性——对中国经验的反思》，谢立中、孙立平主编：《二十世纪西方现代化理论文选》，上海三联书店 20002 年版，第 1090 页。
② 《孙中山全集》第 6 卷，第 205 页。
③ 同上书，第 210 页。

命方略，他们全没有实行的意思。所以到临时政府组织的问题发生时，一般代表就只注重在通常宪政制度的问题上，全没有想到由专制达到共和立宪，中间还有许多艰难困苦的过程。按照孙中山的看法，辛亥革命后，中国社会有民国之名，而无民国之实，都是由于没有践行革命方略的缘故，"不幸辛亥革命之役，忽视革命方略，置而不议，于是根本错误，枝节横生，民国遂无所恃以为进行，此真可谓太息痛恨者也！"①

中国在辛亥革命成功后建立的民主共和国应当选择什么样的政权组织形式，是一个十分重要而又异常复杂的问题。在当时的形势下，如果君主立宪不在考虑之列，则可供选择的政体只有两种：一种是美国式的总统制，一种是法国式的责任内阁制。在这一问题上，尽管革命派内部有着不同的取舍去就，但多数人无疑是主张效法美国的。早在1894年兴中会成立时，孙中山提出"驱除鞑虏，恢复中华，创立合众政府"的入会誓词。所谓"合众政府"，在当时乃是特制美国式的共和政府。1903年孙中山在檀香山对华侨演说，明确指出要"效法美国，选举总统，废除专制，实行共和"②。1906年秋冬之际，孙中山与黄兴等人在日本制定《中国同盟会革命方略》，提出分三个时期实施革命纲领的构想，明确提出，在第三期即"宪法之治"时期，须有国民"公举大总统及公举议员以组织国会。一国之政事，依于宪法以行之"③。可见，效法美国，实施总统制，乃是孙中山等人谋之已久的政治主张。

1912年1月，革命党仿照美国的宪政制度创立了中华民国南京临时政府，孙中山当选临时大总统。这是一个以三权分立为原则、总统制为特征的立宪政体。《中华民国临时政府组织大纲》是民国开创之临时性宪法，其创制精神类似美国宪法。④《中华民国临时政府组织大纲》否定了法国式的责任内

---

① 《孙中山全集》第7卷，第66页。
② 《檀香山华侨》，转引自《纪念辛亥革命七十周年学术讨论会论文集》上册，中华书局1983年版，第70页。
③ 《孙中山全集》第1卷，第298页。
④ 临时政府虽然标榜的是推行美国三权分立的总统制，实际上是二权分立。因为，虽然建立了行政机关和立法机关，但并没有建立司法机关。《中华民国临时政府组织大纲》虽然规定行使司法权的是中央裁判所，但没有具体规定该机构的职能、权限及运作程序。中央裁判所还未来得及成立，辛亥革命的胜利果实就被袁世凯篡夺。

第四章 从政党政治到以党建国:孙中山宪政思想的变化

阁制,采用总统制的权力架构,这在民国初年应当说是一种较好的选择。首先,在一般中国人的政治心理中,如果国家最高领导人仅仅具有象征作用、不能在政治活动中发挥实际的领导和干预作用,这是难以理解的。同时,生活在社会剧烈变动时期的人们也希望国家最高领导人利用手中的大权推动变革并保持社会的稳定。面对地方分立、各自为政和国家权威出现真空的政治环境,也需要总统集权来加以解决。因为总统制的最大优点是国家行政大权集于总统一人之手,事权集中而运用灵活。这也是孙中山坚持"非常时期"宜实行总统制的缘故,"内阁制乃平时不使元首当政治之冲,故以总理对国会负责,断非此非常时代所宜。吾人不能对于惟一置信推举之人,而复设防制之法度。"[1]

后来,作为南京临时政府之组成部分的参议院又制定了《中华民国临时约法》,《临时约法》的核心是将《临时政府组织大纲》所规定的总统制改为内阁制,规定:国务员(国务总理及各部总长)辅助临时大总统负其责任,对于临时大总统所提法律案、所公布的法律命令,须副署之;总统在行使宣战、媾和、缔约、任命国务员等重要职权时,须得到参议院的同意;参议院有权弹劾大总统。之所以这样做,是出于对接任临时大总统职务的袁世凯的不信任,试图以内阁制来约束之,"未来总统之必须畀诸袁世凯,……故设有国务委员负责之规定,以减削其权威,而预防其专擅。"[2]

这一重大改动与宋教仁的极力鼓动不无关系。宋氏在临时政府成立后被委以"法制院总裁"一职,临时政令多出其手。尽管宋教仁可以在约法制定中发挥一定的作用,但他个人的身份地位尚不足以决定约法之通过。只有立法机构参议院才具有这样的能力。而参议院同意变更政体则显然与总统人选的变更有关。南北议和之时,各省代表就有虚位以待袁世凯反正得承诺,孙中山就任临时大总统,亦曾表示一旦清帝退位、袁世凯表示赞成共和,便辞去所任大总统一职。约法制订之时,清帝退位之事已成定局,袁世凯也已承诺赞成共和。在此情势下,孙中山不能不让位于袁。然而,袁世凯之心殊不

---

[1] 陈旭麓主编:《孙中山集外集》,上海人民出版社1990年版,第47页。
[2] 谢振民编著:《中华民国立法史》上册,中国政法大学出版社2000年版,第305页。

可测。从他戊戌以后政治表现来看,任何一个站在维护民主共和制立场上的政治家都不能不对他心存戒备。孙中山领导中国革命历17载,其间革命志士为建立民主共和制付出了巨大的代价,不会甘心将将已经打下的江山拱手让出。但由于力量对比悬殊,又不得不让,只好在让的同时设法防范。防范措施,首在立法改制,而同盟会在参议院中占居多数席位,也为立法改制提供了便利条件。这是孙中山等人不得不犯"因人立法"之忌,毅然改变政体的主、客观原因。李剑农曾分析说:"从前改临时政府组织大纲时,宋教仁想把它变为责任内阁制,那些对于宋教仁怀疑忌心的代表先生们,因为要打击宋教仁的缘故,拼命的反对,使责任内阁不能实现。现在所制定的约法,预备在袁世凯临时总统任内施行,又因为要抑制袁世凯野心的原故,竟把总统制改为责任内阁制了。"①李剑农的话谁对了一半:将从前包括孙中山在内的大多数革命派及独立各省人士主张总统制说成是为了反对宋教仁,显然不符合实际;但将已经实施的总统制改为内阁制的原因归结为限制袁世凯的需要,则应当是符合事实的。

　　值得注意的是,身为临时大总统并一贯主张总统制的孙中山也参加了制订约法的会议。尽管约法"具体规定的政治体制不完全符合他的思想体系"②,他却没有表示异议,并亲自将它公诸于世。这说明孙中山此时已放弃政体选择上的既有立场。1913年春孙中山有关政体的一次演说,颇能让人看出这一变化,他说:"至于政府之组织,有总统制、有内阁制之分。法国则内阁制度,美国则总统制度。内阁若有不善之行为,人民可以推倒之,另行组织内阁。总统制度为总统担负责任,不但有皇帝性质,其权力且在英、德诸立宪国帝皇之上。美国之所以采取总统制度,此因其政体有联邦性质,故不得不集权于总统,以谋行政统一。现就中国情形论之,以内阁制为佳。我的国民,莫不主张政党内阁。"③孙中山显然不至于忘了他不久前还说过内阁制"断非此非常时代所宜",但此时却又说出上述这番话,由此可见思想中的实用

----

①李剑农:《中国近百年政治史》,商务印书馆1948年版,第384页。
②朱宗震:《孙中山在民国初年决策研究》,四川人民出版社1991年版,第82页。
③《在神户国民党交通部欢迎会的演说》,《孙中山全集》第3卷,第44页。

第四章 从政党政治到以党建国：孙中山宪政思想的变化

主义色彩。这种实用主义表现在法制建设上，就是"因人立法"，是法律家引为大戒的。此风气一开，人的意志就会凌驾于法律之上。不仅如此，这种因人所立之法，其所设计的三权分立、议会主导的权力架构，与当时国家建设的主要任务不相适应。因此，《临时约法》也就在现实政治生活中难以实施。尽管《临时约法》给资产阶级的民主共和国提供了合法性，但同时也埋下了宪政危机的隐患。

当选为正式大总统的袁世凯不久就抛弃了临时约法和"天坛宪草"，强迫国会制定了《中华民国约法》。它确认了袁世凯的独裁统治，把总统的权力扩大到无以复加的地步：废除责任内阁制，实行总统制，大总统为国家元首，总揽统治权；取消西方性质的国会，取消三权分立原则，三权归为一权，由大总统一人负责。约法会议致大总统请公布《中华民国约法》咨文道出了增修约法的主旨："国势至今，非有大总统以行政职权，急起直追，无以救亡也，于是凡可以掣行政之肘……皆于删除。凡可以为行政之助者，如紧急命令、紧急财政处分等，悉予增加。"①考虑到当时国家建设的主要任务，我们就不能一概否定袁世凯的强人政治发展模式。在袁世凯看来，由于中国非常落后，又遭受列强的欺凌，要使中国在世界上立一席之地，必需保持国家的统一，建立强有力的稳定的政府，并给予政府以处理内政外交及紧急事变的伸缩余地。如果我们联系到《中华民国临时政府组织大纲》制定过程中孙中山强烈主张实行总统制的理由，就更不能对袁世凯的政治发展模式得出否定的结论。孙中山关于实施宪政的三阶段论与袁世凯的这一政治发展模式具有相似之处。袁世凯的强人政治不是对专制政治的回复，即使是公然复辟帝制，也仍然是在承认宪政和代议制的

---

① 陈旭麓主编：《孙中山集外集》，上海人民出版社1990年版，第313页。

必要性的前提下进行的。①在袁世凯看来,中国实行宪政不能操之过急,要有一个过渡期,在过渡期内,政治参与应当是有序的而不是放任的。实际上,孙中山本人后来也曾对临时约法进行过抨击,说"辛亥之役,汲汲于制定临时约法,以为可以奠民国之基础。而不知乃适得其反。论者见《临时约法》施行之后,不能有益利民国,甚至并《临时约法》之本身效力亦已消失无余,则纷纷然议《临时约法》之未善,且斤斤然从事于宪法之制定,以为藉此可以救《临时约法》之劣。曾不知症结所在,非由于《临时约法》之未善,乃由于未经军政、训政两时期,而既入于宪政。"②

从国家建设的角度分析,袁世凯的强人政治是向着民主宪政方向迈出的正确的一步。应该说,这种政治发展模式比当时的自由主义者选择的议会内阁责任制和联邦制更具现实性。③这可以说是民国初年推进政治现代化进程的惟一的一次机会。但是,袁世凯的强人政治发展模式却遭到了当时自由主义者的反对和抵制。一方面,袁世凯政权的合法性受到自由主义知识分子的不断质疑;另一方面,袁世凯企图重建中央权威的措施也大大伤害了持地方分而自治观念者的实际利益。袁世凯的强人政治也没有解决国家建设所面临的主要任务,即保持国内社会稳定、发展经济以改善人民生活、领土的完整以及主权的独立与自主。

袁世凯复辟帝制的失败并不是自由主义政治的胜利。尽管《临时约法》

---

①对于袁世凯想做皇帝这件事,著名口述史专家唐德刚先生作过客观而公正的评论,他说,袁世凯之所以要做皇帝,这虽然是他个人野心的终于现形,其实他也是经过一整年的亲身体验,确实体会到共和政体不适合中国国情,这虽是借口,也未始不是事实。民国被一些小官僚、小政客、小军阀、小党人弄得乌烟瘴气。他对共和政体的确是失去了信心,因此才要开倒车,搞独裁,做皇帝。美国的宪法顾问古德诺认为,中国是个大国,乱源甚多,中央行政管理应该强而有力,主张中国应采取总统制,中国总统在行政权力上应该超过当时在位的美国总统。按目前中国的教育、文化和政治、社会各种条件,中国的政体应该以君主立宪为宜。从法理、学理和史实的角度看,古氏之论,并没有太大的错误。错就错在,他不该在那个时候写那篇助纣为虐的文章(《共和与君主论》)。古氏之论被杨度曲解为共和不如帝制,民国不如大清。参阅唐德刚:《袁氏当国》,广西师范大学出版社2004年版,第96、160页。

②《孙中山全集》第11卷,第102~103页。

③袁世凯的强人政治发展模式之所以失败,不在于这种政治发展模式本身,而在于袁世凯使之发生了变形,袁世凯把它变形为具有皇权性质的个人专制(当然,形式上还是"君主立宪")。为了实现这一目标,他甚至取缔了保障民主政治实现途径和手段的国会和政党,此种行为不能不导致民国的国体发生实质性变化,这也从根本上背离了近现代中国政治发展追求民主、共和的主流。

第四章 从政党政治到以党建国：孙中山宪政思想的变化

和国会得以复活，政治运作表现为起草宪法、争辩条文、内阁更迭、政党、选举等民主宪政的运作形式，但"事实上，这些都是宗派主义的政治活动，按其自身逻辑发展，并在发展过程中破坏了宪政结构。"①随着袁世凯的死去，中国社会陷入了四分五裂、派系争斗、腐败盛行、军阀割据混战的局面。这些困扰国家建设的基本问题中没有一个由于颁布一部宪法而能够得到解决的，甚至稍微舒缓的也没有。我们发现，自由主义宪政体制与辛亥革命后国家建设面临的主要任务不相符合是民国初年宪政试验失败的主要原因。就辛亥革命后的中国来看，应当把获得国家主权的独立统一、改善经济和社会状况放在优先位置；而要做到这些，就要有一个稳定的政治环境，为此又必须建立强有力的中央政府，改变四分五裂、各自为政的政治权力格局。即使发展民主政治，也要在行政的统一和社会稳定的基础上进行，否则，民主政治的设计也很难实施。自由主义宪政模式无助于解决民国初年国家建设的紧迫课题。正如有西方学者所指出的那样，经过第一共和国时期宪政实验的失败，"许多中国人都明显地感到，更直接地过渡到完全的民主，做起来是有实际困难的。这些困难使得放弃自由主义的理想更能为人接受，至少在短期内是如此。"②

孙中山在"二次革命"失败之后开始反思自己民初几年的理论失误。他认为革命失败的根本原因在于革命党人对西方近代"自由"、"平等"学说的误解误用。因此，他提出为了国家的自由，必须放弃个人的自由。所谓国家的自由，实质上是指国家的独立。孙中山认为，近代以来，中国受列强的压迫，失去了国家的地位，不只是半殖民地，实在已成了次殖民地，要做各国的奴隶，国家很不自由。面对国家的不自由状况，孙中山满怀忧虑和愤懑，因而极力主张恢复和争取国家自由。而且，孙中山一生都在为国家自由而奋斗，"余致力国民革命凡四十年，其目的在求中国之自由平等"，孙中山在临终遗嘱中对自己所作的这一总结，是他一生的真实写照，也足见他对国家自由的关注和重视。就国家自由与个人自由的关系而言，孙中山一方面认为，

---

① [美] 费正清主编：《剑桥中华民国史》上卷，中国社会科学出版社1993年版，第305页。
② [美] 吉尔伯特罗兹曼：《中国的现代化》，江苏人民出版社1988年版，第350页。

国家自由重于个人自由，个人自由必须服从国家自由，为了国家的自由，甚至要牺牲个人的自由。他说："要把我们国家的自由恢复起来，就要集合自由成一个很坚固的团体。"①这里所说的"集合自由"，就是要牺牲个人的自由，结成团体，去争取国家的自由。在孙中山看来，"个人不可太过自由，国家要得完全自由。到了国家能够行动自由，中国便是强盛的国家。要这样做去，便要大家牺牲自由"②，他极力反对绝对的个人自由，认为个人自由必须服从纪律，服从国家自由的许可；另一方面又往往把国家自由和个人自由对立起来。他认为，个人自由和国家自由是两个互不相容的东西，个人自由太多，势必影响国家自由的实现。他提出，自由"如果用到个人，就成一片散沙。万不可再用到个人上去，要用到国家上去"③。推及到革命党内，革命党内部不能只讲党员个人的自由；要取得革命的成功，党员必须无条件地在思想上服膺"孙文学说"，在组织上拥护领袖独裁制；党内不能实行"法治"，只能推行"人治"。在对党与人民关系问题的认识上，孙中山认为人权不是"天赋"的，而是"人赋"的，是人民经过同专制的斗争取得的；"平等"不是绝对的，而是相对的；在中国的具体国情中，必须实行"以党建国"、"以党治国"的政治方略，革命党要包办革命（军政时期）、包揽政权（训政时期）。

正是在这种背景下，孙中山的宪政思想开始发生变化。孙中山也不再搞什么代议政治了，他放弃了民主宪政体制下的政党政治活动，坚持要毁党造党，由他自己来做一个拥有绝对权力的党魁。他说："政治进行是靠不住的，随时可以失败。……只有党务进行，是确有把握的，有胜无败的。"④孙中山开始转而进行以党建国工作。"吾人立党，即为未来国家之雏形"⑤是孙中山由民国初年主张"政党政治"向"以党建国"论转变的最集中的体现。中国国民党成立以后，孙中山的以党建国思想就阐述得更清楚了，他说："我们中华民国算是一棵大树，我们革命党就是这树的根本，……诸君须知党事为革命源起事业，革命未成功时要以党为生命，成功后仍然绝对用党来维持。

---

① 《孙中山全集》第9卷，第283页。
② 同上书，第282页。　　　　　　③ 同上书，第282页。
④ 《孙中山全集》第7卷，第6页。　　⑤ 《孙中山全集》第3卷，第184页。

第四章 从政党政治到以党建国:孙中山宪政思想的变化

所以办党比无论何事都要重要。"①孙中山不仅主张要有国民党建立一个新国家,而且这个国家还要靠国民党一个党去治理。对于国共合作,孙中山主张"党内合作",也就是"联共"(联合共产党)或"容共"(容纳共产党);他不赞成"党外合作"。这表明,孙中山晚年的"以党治国"思想已经不同于欧美的政党政治,他放弃了西方议会政治中政党自由竞争的观念,而主张只有一个政党单独治理国家。

当然,孙中山宪政思想的变化也有苏俄的影响因素存在。十月革命的成功,为中国昭示了一种新的现代化模式。在接受苏俄影响之后,国民党的政治游戏规则开始发生变化。在政治实践层面上,国民党离开长期追求的自由主义宪政道路,选择了通过武装革命夺取政权的激进道路。十月革命后,孙中山立即把注意力转向了苏联列宁主义式的政党。苏联是第一个从资本主义体系中挣脱出来建立不同于西方政体的新形式的国家。苏联的成功使孙中山对列宁主义式的政党表现出了浓厚的兴趣,"以俄为师"成为孙中山晚年建党的主导思想。此后,孙中山所做的两件最具有政治意义的事就是改组国民党和用政党的力量去建构国家,即"要改造国家,非有很大力量的政党,是做不成功的"。②

1924年1月,中国国民党第一次全国代表大会召开,标志着国民党改组获得了巨大成功。国民党改组是"以俄为师"的结果。不过,1924年孙中山"以俄为师"改组国民党,并非"全盘俄化",而是有所取舍。即孙在坚持其三民主义的前提下,所借鉴的只是苏俄的"办党"方法和建军经验。用孙中山自己的话说,"吾等欲革命成功,要学俄国的方法组织及训练,方有成功的希望。""因为要学他的方法,所以我请鲍君做吾党的训练员,使之训练吾党同志。鲍君办党极有经验,望各同志牺牲自己的成见,诚意去学他的方法。"③"从前在日本,虽想改组,未能成功,就是因为没有办法。现在有俄国的方法以为模范,虽不能完全仿效其办法,也应仿效其精神,才能学得其成功。"④孙中山主要从组织技术层面学习苏俄"办党"的方法。

---

① 《孙中山选集》,第525页。　　② 《孙中山全集》第9卷,第96页。
③ 《孙中山全集》第8卷,第437页。　　④ 《孙中山全集》第9卷,第137页。

在孙中山看来,俄国革命党人的共产主义并无什么优长新奇之处,他的三民主义比共产主义更具有包容性,更适合中国国情。1924年元旦上海《民国日报》发行"中国国民党改组号"增刊,内中声明:"从同盟会起几次改组,名称变更,'三民'、'五权'的总口号始终未变。这次虽然一度改组,只是中国国民党的事务机关的改组,不是中国国民党的主义的更张。"①也就是说,孙中山学习苏俄的内容有明确的限定,即主要限定在党务组织层面上,亦即以三民主义为体,以俄共组织为用。这一点,从国民党改组之初所发表的"辟谣"声明,也可得到印证。1924年2月间,香港报纸称,国民党已被"赤化"。对此,国民党中央宣传部发表辟谣通告,郑重申言:"国民党之本体不变,主义不变,政纲之原则不变。此次改组,乃改党之组织,采用俄国委员制。"②在"三不变"的前提下学习苏俄的"办党"经验,基本上是符合孙中山改组初期的思想的。在党务组织方面,国民党是如何学习和借鉴俄共的?仍有必要作深入考察。党章是一个政党的最高的组织法规,是一个政党赖以运作的基本组织法则。自同盟会以来,国民党曾多次更易党章。但自1924年国民党第一次全国代表大会制订《中国国民党总章》以后,国民党的党章基本定型。其后数十年间,国民党历次全国代表大会只作修订,未再重颁。因此,1924年的国民党党章在国民党历史上具有奠基性和创制性的意义。通过对1924年国民党"一大"制订的《中国国民党总章》的考察,发现其最初的蓝本是1919年12月俄共(布)第八次全国代表会议颁发的《俄国共产党(布尔什维克)章程》。该章程是1918年3月俄国社会民主工党改名为俄国共产党(布尔什维克)以来所制订的第一个党章。俄共章程分12章66条,国民党总章分13章86条,内容均由党员、党的组织机构、中央党部、地方党部、基层组织、党的纪律、经费、党团等几个主要部分组成,其基本结构非常相似,大部分条文几乎雷同。如党的组织系统,俄共建立了一套从中央至地方与国家行政区划体制相并行的层级机构,国民党亦仿行建立。(注:俄共的各级权力机关依次为:全俄代表大会→区域代表

---

① 《国民党过程中两要点》,见《中国国民党改组号》,1924年1月1日上海《民国日报》增刊。
② 《中国国民党周刊》第14期,1924年3月30日。

第四章 从政党政治到以党建国：孙中山宪政思想的变化

会议→省代表会议→县代表会议→乡党员大会→支部党员大会；相应的执行机关依次为：中央委员会→区域委员会→省委员会→县委员会→乡委员会→支部委员会。国民党改组后的各级权力机关依次为：全国代表大会→全省代表大会→县代表大会→区代表大会或全区党员大会→区分部党员大会；相应的执行机关依次为：中央执行委员会→全省执行委员会→全县执行委员会→全区执行委员会→区分部执行委员会。）列宁主义政党与一般政党的一个重要区别在于，一般政党组织很难既紧密又具有广泛的群众性，要么严密如同黑社会，难以成为一个具有广泛群众基础的动员型政党；要么如西方议会政党那样强调群众规模，则又往往缺乏严密的组织内聚力。列宁主义政党的组织特色则在于它既能维持严密的组织内聚力，同时又具有广泛的群众性，而其组织诀窍则在于建立笼罩每一个党员的基层组织。这是列宁主义政党在组织结构上与西方议会政党的基本差别，也是此次国民党着力改组的重点。列宁主义政党不是由独立散漫的个体成员组成，它是以"支部"作为党的基本细胞。俄共党章规定"党支部是党组织的基础"。国民党仿照设立"区分部"，规定"区分部为本党基本组织"。"支部"和"区分部"，均是以党员生活居住和工作的区域来划分。这种基层细胞的特点，一在于它对每个党员个体的笼罩性，每个党员必须是某个"支部"或"区分部"的成员，连党魁也不例外；二在于它对每个党员个体的平等性，如以地域划分的某个区分部里，属于同一区域的不同职业和不同级别的党员一起出席区分部会议，如孙中山住在甲区，即属于甲区的某区分部，逢区分部开会，便得以党员资格，和同一区中的花匠、司机一样列席；三在于它对每个党员个体的凝聚性，在同一区分部里，党员之间一起开会，经常活动，交流思想，共同行动，既相互了解，也相互监督，使每个党员对党形成凝聚性和向心力，维系每个党员对党的意识形态的认同；四在于它深入民间的渗透性，一方面"使国民党得尽力于民间"，另一方面，通过基层组织考察吸收新党员，可以确保党组织的群众性和严密性。西方议会政党一般仅有高悬在上的上层机构和遍布各方的散漫的党员，对党员没有太多的约束，一般只要求拥护党的政治主张，党员入党脱党均很容易，入党只须履行简单的登记手续，甚至不履行任何手续。这些政党没有类似的具有笼罩性、平等性、凝聚性和渗透性的基层组织。国民党在改组以前，也只有上层组织，没有基层细胞。挂名党籍的党员号称有20余万，"然按之实际，则除册籍载有姓名者外毫无活动，衡量党力，更属微渺"。①党员之间因缺乏基层组织相互联络，散漫游离如同一盘散沙。

从兴中会、同盟会一直到1924年国民党改组前，国民党的活动基地和党员基础，主要建立在海外。据1923年前后的粗略统计，国民党共有党员20余万，其中国内党员不到5万；组织机构共计400余处，亦绝大多数设于海外；国内除广州、湖南设有分支部外，其他省区既无正式的组织机构，亦无显著的活动成绩可言。②国民党改组前在国内的组织基础非常脆弱，与国内普通民众几乎不生关系。1924年改组后，国民党逐渐建立了从中央党部、省党部、县党部至区党部、区分部的各级组织。1926年10月的统计资料显示，国民党在全国约90%的省区和25%的县份分别建立了省级和县级党组织；③国民党党员人数增至54.4万余人，其中国内党员约占82%，海外党员约占18%。④显然，在改组以后两年多的时间里，国民党由一个偏隅海外的狭隘组织，发展成为一个具有相当规模的以国内民众为基础的动员型政党。改组后的国民党，成为一个与下层社会有广泛联系、在群众心目中有政治合法性、汇集了几乎所有对北洋军阀政府不满的社会势力、以建立资产阶级共和国为目标的革命政党。国民党改组的重大意义还在于，它所确立的党国、党军体制和新三民主义纲领，使中国大革命的进程没有因为孙中山的逝世而立即中断，并在1927年春达到了高潮，取得了震惊中外的胜利，为国民党奠定了在全国范围内执政的基础。所以，胡绳认为，1924年的中国国民党改组，是国民党历史上具有划时代意义的举动，"无此一举，不可能结束辛亥后十余年之困顿，而下开北伐战争之局面"。⑤

---

① 《孙中山全集》第9卷，第540页。
② 《中国国民党党务发展史料——组织工作》上，第2~47页；土田哲夫：《中国国民党的社会构成》，见《南京大学学报》（研究生专辑·哲社版），1989年4月。
③ 《中国国民党党务发展史料——组织工作》上，第100~101页。
④ 陈希豪：《过去35年中之中国国民党》，上海商务印书馆1929年版，第147~149页。
⑤ 《胡绳全书》第3卷，人民出版社1998年版，第377页。

第四章 从政党政治到以党建国：孙中山宪政思想的变化

在孙中山看来，俄国革命之所以能够成功是由于俄国革命者将"党放在国之上"的缘故，这一点应为我们模范。孙中山说："现尚有一事可为我们模范，即俄国完全以党治国，比英、美、法之政党，握权更进一步；我们现在并无国可治，只可说以党建国。待国建好，再去治他。"①"先党后国"、"以党建国"相当于"建国三序"中的"军政时期"，"以党治国"是"训政时期"。就统治方式而言，前两个阶段需要的是集权，而非民主自由。这一点也是他主张"联俄"并在政党组织上"以俄为师"的思想基础。从"以党建国"，再到"以党治国"，是孙中山"党治国家"理论的发展。他特别强调"至于既取得政权树立政府之时，为制止国内反革命运动及各国帝国主义压制吾国民众胜利之阴谋，除出实行国民党主义之一切障碍，更应以党为掌握政权之中枢。"②"以党建国"，意味着党将复制政府的组织并监督其各级运作，意味着党和国家的一体化。在国民党第一次全国代表大会上，孙中山明确提出要"立即将大元帅府变为国民党政府"。就连一贯主张自由主义的胡适也称赞孙中山的这一做法：俄国人帮助国民党人把一个老旧的政党在新的基础上组织起来，而国民党人学到的俄式西方组织功夫，是中国人向西方学习以来学到手的第一项真本事，具有里程碑式的重大意义。③

依据苏联模式改组国民党，把国民党"变成了一个中央集权的、分等级的、官僚化的和具有绝对权威的、必然要将其控制扩大到国家和军队的所有部门与机构的政党"。④改组后的国民党成为一个严密、高效的组织系统。1927年4月，国民党在南京建立了国民政府。1928年6月，南京国民政府宣布结束"军政"，国民党的"训政"从此拉开帷幕。南京国民政府企图以国民党的一党训政来克服民国初年以来一直存在的"国家危机"和"权威危机"。

这里需要特别指出的，孙中山的政党思想尽管解决了在领导民族革命和社会现代化的过程中，怎样建立一个强大的政党的问题，但与此同时，也

---

① 《孙中山全集》第9卷，第103页。
② 同上书，第122页。
③ 罗志田：《乱世潜流：民族主义与民国政治》，上海古籍出版社2001年版，第237页。
④ [法] 谢和耐：《中国社会史》，江苏人民出版社1995年版，第553页。

为后来的中国执政党发展党内民主和建设民主政治留下了沉重的意识形态包袱。对国民党如此，对中国共产党也是如此。孙中山去世后，戴季陶、蒋介石等人发挥了孙中山政党学说中的消极成分，将"以人治党"、"以党治国"变成了"以人治国"、"以蒋治国"的"党治"理论。中国共产党虽然对政党在政治体系中的作用的理解与孙中山有很大的不同，但实事求是地说，"以党治国"的思想对我们也不无影响。对于执政党和政权之间的区别，我们的确是长期以来没有完全搞清楚，弄不清它们之间的关系。在实践中，往往导致混淆党的领导和政府管理的界限，把党的机关当作各级政府的上级机关，结果党成了国家机器的一部分，变得机关化、行政化、官僚化了。这种现象的发生，除了照搬苏联模式的原因之外，孙中山的政党发展思想对我们的影响也是显而易见的。

民国元年以来，中国的政党历经三次变化：第一次，各政党同时公开并存，国民党大体上在野活动；第二次，国民党独自掌握政权，各党派秘密活动；第三次，各党派公开活动，与国民党合作或斗争，国民党开放政权，但仍为执政的主体。在这三次变化的过程中，除了政治暗杀、军阀混战，便是一党独裁、言论统制，因此，真正意义上的政党政治在20世纪的中国始终未能成功地建立起来。然而，"孙先生的基本政党主张是不曾错误的。他主张民主政治必须靠合格的政党来运用，政治的进步必须赖政党的互相监督而保持，政治的竞争必须以和平的政党竞争为手段。这些都是民主宪政的天经地义。他后来虽然为了应付环境的需要而提出了仿效苏俄的主张，但他的目标还是在实现民主的政党政治。专政与训政不过是过渡的办法。还政于民与各党问政才是最终的目的。"[①]

[①] [美]萧公权：《中国政党的过去与未来》，《宪政与民主》，联经出版事业公司1982年版，第188页。

第四章 从政党政治到以党建国:孙中山宪政思想的变化

学者们一般把政治现代化分为三个大的方面,即权威的理性化、功能的分化和参与的扩大。政治权威的理性化是指:由单一的、世俗化的、全国性的政治权威取代各种传统的、宗教的、宗族的或种族的政治权威;对外坚持民族国家的主权,以抵制外国的影响;对内坚持中央政府的主权,以控制地方性和区域性的权力;政治体系内权力的传递或变更按照公共选择的规则和程序进行;实现民族国家的整合,把权力集中于公认的国家立法机构手中。这实际上就是指的"国家建设",即世俗化的、中央集权的现代国家的形成。①中华民国建立,是建立民族国家的伟大胜利。然而,北洋军阀执掌政权后出现的分裂局面,又使刚刚诞生的民族国家面临新的危机。革命所带来的公共权力不完整、不健全,并且一直面临军阀割据混战的挑战,这使得中华民国时代的现代国家成长发生严重变形。这种变形表现在三个方面:宪法虚文化、议会边缘化、国家全能化。②所以,民初的国家建设,不仅有民主建设的任务,还有民族国家重新整合的任务。在一定程度上,后者比前者更为紧迫。一部分政治精英力图通过民主建设完成国家整合,但这个愿望没有能够实现,民初政党议会政治的失败就是证明,政党、议会、选举等民主力量在军阀的武力面前软弱无力。民初政党议会政治的失败与军人的频繁干政有直接关系。

关于现代政党产生的条件,拉帕隆巴拉和韦纳认为,在社会企图形成国家时发生的三个"历史危机",是现代政党形成的特殊的历史催化剂。这三个"历史危机"是:新的社会政治秩序合法性危机,新秩序整合的危机,以及在新秩序里大众参与的危机。③孙中山创建中华革命党和改组国民党就是为了解决近代中国的三个"历史危机",尤其是解决合法性危机和新秩序整合的危机。因为,在军阀混战的局面下,要维护民国建立起来的民主形式及其制度,需要集合一种超越军阀武力之上的新的政治力量,引导国家向民主政治方向发展。这种力量,只有通过新型政党才能实现,正如政治学者邹谠所分析的那样,"中国20世纪初期,国家在军阀混战中解体,社会中的各个领域的传统制度都在崩溃,日常生活中涌现出不少问题不能以传统的思想和常规的方法去解决。在国家生死存亡的时候,有些仁人志士认为只有社会革命才能

---

① 尹保云:《什么是现代化——概念与范式的探讨》,人民出版社2001年10月第1版,第152页。
② 姜义华:《论近代国家与社会非同步发展的政治整合》,复旦大学历史系编《近代中国的国家形象与国家认同》,上海古籍出版社2003年版,第8~11页。
③ [美]安东尼·M·奥勒姆:《政治社会学导论——对政治实体的社会剖析》,董云虎等译,浙江人民出版社1989年版,第279~280页。

从根本上克服整个国家、整个社会和各个领域中的危机。他们看到只有先建立一个强有力的政治机构或政党,然后用它的政治力量、组织方法,深入和控制每一个阶层和没一个领域,才能改造或重建社会国家和各个领域中的组织与制度,才能解决新问题,克服全面危机。"①这是国民党经过改组之后,很快成为国民革命的主要领导力量的重要原因。正是在上述背景下,随着国民党一大的召开,中国近代民主进程开始转向,走上了一条通过"党建国家"以求达到宪政的曲折道路。

---

① [美] 邹谠:《中国二十世纪政治与西方政治学》,载《二十世纪中国政治》,香港牛津大学出版社1994年版,第3~4页。

第五章 国民党实践孙中山宪政思想

"训政"是国民党实践孙中山宪政思想的主要政治活动。在政治学上,训政是监护式政治的一个名词,即由执政党指导、训练国民学会行使民主权利,而训政时期的统治权,则由执政党行使,实行以党治国。所以,训政也可称为"以党训政"或者"以党治国"。孙中山主张训政,只是由于他对于一般民众的参政能力,很有点怀疑。他在建国方略里说:"我中国人民久处于专制之下,奴心已深,牢不可破。不有一度之训政时期以洗除其旧染之污,奚能享民国主人之权利?……是故民国之主人者,实等于初生之婴儿耳,革命党者即产此婴儿之母也。既产之矣,则当保养之,教育之,方尽革命之责也。此革命方略之所以有训政时期者,为保养、教育此主人成年而后还之政也。"①

训政体制是国民党在大陆统治时期实行的主要政治体制,几乎贯穿国民党政权在大陆统治过程的始终,这一体制对现代中国的政治发展产生很大影响。根据国民党自己的说法,他们是按照孙中山的建国程序论进行训政建设的,最终是要使中国走向宪政之路。

---

① 《孙中山全集》第6卷,第211页。

第一节 国民党的训政

南京国民党的训政建设主要包括三个方面的内容：一是以党治国，二是五院制，三是地方自治。

一、以党治国①

所谓"以党治国"，用中国国民党的理论家们的话说，就是"于建国治国过程中，本党始终以政权之保姆自任"，"一切权力皆由党集中，由党发施"，而人民则"必须服从拥护中国国民党…始得享受中华民国之权利。"②这种以法律所确认的"以党治国"原则，就规定了中国国民党行使政权的方式和程序，从而形成了一党专制制度，简称一党制。"以党治国"的理念与体制是国民党"训政"时期政治制度的基础与核心。"以党治国"是孙中山训政构想的重要内容，他希望在训政阶段以一个强有力政党的领导来推进训政，保证训政的方向，可惜他英年早逝，没有对以党治国的具体制度做出设计，更未能亲自指导以党治国设想的实施。按照1924年国民党一大会议通过的由孙中山领导制定的建国大纲的规定，中华民国的国家建设进程分为军政、训政、宪政三个时期。

从1925年7月1日广州国民政府建立起，到1928年10月南京国民政府颁布《训政纲领》为止，即为国民党宣称的军政时期。军政时期的问题在于争取政权，这一时期也可称为党建国家时期。按中国国民党总章规定，国

---

①所谓"以党治国"就是由一党统治、一党治理的意思。党治与普通的独裁政治不同，前者是一党的独裁，后者则是一人的独裁。党治与民治更是不可同日而语；在民治之下，政治取决于全体公民；在党治之下，政治取决于一党的全体党员。在党治之下，党的决议在事实甚或形式上就等于法律；并且执政党还可以用决议的方式随时取消或变更法律。参阅王世杰、钱端升：《比较宪法》，商务印书馆1999年版，第482页。
②胡汉民、孙科：《训政大纲提案说明书》。

第五章　国民党实践孙中山宪政思想

民党党部分为中央、省、县、区及区分部五级,基本上与政权组织平行配置,"融党以政"。党和政府的关系是"以党为掌握政权之中枢",并宣布广州大元帅府为"国民政府",并在1925年国民政府组织法第一条中规定:"国民政府受中国国民党之指导及监督,掌理全国政务"。在立法机关的设立上,广州国民政府初期没有设立正式的立法机关,一切法律均为国民党中执委会及中政会所制定。1928年3月国民政府公布立法程序法,规定一切法律由中政会所议决、制定,然后由中政会交付国民政府公布,称之为法;国民政府为执行法律和基于法律之委托所制定的施行法律的规则("条例")的机构。国民政府虽设有专门管理法律起草与审议的机关,如法制委员会、法制编审委员会、中央法律委员会等,但它们均无立法权,只有起草、审议、建议有关法律条文而已。

1927年1月,广州国民政府迁往武汉。在政治体制方面,武汉国民政府基本上沿袭广州国民政府的政治体制,无多大改变,仍属"融党以政"的政治体制。1927年9月,南京政府、武汉政府及西山会议派的代表组成了"中央特别委员会",中央特别委员会在南京建立起新的国民党政府。这个政府,"没有宪法的依据,没有经过民选。它的'合法性'不以法律为依据,而依靠外国的承认和国内一些大的政治力量的拥护。"① 1928年4月,国民政府开始第二次"北伐"。是年6月,北伐军进军平津,战事基本结束。12月,张作霖之子、新任东北保安司令张学良受美国影响,没有顺从日本使东北独立的意图,宣布"服从国民政府,改易旗帜"。至此,国民党政府在名义上实现了全国统一。当然,这种统一是表面的、暂时的,很快又为新的分裂所代替。1928年8月,国民党召开二届五中全会,蒋介石在会上宣布"我们的军事时期才告一段落","不过从今天起,……我们要继续国民革命,开始去作训政时期的工作。"② 1928年10月3日,国民党中常会第172次会议通过了《中国国民党训政纲领》。《中国国民党训政纲领》共6条,主要内容概括起来有下面四点:第一,"中华民国于训政时期开始,由中国国

---

① 陈志让:《军绅政权》,上海三联书店1980年版,第5页。
② 荣孟源:《中国国民党历次代表大会及中央全会资料》上册,光明日报出版社1985年版,第532~533页。

民党全国代表大会代表国民大会领导国民行使政权"。国民党全国代表大会闭会时,"以政权付托中国国民党中央执行委员会执行之"。第二,由中国国民党"训练国民逐渐行使""选举、罢免、创制、复决四种政权"。第三,"行政、立法、司法、考试、监察"五项治权,由"国民政府总揽而执行之"。第四,由中国国民党中央执行委员会政治会议(简称中政会)负责"指导监督国民政府重大国务之施行",并修正及解释中华民国国民政府组织法。[1]《中国国民党训政纲领》旨在确定训政时期行使国家政权和治权中党、政府、人民之间的关系,中心内容是把一切大权集中于国民党。中政会第157次会议还通过了《中华民国国民政府组织法》,明确规定了政府组织中的党治原则。1929年3月,国民党在南京召开第三次全国代表大会,大会除对《中国国民党训政纲领》予以追认外,又通过了《训政时期党、政府、人民行使政权、治权之分际及方略案》。在这个决议案中,除重申党权至上的各项原则外,又规定国民党最高权力机关"为求达训练国民使用四权、弼成宪政基础之目的,于必要时,得就人民之集会、结社、言论、出版等自由权,在法律范围内加以限制"。人民"须服从拥护中国国民党,誓行三民主义,接受四权使用之训练,努力地方自治之完成",才得享受"国民之权利"。在这种情况下,中国国民党即代表人民,又代表国家。在党和政府的关系上,该《方略案》又进行了具体规定:"中国国民党中央执行委员会政治会议,在决定训政大计指导政府上,对中国国民党中央执行委员会负责;国民政府在实施训政计划与方案上,对中国国民党中央执行委员会政治会议负责。"中政会是国民党特设的管政府的专门机构,但它又不在政府体制层级内,法理上国民政府仍为"国家最高机关,而非隶属政治会议之下也"。[2]由此可见,国民政府也为国民党独占,政权归党、治权归政府的划分毫无意义。从南京国民党政府成立到抗日战争爆发,国民党中央执行委员会政治会议是"以党治国"的枢纽,成为国民党解决党政关系、指导国民政府的政治机关。汪精卫说:"政治委员会是各机关都有人在内的。有什么事情大家都在政治委员

---

[1] 彭明主编:《中国现代史资料选辑(1927—1931)》第3册,中国人民大学出版社1988年版,第34页。
[2] 申报年鉴,1935年。

第五章 国民党实践孙中山宪政思想

会内充分讨论，讨论之后，或交中央执行委员会去执行，或交国民政府去执行。"①

1931年6月1日，南京国民政府正式公布并施行《中华民国训政时期约法》。《中华民国训政时期约法》把《中国国民党训政纲领》中规定国民党在国家中的统治地位的有关内容原封不动地搬了进来，这表明：国民党已把自己的纲领确定为全国国民都必须执行的法律了，国民党对全国的统治权以及国民党以其党权取代全国人民的政权从此获得了宪法上的承认，对此，立法委员陈茹玄说："此项约法经国民会议通过之后，则理论上党治原则已经国民正式接受；国民党政权在训政时期可以益形巩固矣"。②《中华民国训政时期约法》从法律上确定了国民党的专制统治，这在中国法制史上还未曾有过。《中华民国训政时期约法》以弁言的形式将中国的"国体"规定为"国民政府本革命之三民主义，五权宪法，以建设中华民国。"这个规定在1936年的《宪法草案》中变成第一章"总纲"的第一条"中华民国为三民主义共和国"。在《宪法草案》制定之时，就有舆论批评在共和国之上"冠以三民主义"为不妥之举。此种舆论认为，主义有时期性而国体则不容变，所以不宜将主义冠于国体之上。若三民主义确实可以成为建国之本，宪法条文尽可将三民主义的精神贯彻其间，而不必拘泥国体的限制。而且，基于民主政治的内涵，国民应有信仰自由，而三民主义只是国民党的主义，把它作为国民党党员的基本信仰，理当如此，但不应强迫全体国民信仰。宪法如果据此而制定，那么宪法就成为国民党的宪法，国家也成为国民党的国家，这自然与民主政治保障公民信仰自由之义不合。对于这种意见，孙科曾从国民党官方立场予以反驳。他认为，宪法应根据客观的历史环境，根据革命经验、革命主义及革命主张来制定。"中华民国的产生，是由于奉行三民主义的革命党努力奋斗的结果而来的。那末这个中华民国，当然是以三民主义建国。离了三民主义，是不能造成中华民国的。没有中华民国，更从何谈到宪法呢？"三民主义是国民党用来革命建国的最高指导原则，因而宪法以三民主

---

① 转引自陈瑞云：《现代中国政府》，吉林文史出版社1989年版，第130页。
② 转引自徐矛：《中华民国政治制度史》，上海人民出版社1992年版，第223页。

义冠国体,是尊重革命的历史基础,以正立国之本。如果舍弃三民主义而仅言"共和国"或"民主国",那么不仅民权之义不能充分表达,而且也不能表示中华民国立国的特性。其次,"总理虽则把这个主义交给我们党来奉行实施,但是完全站在全民族的立场上的,不是站在一个党上面的。这样看来,当然没有叫国民党将来包办政治的可能。"①三民主义虽然为国民党所尊奉,但其寻求救国建国之主张与目标,并不为国民党所专有,而应为全国人民所共有。对于"三民主义"入宪,钱端升也有与孙科类似的看法:"'三民主义'之正式入宪为好多人所不满。但我以为这条尽可存在。三民主义虽为国民党的党义,但究非狭窄的党义可比。"不过,作为我国著名的宪法学家,钱先生也看到《宪法草案》充斥着浓厚的国民党的党治倾向,他说:"宪法可尽量的以三民主义为根据,但在文字上以少采国民党所特有的名词为佳。因为宪治既为党治的替身,则凡足以引起一般人们反感者自以愈少愈好。"②20世纪真正享有世界声誉的中国法学大家吴经熊先生也主张以"三民主义"冠国体。他认为,这样做"乃是适合我们民族的特性,并是符合我国先贤的思想"。③以《中国国民党训政纲领》为基础的《中华民国训政时期约法》进一步加强了一党专制式政治文化在中国的统治地位,并使之成为一种难以打破的新传统,从此以后这种政治文化即从未因中国政权在不同政党之间的易手而有所改变。自此,国民党的"以党治国"的政治架构得以在中国社会正式确立。从此以后,中国告别了自民元以来国人苦苦追求的议会政治、政党政治和司法独立制度,就连北洋军阀时期的宪政形式如国会、宪法也一并被取消。

《中国国民党训政纲领》和《中华民国训政时期约法》把"以党治国"确立为中国政治社会的根本组织原则,这一原则的具体内涵包括:(1)国家的最高权力集中于国民党中央执行委员会,国民党的全国代表大会代替宪政时期的国民大会,人民在宪政时期享有的选举、罢免、创制、复决四种政

---

① 立法院孙院长在国府报告《〈宪草〉的精神》,载"中央日报"二十二年七月十一日。
② 钱端升:《评立宪运动及宪草修正案》,载《钱端升学术论著自选集》,首都师范大学出版社1992年版,第465页、467页。
③ 吴经熊:《法律哲学研究》,清华大学出版社2005年版,第120页。

第五章 国民党实践孙中山宪政思想

权由国民党代为行使。(2)"以党治国",在职权上表现为政府由党产生,而不是由人民代表大会选举产生,政府产生后,仍由党指导监督。(3)"以党治国"还表现在,国民党有制定国家的根本法律,修正与解释法律的权利。例如,《中华民国训政时期约法》规定"本约法之解释权,由中国国民党中央执行委员会行使之"。并且,国民党颁布的命令与《中华民国训政时期约法》有关的条款相抵触时,国民党的命令仍可有效,正如王世杰、钱端升所说:"我们须知约法虽已颁布,而党治的制度初未动摇,统治之权仍在中国国民党手中。在党治主义之下,党权高于一切;党派的决定,纵有与约法有所出入,人亦莫得而非之。"① (4) 在"训政"时期,"以党治国"还突出的表现在全国只允许一个合法的政党——中国国民党存在,除此之外的其他政党在法律上是不允许存在的。对于这一点,蒋介石说的极其明白:"'以党治国',就是以中国国民党治国,就是以三民主义治国。……国民党的失败,不仅是一党的失败,而且就是国家的失败,民族的失败。所以现在革命没有成功以前,帝国主义者没有打倒以前,三民主义没有实现以前,不能够再允许第二个党起来攻击国民党,使得国民党失败,如同民国元年的时候一样!"②

不难看出,南京国民党政府的"党治"原则与孙中山的"以党治国"思想是有一些差别的。孙中山的以党治国理论是以"民权"、"民治"为基础的。"党权"的基础在于"民权","民权"是"党权"的实质;"党治"的目的在于"民治","民治"是"党治"的形式。具体表现在下述几个方面:

第一,孙中山的"以党治国"思想强调政党建构与国家建构的一致性。这就是他一再强调的"吾人立党,即为未来国家之雏形"。"党有力量,可以建国"。而党的力量来源于党的道德理想主义,诸如立党为立国,党不能有私利,能够为全国人民尽忠实的义务。然而,南京国民党政府的党国体制却削弱了党在国家建设中的作用,党员士气低落,党的委员会和全国代表大会只不过是为蒋介石做出的决定提供合法的图章,国民党的各级组织形同虚设。

---

①王世杰、钱端升:《比较宪法》,中国政法大学出版社1997年版,第413页。
②转引自高军等编:《中国现代政治思想史资料选辑》上册,四川人民出版社1983年版,第563页

第二，孙中山"以党治国"的精髓是以党的政治纲领作为国家治理的依据，也就是说，他强调国民党主要对国家进行政治指导，而不是直接参与国家的具体管理。"所谓以党治国，并不是要党员都做官，然后中国才可以治；是要本党的主义实行，全国人民都遵守本党的主义，中国然后才可以治。"①孙中山认为，如果大多数党员都是以加入本党为做官的终南捷径，那么"党员的人格便非常卑劣，本党的分子便非常复杂。"②但付诸实践的话，没有党员对行政体系、社会结构的逐级渗透，党义就很难真正进入社会与文化的深层，"主义治国"也便如空中楼阁。南京国民党政府的党国体制背离了以革命主义治国的原则，它注重推行"党员治国"；而"党员治国"所带来的结果，一是国民党的变质，即国民党就不是"国民"的党，而变成了"官僚"党，入党的为做官，做官的要入党；二是以党代政、党政不分。正如蒋介石所说，"非本党同志完全管政，主义是不易实行的"，"希望二年以内，政治人员由中央政府至各地高级政府，全是本党的党员，如此主义方可实行，革命方可完成。"③蒋介石不仅背离了主义治国的要义，而且还依靠军队甚至依靠特务组织进行残酷的法西斯统治。

第三，"以党治国"尽管有很强的政治排斥性（这种排斥性既是针对"主义"这类政党意识形态的，也是针对政治人才任用的），但孙中山并不排斥国民党与其他革命党合作进行国民革命，不是迫不得已，否则不"借才于党外不可"④。南京国民党政权却极力强化"一党专政"，大肆鼓吹"一个政党"、"一个主义"，不但对共产党实施大规模的武力围剿，也不承认其他民主党派的合法地位，对它们不是镇压就是控制。

第四，在孙中山的训政构想中，人民有权是贯穿其中的一条红线。孙中山主张训政时期要由党和政府指导与训练人民学会使用选举、罢免、创制、复决四权，以提高他们参与政治决策的能力，从未主张取消人民在四权以外的其他自由权利。孙中山所主持的国民党"一大"就曾把"确定人民有集会、

---

①《孙中山选集》，第525页。
②同上书，第524页。
③"本年第一次之纪念周，蒋主席报告今年应有之努力"，《申报》1931年1月11日。
④《孙中山选集》，第526页。

结社、言论、出版、居住、信仰之完全自由权"明确写进《国民党之政纲》。这是因为孙中山主张的"训政"是一个建设民主即人民的民主权利逐步扩大、参政能力逐步提高,而党的政治权力相应地逐步缩小的过程,如果人民连一点思想、言论自由都没有,又怎么能提高民主意识,学会使用"四权"呢?可是,上述《中国国民党训政纲领》等文件却公然取消人民的一切自由权利,对言论、信仰自由也要"在法律范围内加以限制"。由于立法是有国民党包办的,所谓"在法律范围内加以限制"实际上就是按照国民党当权者的需要随时加以剥夺。不仅如此,这些文件作为当时组织国家政权的根本大法,甚至连保障人民的财产、人身自由这类基本人权也只字不提。因此,这种制度乃是确保国民党领导者可以为所欲为,而人民却没有任何权利与自由的制度,是视人民为顺民的一党专政。可见,仅以法定的条文来看,蒋介石国民党的"训政"与孙中山主张的训政也是形同而实异。南京国民党政府除了在法律条文上对人民的自由权利进行种种限制外,还在实际行动中超越法律之外肆意践踏人民的自由权利。总之,国民党的以党治国只知道"党权"而忘记了民权,只知道"党治"而忘记了"民治",只知道"党国"而忘记了"民国"。

从严格意义上讲,国民党并没有完成党治国家建构的政治任务,南京国民党政权本质上也不是国民党一党专政的国家,国民党的一党专政走向了极端,最终蜕变为蒋介石的法西斯个人专制。尽管"以党治国"为核心的训政思想和方案旨在建立国民党的专制统治,但这仍远不能满足蒋介石追求法西斯个人独裁统治的欲望。《训政时期约法》削弱了国民党对政府的控制权,扩大了政府的权力和独立性。《训政纲领》的原则是国民党领导国民行使政权,并训练人民接受四权,指导监督国民政府重大国务之施行,即国民党对于行使政权,指导政府行使治权要"独负全责"。而《训政时期约法》则规定:"四种政权之行使,由国民政府训导之","五种治权,由国民政府行使之"。《训政时期约法》还取消了由国民党中政会指导监督国民政府重大国务之施行一条。由此把国民党掌握政权变成抽象的、原则性的,而政府行使五种治权、训导四种政权则是实在的、具体的。既然蒋介石担任着国民党中央执行委员会和中政会的最高领导职务,为什么还要摆脱党对政府的控制呢?主要是国民党、中政会仍然采取着由孙中山确定的合议制，大事要共同讨论，个人不应独断专行，这对于蒋介石实现个人独裁的欲望不能不是一个大障碍。《训政时期约法》把国民政府的大权集中于国民政府主席，使国民政府主席高出于五院和国民政府委员会，从而成为实际上的"大总统"。蒋介石在1931年6月13日至15日召开的国民党三届五中全会上又选任为国民政府主席，同时兼行政院长；1935年12月后，蒋介石又担任中常会副主席（主席胡汉民，未到职）、中政会副主席（主席汪精卫，未到职）。1937年11月16日，国民党中央执行委员会常务委员会第59次会议决定："政治委员会停止开会，其职权交由国防最高会议代行"，"国防最高会议承袭了政治委员会之地位，享有最高政治指导之权力"。1938年3月，国民党在武汉召开临时全国代表大会，议决"确立领袖制度"，设置国民党总裁。"国民党总裁制的设立，不仅让国民党人多年来鼓吹的'领袖独裁制'获得实现，中国'一元化领袖制'也告确立。蒋介石就任国民党总裁后，成为国民党名副其实的最高领袖。而在国民党以党统政的原则下，亦成为全国最高行政领袖。再加上其军事统帅权，使得当时中国的党政军大权完全掌控于蒋氏一人之手，归于一元化的领导。"① 1939年1月28日，国民党五届五中全会议决设置国防最高委员会，国防最高委员会实行委员长独裁制，蒋介石任委员长。国防最高委员会"除承袭国防最高会议的职权，及代行中政会的职务以外，党政军三方面均受其指挥。由此，中央党部、各部会、国府五院、军委会及其所属部会都受其统一指挥。同时，它可以不受法律的约束，以命令为便宜的措施。在对外作战期间，一切重要的措施均经其决定。"② 国防最高委员会的成立，标志着蒋介石的独裁地位得以确立，从此，国民党的"以党治国"变成"以蒋治国"。蒋介石在建立起个人专制统治后，又依靠法西斯主义来加强其独裁专制统治。我们知道，政府的合法性要由其是否来源并致力于扩大政治参与，开放公共权力资源为考察、判断标准；南京国民政府由党治蜕变为个人独裁，杜绝了其他党派、社会团体以及个人的政治参与渠道，国民政府的合法性资源丧失

---

① 冯启宏：《法西斯主义与三十年代中国政治》，台湾政治大学丛书1998年版，第280页。
② 陈之迈：《中国政府》第1册，上海商务印书馆1942年版，第117页。

殆尽也就在情理之中了。

二、五院制政府

对于国民政府的组织结构，孙中山曾综合古今中外政府学说之大成而提出五权分立的政府构成思想，希望以此建立一个有能力的政府。国民党根据孙中山的五权分立思想建立了五院制政府，即政府的组成包括行政院、立法院、司法院、考试院和监察院。五院制是国民党政权独有的政府组织形式，是以党治国体制的重要内容。

1928年10月，国民党中央根据《中国国民党训政纲领》制定新的《中华民国政府组织法》，初步确立了五院制的政府组织形式。《中华民国国民政府组织法》规定：国民政府总揽中华民国之治权，国民政府设主席委员一人及委员若干人，下设行政、立法、司法、考试、监察五院，分别行使五项治权，国民政府五院正副院长由国民政府委员担任；国民政府主席对外代表国民政府，同时兼中华民国陆海空军总司令；国民政府以国务会议处理国务，公布法律、发布命令经国务会议议决由国民政府主席及五院院长署名执行，五院之间不能解决的事项也由国务会议议决。《中华民国政府组织法》中有两点值得注意：第一，它虽然规定五院分别为国民政府的最高行政、立法、司法、考试与监察机关，但在五院之上又设国务会议，处理重要国务，权力与地位高于五院，这一点在孙中山的五权宪法思想中是没有的。王世杰、钱端升在他们合著的《比较宪法》一书中也谈到五院设立之后的国民政府，"究为五权主义抑为一权主义，亦颇成疑问。在真正的五权分立制度之下，五院之外，自不容有任何机关，对于五院的决定，享有变更或否决的权力，否则便为一权主义而非五权主义。"而"国务会议"可以支配五院的一切决定，故被认为是"一权主义"。①第二，由于国务会议的设立，使得五院制政府的运作带有较强的合议制色彩。这一点与孙中山主张采用民主主义的集权制，重视党员的民主权利相类似。但这仅就形式而言，如果就事实而言，由于国民政府主席权力的扩大（在军事上，该法规定，国民政府主席为中华民国陆海空军总司令，国民政府统率海陆空军的职权应有主席单独行使），国民政

---

① 王世杰、钱端升：《比较宪法》，中国政法大学出版社1997年版，第457页。

府的组织便不能视为合议制，而应视为总统制。

1930年11月，国民党中央召开三届四中全会，会议根据蒋介石等人"确立施政中心以提高行政效率"的意见对《中华民国政府组织法》进行修正。这次会议将国民政府的国务会议改为国民政府会议，其职权不再是"处理国务"，而是议决院与院之间不能解决的事项，权限比以前大为缩小。行政院会议改称国务会议，行政院成为处理国务的中心，实际的政治中心由国民政府转移到行政院。经过此次修正，国民政府的组织，已从形式上的合议制转变成为行政院长总揽行政权之制。①国民政府自1928年2月开始实行主席制，直到1947年国民党宣布"行宪"为止。但主席的职权范围不是固定不变的，而是因人而异。谭延闿任国民政府主席时，仅对外代表国民政府接见外使，举行或参与国际典礼，没有实权，此职形同虚设。蒋介石接任后，不满足于国民政府主席的象征性权力，便授意国民党中央根据《中华民国训政时期约法》，在1930年11月和1931年6月两次对《中华民国政府组织法》进行较大修正，增加了国民政府主席的权限。此次修正则改为对内对外代表国民政府；国民政府五院正副院长由国民政府主席直接提请国民政府依法任免，与以前国民政府五院正副院长由中央执行委员会（或其常务委员会）选任不同；各院下属的各部会的长官及立法、监察委员由主管院院长提出人选后，仍须由国民政府主席提请国民政府依法任免；原来国民政府会议对于公布法律及发布命令，还有议决之权，如今则由国民政府主席署名，各院院长副署行之，而不必经由国民政府会议。当时有学者认为，在此之前"国民政府的组织已趋近于总统制"，而此次组织法"则仿佛更予总统制的事实以一种法律上的根据"。②国民政府主席权限的急剧扩大标志着原来国民政府的组织在大体上放弃了合议制。1932年1月，林森担任国民政府主席，蒋介石辞去国民政府主席职务前又授意国民党中央修改国民政府组织法，主席"不负实际政治责任"，"不得兼任其他官职"，"五院不对国民政府负责"而各自对国民党中执会负责，主席的权力大大削减。林森病逝后，蒋介石再度

---

① 王世杰、钱端升：《比较宪法》，中国政法大学出版社1997年版，第459页。
② 同上书，第460页。

第五章 国民党实践孙中山宪政思想

出任国民政府主席，国民政府组织法又改了回来，恢复了主席原有的职权。国民政府主席的职权范围随人选的变化而变化，这一事实表明，国民党"以党治国"下的五院制完全没有权力制衡的意味，国民政府沦落为个人专权的工具。

不难看出，南京国民党政府的五院制只是在形式上继承了孙中山的五权宪法思想，就其内部运作机制及其运作的实际效能来看，它与孙中山的理想境界还有很大距离。

第一，孙中山设计的五权制政府是一个各部门之间协调高效运转的政府，是一个万能的政府。而国民党的五院尽管实行了职能上的分工，但其相互间的联系与协调却存在诸多麻烦，导致其效能降低，与孙中山设想的政府高效协调运转存在一定距离。在抗战以前，行政院还采用传统的以公文来处理政事的方式。据曾任行政院政务处长的蒋廷黻回忆，当时行政院处理公文的方式像宝塔一样，所有公文都要在这个宝塔中"旅行"一番，由宝塔的最下一层循序送到最上一层，再由最上一层送到最下一层。一件公事拖上几个月才有结果是常有的事。①

第二，孙中山设计的五权制强调人民有权、政府有能。政府有能的必要条件是，政府要有足够的权力。而在南京国民党政府五院中，有些院是没有多大权力的，致使这些院无法发挥应有的职能。例如，监察院实际上就是一个"有口说话，无权办事"的机关，在国民党派系政治之下，要想行使弹劾权，很不容易，更不要说对贪官污吏进行惩戒了（惩戒机关隶属司法院，而政务官与军人又另设惩戒机关）。②又如，司法院虽为"五权分立"的一个重要机构，也是国民党标榜"司法独立"的标志，但在司法院上面有国民政府，"在审判机关之上设立一个机关，却又谈什么审判独立、司法独立，岂不是掩耳盗铃"。③在国民党一党专制的政府领导下，蒋介石的手谕、国民党的

---

① 蒋廷黻：《蒋廷黻回忆录》，台湾传记文学出版社1979年版，第186页。
② 自1931年6月监察院成立到1936年6月，监察院共处理弹劾案件727件，被弹劾人1337人。1938年到1947年，提出弹劾案1174件，被弹劾人2126人。这同国民党政府存在着的普遍腐败现象相比，是微乎其微的。参见张皓：《中国现代政治制度史》，北京：北京师范大学出版社2004年版，第168~169页。
③ 郭宝平：《民国政制通论》，山西人民出版社1995年版，第198页。

议决便随时可以决定法律，更改司法程序，"司法独立"根本就是一句空话。

第三，孙中山关于五权制政府架构的一条重要原则是强调五种治权的分立与合作，以此避免权力过分集中于某一机构或个人。在国民党"党治"原则指导下，党权高于一切，自然，党权也高于政府权。在党权高于政府权的前提下，国民政府不仅在法律上而且在实际上都仅仅作为一个秉承国民党意志行事的执行机构而已，五种治权的分立、合作与相互牵制，都不过是一种形式上的差别，而不具实质意义上的区别了。①在党权面前，五院制的国民政府实际上已失去了独立行使权力的基本条件，它已成为国民党一党专制的工具。对此，蒋介石说得极为明白：中国国民政府从表面上看好像是"总揽中华民国之治权，一切宣战、媾和、缔结条约以及预算决算都由国府掌握，其实这些问题一定先由中国国民党中执委会交由中央政治会议决定原则，待中政会议把原则决定后，才能由国府各院部会长公布施行，所以中国国民党和国民政府的关系不是隔断的，一切权力全操于中国国民党，由中国国民党决定以后，才交由国民政府去施行，没有一件事可以经国民政府自由去行动。"②最终，"五院演变成为对蒋介石个人负责的办事机关，形成五院分工辅政体制"。③

三、地方自治

在近代中国，孙中山是主张地方自治的先驱之一。早在1897年8月，他就提出，"人民自治是政治的极则"。在孙中山的宪政思想中，地方自治

---

①对于这一点，胡汉民说的很清楚："我们这一次所定的各项法规，只能够引用总理五权的意思，在制度上却不能使五权完全独立。因为现在还没有到宪政时期，人民还没有能够自治，还没有使用四权——选举权、罢免权、创制权、复决权——的能力。现在是以党来训政，先在训政时期作一个五权的准备而已；一定要等到将来宪政时期，才能完成五权分立的办法。所以训政时期，政府虽有五院，并不分立，使它们有连锁的关系，容易进行。有些人不明白，以为宪政时期还没有到，怎么就有起五权宪法来呢？也有人以为监察之权，应该属于国民代表大会，立法委员也应该完全由人民选举。殊不知这些都是宪政时期的事，我们现在只是根据五权宪法的精神，成立五个机器，用这五个机器去表现全部的治权；至于政权，还是在党。政治上的大问题，都要在党——中央执行委员会会议去解决。现在是以国民政府来行使治权，而以党来代理人民的政权。所以我们可以说现在的政府是'党治政府'"。参见胡汉民："党治的政府"（1928年12月1日），《胡汉民先生文集》第3册，第408页。东选集》第2卷，第732页。

②转引自公丕祥：《中国法制现代化》，中国政法大学出版社2004年11月第1版，第349页。

③韦庆远主编：《中国政治制度史》，中国人民大学出版社2005年版，第641页。

第五章 国民党实践孙中山宪政思想

占有极端重要的地位,它是实现民主宪政的基础。他强调,在国家政权建设中,地方自治处于基础地位,"地方自治者,国之础石也。础不坚,则国不固"。孙中山设想的地方自治主要是以县为单位的县自治,县自治的目的是为了实行直接民权。孙中山之所以重视以县为单位的地方自治,是"因为从感情上说,'国人对于本县,在历史习惯上有亲昵之感觉';从利害关系上说,'事之最切于人民者,莫如一县以内之事';从政治和管理效率上说,'将一个县的全部农村组织成为一个地方自治的基本单位','有利于提高政治效率和管理效率';从有利于实现直接民权说……'不宜以广漠之省境施行之'。"①

在1929年的国民党第三次全国代表大会上,宣称要尊奉和实现"总理遗教"为己任的国民党开始把训政时期中心工作的县自治提上议事日程。1929年3月召开的国民党第三次全国代表大会声称:"今国家进入训政时期,建国事业当从各县立其健全之基础,庶几人民始有昭苏之望,而国家财力亦有敏活深厚之源。确立县以下之自治制度,扶植地方人民之自治能力,此为民权实施之起点,亦为最重要实际工作。"②国民党"三大"提出的地方自治内容包括清户口、立机关、定地价、修道路、垦荒地和设学校,这些地方自治事项与孙中山《建国大纲》的内容也基本相同。1933年,国民党中常会通过的《地方自治指导纲领》又详细规定了各级自治机关应举办的自治事项,共计21项。除上述6项外,主要还有:办理警卫或组织保卫团消防队;农工商业改良及保护;组织各种合作社;拟定自治公约;管理财政收支及公款公产;提倡国货及改良风俗习惯。

国民党三大通过的《确定地方自治之方略及程序以立政治建设之基础案》规定了推进地方自治的四项基本原则:确定县为自治单位,努力扶植民治,不得阻碍其发展;制定地方自治法,规定其强制部分,使地方自治体成为经济政治之组织体,以达真正民权民生之目的;由国民政府选派曾经训练考试之人员,赴各县协助人民,筹备自治;地方自治之筹备,宜逐渐推行,不宜

---

① 曾景忠:《孙中山地方自治思想述论》,载《广东社会科学》,1988第一期。
② 张其昀:《党史概要》,台北中央文物供应社1979年版,第1064页。

一时并举,以自治条件之成就选举完毕为筹备自治之终期。接着,国民党三届二中全会又对地方自治推行等程序做出规划。按照三届二中全会的设计,训政时期实行监护式政治、以党治国,以6年为期,到1934年底结束训政。从1935年起实行宪政,国民党将其代行的权利交还给国民。依照6年训政计划,规定地方自治推进分为三期:第一期为"扶植自治时期";第二期为"自治开始时期";第三期为"自治完成时期",自1929年到1934年底,完成地方自治。

根据执政的国民党确定的地方自治推行原则、程序,国民政府自1929年起先后颁布了一系列有关地方自治的法律法规。比较重要的有1929年6月5日公布的《县组织法》、9月18日公布的《乡镇自治施行法》、10月2日公布的《县组织法施行法》和《区自治施行法》。

从上述这些法律法规的规定来看,南京国民党政府是按照自下而上的顺序推行地方自治的。《县组织法》规定县以下各级组织依次为区、乡或镇(最初称村或里)、闾、邻。区设区民大会,由区民选举产生,为自治议决机关;区公所为执行机关,区长由省民政厅任命;区调解委员会为准司法机关;区监察委员会为监察机关,监督本区财政和区公所执行区民大会决议情况;调解、监察两个委员会均由区民选举产生。由于区长不是由民选产生,区并不是完全的自治机构,带有政府辅助机关性质。乡或镇设置公所;乡镇长在民选以前由乡民大会或镇民大会选出加倍人数,报由区公所转请县长择任,并由县长报请民政厅备案,在民选以后,由乡民大会或镇民大会选举,并由区公所呈报县政府备案;设乡(镇)民大会,行使选举、罢免、复决四权制定或修正乡(镇)自治公约,审核乡(镇)预决算,审议上级机关交下来的事项,审议乡(镇)公所或乡(镇)务会议交议以及区公所所属各闾、邻或公民提议等事项;设乡(镇)监察委员会,负责监督各该乡、镇财政以及向乡民、镇民纠举乡长、镇长违法失职等事;另外,区还设有调解委员会。闾和邻也是自治机构,闾、邻居民会议以及闾长、邻长都由居民选举产生。等到邻、闾、乡(镇)自治完成,则区长由任命改为选举,即区级自治完成,那么县再开始自治。在这之前,县仍为国家的行政机关,不是自治机构,表现在:

第五章 国民党实践孙中山宪政思想

县长不是由选民以直接或间接方式选举产生，而是由省民政厅提出合格人员二人至三人，经省政府议决任用；县也不设民意机关，县行政由县长按照上级命令进行。① 可见，南京国民党政府推行的所谓县自治只不过是名义上的，实际上县一级并没有任何政治参与机制的建立。在县一级上，与其说是"自治"，到不如说是完全的"官治"。

内忧外患使国民政府推行地方自治的任务未能如期完成。根据国民党地方自治指导委员会的统计，至1932年底，全省已完成县自治区域划分的只有江苏、浙江、安徽、河北、贵州、察哈尔、绥远等7省，仅占全国28个省的25%，不分完成的有江西、湖南、河南等12省，占43%，云南、广西等9省则完全未举办，占32%。地方自治的时间已过去了三分之二，还有75%的省没有完成甚至根本没有进行自治区域的划分。划分自治区域，是地方自治的前提，区域划不清，其他自治事项更是无从开展。国民党推行地方自治的情况由此可见一斑。自国民党"三大"议决在全国实行地方自治后，国民党中央党部、国民政府及其各部颁布的关于地方自治的方案、法令、法规，不下数十种，总计在3000条以上。组织规划不可谓不详尽，实施的步骤、方法不可谓不周密。各种计划委员会、指导委员会、调查团也是不计其数，耗费了大量的人力、物力，结果却是成功之处太少，失败之处太多。正如国民党第五次全国代表大会所承认的："回顾过去的成绩，全国一千九百余县中在此训政即将告结束之际，欲求达《建国大纲》之自治程度，能成为一完全自治之县，犹不可得，更遑言完成整个地方自治工作。"

在抗战的紧要关头，已迁往陪都重庆的国民党政府重新启动了一度停顿的地方自治。这次启动，不是简单地下令推行，而是对地方自治制度进行了新的设计。1939年9月，国民政府颁布了《县各级组织纲要》。该法所规定的县自治制度，被称为"新县制"。《县各级组织纲要》规定，县为地方自治单位，县以下分为乡（镇）。乡（镇）内编制保甲，6户至15户为甲，6甲至15甲为保，6保至15保为乡（镇）。这样，县自治包括乡（镇）和县两级自治。乡镇为基层自治团体，县为一级地方自治团体，二者既享有权

---

① 参见郭宝平：《民国政制通论》，山西人民出版社1995年版，第176~177页。

利又承担义务，因此，它们都具有法人地位。保甲虽为自治组织，但不再成为一级自治团体，而将其纳入乡（镇）之内。

新县制是国民政府在抗战期间推行的一项改革县政的重要举措。新县制的推行，使国民政府大大加强了对基层的控制。首先，按照《县各级组织纲要》的规定，对于县自治议决机关和人民代表机关的县参议会，若与县长就决议或其执行发生分歧，均由省政府裁夺之；如省政府对于县参议会之决议案认为有违反三民主义或国策情事者，得开明事实咨由内政部转呈行政院核准后予以解散。县对乡镇的自治议决机关和人民代表机关，也有这样的权力。以意识形态的原因可以由上级解散下级自治机关和人民代表机关，这在民国政治史上是第一次。这表明政府对自治监督更加严厉化了。其次，作为县自治执行机关的县长，不是由县自治议决机关和人民代表机关选举，也不是由县民选举，而是由上级任命，其任命由原来规定省民政厅提名，省政府任命，修改为直接由行政院任命。最为重要的是，新县制把中国传统社会对乡村进行政治和行政控制的连坐制——保甲制度，纳入自治制度，目的是在自治的名义下，强化国家对基层社区的政治控制。保甲正式成为自治之基层组织，保甲制度的实施根本动摇了地方自治的基础，保甲制与属于民主政治的地方自治风马牛不相及，保甲制度的实施不能不使自治实践发生畸变。国民党中央规定，保甲长的职责就是在保甲内执行"管"、"教"、"养"、"卫"的任务。"管"，就是清查户口，推行联保连坐，监视和管制本保甲内人民的言行；"教"，就是进行"党化"教育、奴化教育，使人们懂得"礼义廉耻"；"养"，就是摊派各种苛捐杂税；"卫"，就是组织武装民团，进行军事训练，拉夫拉丁，补充国民党兵员。"管教养卫"代替了自治的内容，这与孙中山地方自治是"移官治为民治"的初衷大相径庭。对此，蒋介石也直言不讳。1939年4月，他在国民党中央训练团党政训练班上作《确定县以下地方组织问题》的演讲时，再次强调"将自治与自卫分开，先谋自卫之完成，再作自治之推进。"[①]可见，在新县制的创制意图中，国民政府是把"安定"、"自卫"放在了首位；而保甲制度在维护社会的"安定"、"自卫"上是最

---

① 陈念中：《地方自治简述》，上海商务印书馆1946年版，第50页。

第五章 国民党实践孙中山宪政思想

为有效的。因此，南京国民党政府所推行的地方自治与孙中山的自底层向上的、引导民众更多地参与地方政治的政治发展模式是背道而驰的，对此，哈佛大学孔斐力教授评论道："然而，南京政权在 30 年代修改这些计划的做法，意味着那些原应是'自治'载体的单位变成了使官僚政治更深地渗透进地方社会的单位。"①

但是，国民政府作为战时政治发展而推行政治制度化、健全现代科层政权组织，强化县的行政功能，从地方军阀手中争夺对县长的控制权，这些现代国家基本制度建设方面的努力还是应该得到正面评价的。当然，国民政府以现代科层组织延伸到乡村社区的努力是不成功的。1943 年是国民政府规定完成新县制的年份，然而据夸大的估计，这一年里只有 29% 的县召集了参议会，18% 的县召开了乡镇民代表会，45% 的县召开了保民大会，新县制基本上仍是一纸计划。②正如吉尔伯特·罗兹曼所说的那样：国民政府曾采取某些措施限制地方势力，而且作为关键性的一步，树立起了一个中央政府。在此之后，"就试图将县衙这一级的地方行政集权于中央，并想在县以内建立起有效的区一级控制。但是，要在中央和地方之间再次确立平衡，此非国民党之能力所及"。③

另外，保甲制的推行也无助于中央政府的行政控制和政治整合。自从 1905 年科举制度被废除后，传统社会中的开放、与官僚构成利益共同体的地方精英转换成为无公共责任感、教育程度普遍下降、与官僚行政系统争夺地方资源控制权的土豪劣绅。新县制所设计的地方自治为土豪劣绅们对地方的控制提供了合法、便利的渠道。由于地方士绅和名流不愿意干保长、甲长之类的差事，土豪劣绅就自然成为这类差事的主要担任者，正如一位国民党的人士李宗黄所评价的那样，"一般公正人士多不愿担任保甲长，一般不肖之徒又多以保甲长有利可图，百般钻营"，"正人不出，自然只有坏人的世界，良好的制度也就变成剥削人民的工具，因此民众怨声载道"。①吕向晨

---

① [美] 费正清主编：《剑桥中华民国史》下卷，中国社会科学出版社 1998 年版，第 408 页。
② 参见李宗黄：《新县制理论与实际》，中华书局 1945 年版，第 238 页。
③ [美] 吉尔伯特·罗兹曼：《中国的现代化》，江苏人民出版社 1988 年版，第 655 页。

在陕西二届四次临参会上讲述的几个例子,使人真切感受到保甲制度的可怕。他以临潼为例批评兵役制度,说全县270甲,本应每甲每年1丁,但实际上每甲每年要出3丁,结果多出540丁。"要知道,镇保长要的是钱,不是要的兵,每丁用平均价格2万元计算,540丁要卖1080万元"。当时大后方约有39万保,乡镇保长40余万,可想而知,这些为非作歹者强加给人民头上的是一个多么庞大的天文数字。吕向晨还说:各县镇保长权力极大,差不多每人都有10支8支甚至二三百支长枪,这些人作威作福,派款征丁。保甲长们还以丈量土地进行敲诈勒索,结果有土地的反而不纳粮,纳粮的实际上没有地,上平地定为下平地,下平地升格为上平地,甚至竟有1亩地丈量成100亩地。对此,农民敢怒不敢言,就是打官司也没有办法。②国民政府虽然在民国十六年八月公布施行《剿匪区内惩治土豪劣绅条例》及《修正剿匪区内惩治土豪劣绅条例》,但不到一年又将此条例明令废止。这表明,国民党根本没有彻底打击土豪劣绅的决心。之所以如此,是因为国民党政权与土豪劣绅之间虽存在着尖锐的矛盾,但它们之间又有着一种互相依存的关系。南京国民党政权自1927年成立后,在政治上经济上所实行的反动政策,使它完全失去了广大工人农民及其他下层劳动人民的支持,土豪劣绅成了它统治乡村的依靠力量,成了它事实上的社会基础。虽然土豪劣绅在很多方面与它不合作,直接或者间接地危害它的统治,但它在广大的乡村,除了土豪劣绅以外,再没有别的可以依靠的力量。如果把土豪劣绅的势力彻底打倒,它将完全丧失在乡村的社会基础。土豪劣绅在地方管理中充当更为充分的自治角色,这种情况反过来不能不减弱中央政府动员社会资源的能力。土豪劣绅们变得更加狭隘自私,他们不能发挥往日由地方士绅所承担的社会整合功能,他们把持着地方行政权力,致使权力的分配失衡和行使的混乱。时人在分析北平地方自治失败的原因时,列举的第一条就是"误用豪绅办理自治"。③

国民党推行地方自治失败也有自治人员匮乏、素质低下以及经费短缺的

---

①转引自徐矛:《中华民国政治制度史》,上海人民出版社1992年版,第425页。
②转引自闻黎明:《第三种力量与抗战时期的中国政治》,上海世纪出版集团 上海书店出版社2004年版,第267~268页。
③1933年12月18日《大公报》。

因素。实行地方自治需要大量的工作人员,据国民党中央县政计划委员会副主任李宗黄统计,"一个县所需各种干部1112人,行政人员1788人",再加上办事员和甲长,要一万多人。当时全国共有1900多个县,合计需要自治人员约1900多万。①国民党很难在短时间里筹集这么多合格的自治人员,"急遽之间,便不能不把一些次级的去充当。虽然各省设有训练所,以为补救之设,但大都训练时间短促,也无济于事"。②由于缺乏严格的训练,自治人员的素质达不到应有的程度,许多人不明白地方自治的性质、任务,"为县长者,不谋自治事业之发展,唯责自治机关以募公债,征捐税,办兵差,查人口等事务,至于各省所办之区长训练所毕业学员,因其年历甚低,经验不富,初未能获得地方之信任,即分派各县充任区长,故少能尽职者"。③国民党的地方自治规划十分庞大,自治事项包括政治、经济、文化、教育、卫生、慈善等各个方面。每一事项的进行都需要很多的经费,尤其是修筑道路、桥梁,开设学校、图书馆,兴修水利,设立救济院、养老院、医院等,更需要大笔资金。国民党有限的财政收入和庞大的军费开支,使其根本无力承担地方自治的巨额支出。到1932年"各省办理自治经费,多未确定,各县原有指定之经费,均已拨作党部经费或充教育经费,乃至于其他各费,故间有已经确定者,亦为数不多"。④

  除人员与经费的困难外,最主要的关键还是在于国民党推行的地方自治缺乏真正的群众基础,这样就失掉了依靠民众去完成的条件,勉强的实行了也不会有生动的内容。要实施地方自治,必须首先改变封建生产关系,使人民特别是广大农民摆脱封建势力的压迫和剥削,获得经济上、政治上、人格上的独立。孙中山在设计地方自治时,对这一点是有所认识的。他把定地价和征收土地税以实现土地国有,逐步改变地主土地所有制,为发展资本主义经济提供必要的前提条件。国民党正是在这个根本问题上,背离了孙中山的"遗教",站到了封建势力一边。其地方自治的推行不仅无益于触动旧的社

---

① 转引自赵小平:《试论国民党地方自治失败的原因》,《贵州社会科学》1992年第12期。
② 林森:《地方自治与国民大会的关系》,1937年4月27日《中央日报》。
③ 《地方自治方案汇编》,第156~160页。
④ 同上书,第160页。

会关系,而且往往以当地的旧势力为依靠,严重脱离广大民众。

第二节 国民党推行训政的原因

辛亥革命虽然在名义上结束了两千余年的专制王朝,但建设现代民族国家的进程却举步维艰。清末以来政治制度与法律制度的变革、现代工农业基础设施的筹建、文明生活时尚的提倡、白话文与普通话的普及等等,尽管这些都是从传统过渡到现代的必备条件,但稳定的政治秩序无疑更具有重要的地位。20世纪上半叶的中国之所以现代民族国家的建设屡屡受挫,缺少一个稳定的政治秩序是一个重要原因。历史地看,从民国元年到共产党政权的确立,中国现代政治史就是以如何结束国内的军阀割据以及如何摆脱外国列强控制为基本任务的。

西方研究中国现代化的学者们认为,国民党的训政体制代表了第三次模式转换,即从西方民主的宪政共和政体转变到理想上更为统一得多的国家政体,只在表面上是民主的,要到将来"训政"时期结束之后才建立完全的宪政民主。①应该说,这种评价还是比较客观的。执政的国民党推行训政的主要目的就是克服民国元年以来一直存在着的"国家危机"和"权威危机",就是建立一个稳定的政治秩序。但这种努力并没有成功,致使国民党的训政没有达到预期效果。分析国民党推行训政的原因,实际上是对中国是否具备立即实施宪政民主的环境、条件的总体分析。本人坚持认为,宪政民主体制的建立和有效运作,与其说取决于宪法的制度设计,不如说取决于国家建设的主要任务。因此,对宪政的生成、实现的基础条件研究,应当是宪政研究者的首要关注之点。

一个国家能否实行民主宪政,取决于多种因素。王沪宁认为,民主政治存在和运行的条件分为前提性条件和运转性条件,前者包括主权国家、社会一体化、社会成员具备理性等;后者包括:(1)物质条件——地理条件、

---

① [美]吉尔伯特·罗兹曼:《中国的现代化》,江苏人民出版社1988年版,第350页。

第五章　国民党实践孙中山宪政思想

物质设施等；（2）经济条件——能够保障社会成员基本生活水平和基本福利的经济制度；（3）法制条件；（4）智力条件——社会整体的教育水平、社会成员对社会发展各个方面的认识水平；（5）心智条件；（6）安全条件。①按照王沪宁给出的这些参照条件衡量20世纪30年代的中国，当时中国立即实行宪政的条件并不具备，特别是民主政治存在和运行的前提条件。

首先，南京"新政府面临的挑战极为严酷——不亚于要力挽百余年来遍及全国的国家分裂的浪潮。"②就20世纪30年代的中国来看，如何确保国家统一，改变四分五裂、各自为政的严峻局面，不仅是新政府面临的首要挑战，也是解决其他政治、社会和经济问题的直接前提条件。而要改变四分五裂、各自为政的政治权力格局，就必须建立强有力的政府。关于这一点以研究大历史闻名的黄仁宇的观点值得重视。在他看来，中国在20世纪企图组织一个新型的国家，能普遍地施行法律，保持地区间经济之联系，不能避免再造一个中枢之威权。③不仅如此，中国所面临的国际环境也是非常险恶的，即新政府还要面对从近百年来国家的独立、主权和领土完整遭受的侵略和威胁中解脱出来。为此，正如黄仁宇所说，中国之全面改造，一方面要创造一个新的高层架构，以便杜绝军阀割据，完成中央集权之体制，才能独立自主，收回国权；另一方面也要翻转内地之低层结构，使得贫农生活均有保障，才能谈得上厘定各人权利义务，具备新社会之基本条件。④可以说，对于国家统一、社会稳定和在此前提下发展经济、增强国力、改善民生的诉求，远远超过了对立即实行宪政民主的诉求。当时英国大使馆商务参赞的一段话具有一定的代表性："中国人自己及全世界对中国前途的信心都在日渐增长，这种信心的基础是最近几年取得的显著的稳定发展……"⑤在这种情况下，孙中山的训政理论就成为作为执政党的国民党和国民政府统治的合法性来源之一。

其次，在1933年，现代制造业、采矿业及公用事业部门仅占国内生产

---

① 王沪宁：《民主政治》，三联书店（香港）1993年版，第120—128页。
② 《剑桥中华民国史》下卷，第133页。
③ 黄仁宇：《从大历史角度解读蒋介石日记》，中国社会科学出版社1998年版，第102页。
④ 同上书，第69页。
⑤ [美]费正清主编：《剑桥中华民国史》下卷，中国社会科学出版社1998年版，第184页。

净值的 3.4% 左右；而在另一方面，每 5 个中国人中就有 4 个从事农业，生产占国内生产净值的 65% 左右。农民生活极度贫困，遇上疾病流行或天气恶劣的年份，他们的生存就会受到威胁。1930 年中国死亡率大约是世界上最高的，高于美国死亡率的 2.5 倍，甚至明显高于印度的死亡率。①在因饥饿而使人的生存受到威胁的情况下，人们宁愿选择一袋麦子而不是民主。在这么低的经济发展水平上，立即实行宪政民主有相当大的困难和局限性。一个国家的经济状况愈好，它维系民主制度的可能性愈大。因为，只有丰衣足食的人才有时间和精力去做一个热心实践自己法律权利的公民。

最后，中国国民素质极其不良。

20 世纪 30 年代公民受教育权实现情况②

学年度	入学人数 / 女性数		
	高等教育	中等教育	初等教育
1928	25198/1835	188700/24870	——
1930	37566/3526	396948/59939	10943979/1653016
1932	42710/5161	409586/ 未详	1223066/ 未详
1934	41768/6272	401499/ 未详	13188133/ 未详
1936	41922/6375	482522/ 未详	18364956/ 未详
1938	36180/6648	389009/ 未详	——

上表反映了 20 世纪 30 年代公民受教育权的实现情况，从表中的数字可以看出这个时期公民受教育权的实现程度是很低的。民主政治的实现与一个民族的文化素质息息相关。当然，以国民的文化素质低为借口推迟甚至排斥引入宪政民主的政治模式是错误的；但是，如果不正视国民的文化素质低这个现实，要求立即实行宪政民主，也是不切实际的。考虑到国民的文化素质低这个现实，从实行宪政民主的可行性上说，孙中山的训政理论是有一定合理性的。

---

① [美] 费正清主编：《剑桥中华民国史》下卷，中国社会科学出版社 1998 年版，第 171 页。
② 该表节录自郝铁川：《秩序与渐进——中国社会主义初级阶段依法治国研究报告》，法律出版社 2004 年 1 月第 1 版，第 47 页。

第五章 国民党实践孙中山宪政思想

第三节 国民党训政失败的原因

从本章第一部分的分析，我们不难看出，国民党的训政只是在形式上实践了孙中山的训政构想，在根本精神和根本原则方面，却与孙中山先生的训政构想相距甚远。南京政府努力做到的是借"以党治国"之名行一党专制之实，根本没有训练民众参政能力以还政于民的诚意。孙中山训政思想的真谛及其各种界定，均已被南京政府剥离殆尽。由于对三民主义的违背，国民党的革命的主义、信仰已形同虚设，所谓主义治国便无从谈起，由于反共清党，所谓联合革命政党、借才于党外更是子虚乌有。由于蒋介石的个人独裁，国民党内的民主合议制也就成了可望不可及的事了。由此可见，南京政府不能遵照孙中山的训政构想，实行真正的"训政"。

迫于各方面的压力，特别是美国方面的压力，南京政府深感再推迟实行宪政时间对自己不利了。美国支持国民党打内战是下了赌注的，眼看国民政府在国际国内声望的日趋式微，美国不得不为自己的投资风险感到担忧。因此美国政府从自身利益出发强烈要求南京政府切实推行政治变革，在国内外树立一个良好的民主形象。1946年11月，国民党在南京召开制宪国民大会，大会通过了《中华民国宪法》。《中华民国宪法》是国民党政权的第一部正式宪法，比较全面地规定了国家体制、政权组织、人民与政府的关系等问题，在形式上也确定了一些资产阶级民主政治制度的条文，成为国民政府由训政向宪政过渡的依据和起点。但是，这部宪法的基本内容和精神并非民主政治制度，而是以根本大法的形式确认了以蒋介石专制独裁统治为核心的政治体制。依据《中华民国宪法》，国民政府进行改组，改组后的国民政府为行宪政府。1948年3月，国民党又召开行宪国大，选举出总统与副总统，宣布进入宪政时期。这只是应付时局的权宜之计，这样的宪政是违背民主精神和程序的宪政。国民党至少在如下两个问题上，违背了民主精神和程序：首先，违背1946年政协决议的决定，一党包办国大，制定宪法，使之成为一党的宪法；其次，随意修改补充宪法。尽管宪法规定总统为虚尊的国家元首，实权在内阁，而当蒋介石决定当总统时，国民党一手操纵下的国大便通过一个《动员戡乱时期临时条款》，赋予总统在戡乱时期至高无上的权力。戡乱时期总统得连选连任，戡乱止于何时由总统决定。由此可见，进入宪政阶段，一党专制的本质仍然没有改变，大权仍完全控制在蒋介石个人手中。宪法也不过是一党利益的反映，也就可以根据一党的需要随意更改或确定是否实施。由训政时期的五院制更替为"宪政"下的中华民国政府，也不过是国民党政权形式的变化，就其实质而言，仍是国民党的党治国家体制。"行宪"以后，国民党一天也没有放弃对政府的控制，各种重大问题仍由国民党决定，政府要职仍由国民党人把持。对此，李济深一针见血地指出："现在改组的政府本质上仍是国民党一党专政的政府，青年党和民社党参加这个政府徒供作一党专政的烟幕而已。"①这表明宪政是一场骗局。1949年，国民党政权在大陆的覆灭标志着国民党并没有使中国大陆经过军政、训政两个阶段，从而实现宪政的"美好"初衷。

分析国民党训政实践失败的原因，第一，孙中山训政思想的过于理想化是一个不可忽视的原因。从理论上看，孙中山的训政思想是自成体系的，但这一思想是建立在一种理论假设之上的。孙中山的"训政"理论假定，作为训政主体的政党应该是大公无私的，它在全面掌握不受制约的权力时不会腐败；到一定时期，它又会心甘情愿、主动地交出政权，还政于民。曾经追随孙中山多年的胡汉民在阐述"以党治国"理论时，也强调了与上述孙中山相同的思想，他说："夫以党建国者，本党为民众夺取政权，创立民国一切规模之谓也。以党治国者，本党以此规模策训政之效能，使人民自身能确实用政权之谓也。于建国治国之过程中，本党始终以政权之保姆自任。其精神与目的，完全归属于三民主义之具体的实现。不明斯义者，往往以本党训政主义，比附于一党专政与阶级专政之论，此大谬也。"②在胡汉民看来，"一党专政"

---

①中国第二历史档案馆：《中华民国史档案资料汇编》（第五辑第三编）：政治（一），江苏古籍出版社1999年版，第26页。
②转引自徐矛：《中华民国政治制度史》，上海人民出版社1992年版，第208页。

第五章　国民党实践孙中山宪政思想

以政权集中于一党为归宿,而"以党建国"或者"以党治国"则是以政权归属国民为目的,这是两者的本质不同。这个理论假设是很难成立的,在传统的"打天下者,坐天下"的思想支配下,一个政党既然有"建国之劳",理所当然,它认为自己就应该享有"治国之功",正如汪精卫所说:"我们国民党流血打出来的天下,岂能由你们(指国难会议会员在1932年3月推举的以熊希龄、褚辅成、穆藕初、马少山、李璜、罗隆基、王造时等为首的代表团——引者注)说开放政权就开放政权,说实行宪法就实行宪法"。①

　　按照这样的逻辑发展下去,一党专政是难以避免的,党的干部的腐败也是不可避免的。孙中山在建党上虽然主张仿效苏联,采取民主集中的委员合议制,但在实行过程中又确立领袖制,"它恰恰是通过'圣化'领袖的方式——依靠对领袖本人及其主义的'忠实'——来建立党内的以'以人治党',领袖独裁为核心内容的各种规章制度的"。②孙中山主张以人治党,他说:"党本来是人治。……党之能够团结发达,必要有二个作用:一是感情作用,二是主义作用;至于法治作用,其效力甚小。"③孙中山提出的"以人治党"和"以党治国"的思想是建立在对自己的政治道德和政治能力十分自信的前提之上,"以人治党"和"以党治国"的思想是依靠自己的政治威信来推行。对于孙中山这位政治道德高尚、政治威信高、政治能力强的革命先行者来说,采用人治的办法,应该说是能够取得一定效果的。但孙中山这种建立在个人权威之上的政治设想,也就决定了他的追随者必然要使国家的政治走上一党专政和个人独裁的政治体制。

　　抗战胜利后,尽管国民党也承认以党代政、党政不分使训政时期的党政关系犯了很大的错误,也曾经表示过要将国民党党部在训政时期办理的具有国家性质的工作交与政府陆续办理,但仍在其六届中央执行委员会第三次全体会议上宣称,"单以国家而言,今日党派虽多,舍本党而外,实更无任何一党担负得起建设三民主义新中国的责任。还可以说,中国盛衰兴亡的关键,

---

①王造时:《从一二回忆谈到宪法草案的公布》,叶永烈编《王造时:我的当场答复》,中国青年出版社1999年版,第213页。
②杨德山:《中国近代资产阶级政党学说研究》,人民出版社2002年版,第270页。
③《孙中山全集》第5卷,第391页。

不操于任何一党之手,而实操于本党之手"。①

绝对的权力必然导致绝对的腐败,掌握绝对权力而不会导致腐败,这在人类政治实践的历史上还未被证明过。南京国民政府作为中国政治现代化过程的一个阶段,虽然试图建立一个现代国家政府,但却在腐败问题上栽了跟斗。有些学者认为,南京政府早期腐败程度不算严重。与后期相比,的确如此,但即使这样,腐败案件在民事案件中的比例仍相当高,以"模范省"浙江为例,1928年全省县长被控案件405件,其中贪赃营私者241件,占60%。"模范省"尚且如此,其他省份就可想而知了。"1930年人们就感受到,贪污在各级政府中的普遍程度,已经超过了北洋政府时期。许多观察家认为,贪污是南京统治的最卑劣的特征。……《大公报》曾称,南京政府的当务之急是应'在全范围内惩治一万名贪污的文武官员',而不是忙着去根绝共产主义。"②而到了40年代,"'腐败无能'是最常见的话,人们用它来描述政府从指挥战争到管理学校的所有领域里的实际活动。"③正因为如此,1949年司徒雷登在仓惶离开中国前对国民党的将领说:"共产党战胜你们的不是飞机大炮,是廉洁,以及廉洁换得的民心。"④这从反面证明了南京国民政府腐败程度之严重。国民党独掌政权,实行近20年的训政,不仅没有完成为进入宪政而创造条件的使命,而且这个党本身也变得腐败不堪、分崩离析、威信扫地。以至于,正如毛泽东在中共七大的政治报告《论联合政府》中指出的,"在中国,已经没有一个人还敢说'训政'或'一党专政'有什么好处,不应该废止或'结束'了"。国民党的腐败主要还是其一党专制造成的结果,在一党专制下,人民没有结社和言论的自由,也没有监督指责政府及党员的机会。独裁政治的结果,自然是专政者的腐化,正如孟德斯鸠所说:"专制国家有一个习惯,就是无论对哪一位上级都不能不送礼物,就是对君王也不能例外。"⑤

---

① 荣孟源主编:《中国国民党历次代表大会及中央全会资料》下册,光明日报出版社1985年版,第1106页。
② 易劳逸:《流产的革命》,中国青年出版社1992年版,第28页。
③ 费正清主编:《剑桥中华民国史》第二部,上海人民出版社1992年版,第802页。
④ 王胜利:《十面埋伏——当代中国的十大困惑》,海天出版社1993年版,第235页。
⑤ 孟德斯鸠:《论法的精神》上册,第67页。

第五章 国民党实践孙中山宪政思想

第二，尽管国民党扭转了自民国元年以来一直存在着的国家分裂的趋势，但国民党并没有完成以行政权力统一为特征的现代民族国家建构的基本任务。这是导致训政失败的客观原因。

我们知道，国民党政府是一个依靠军事力量组建的政府，权力基础很大程度上依赖于军事力量。因此，其政权形式的合法性难免受到其他社会力量的怀疑和挑战。因为，"权威排斥对强制的使用；一旦武力被运用，权威本身便失败了……如果权威可以被定义的话，那么就应将它与武力区别开来"。①在国民党统治大陆的22年中，其行政权力的集中化始终没有彻底实现，国民政府的合法性权威长期面临着严峻挑战。首先，国民党内部军事派系林立。这一时期的中央与地方关系实际上是一种军事、派系关系，呈现出军阀割据性。不仅有军阀割据，而且还有红色割据。在军阀割据中发展"工农武装割据"也是毛泽东推动革命发展的一个创造。②最后是来自日本的大规模入侵。许多历史学家共同认为，国民政府的真正版图，不出长江下游一带，其他各省只是奉"国民党的正朔"而已。③到1931年日本首次侵略的时候，严格说来，中国还不是一个统一的民族国家，只不过是一群名义上服从国民党的地方实体。在1928到1931年之间，南京时代早期的政治与军阀时代的政治有着惊人的相似之处，蒋介石不过是同类人中的佼佼者而已。国民党，无论是中央，还是地方，都形成了各自派系，各派之间的斗争极其尖锐，从而大大削弱了国民党作为整体发挥其在领导社会发展过程中的积极作用。又如，1945年国共重庆谈判中双方争执的焦点是国家统一问题，也即如何处理两党的军队以及"法统"和解放区政权关系问题。在这两个问题上，中共的基本论点是：强调国家—政府处于国民党党治之下，因此一党不能统一另一党。这个论点

---

① [法]让·马克·夸克：《合法性与政治》，佟心平等译，中央编译出版社2002年版，第17页。
② 事实上，国民党政府从来没有实行过牢固的控制，其中央政权的控制能力一直比较弱，从这一点也可看出，国民党治下的中国算不上是一个统一的现代民族国家。中国共产党领导的农民革命之所以获得成功，取得了政权，恰恰是利用了中国不是一个统一的民族国家这一社会历史条件，利用了半殖民地半封建社会的国情下帝国主义划分势力范围、军阀割据混战以及城市对农村无法有效控制。
③ 王克文：《史家眼中的国民党中国》，美国《知识分子》杂志，1985年春季号。

的核心是，将国家—政府与国民党分开，从而将双方关系确立为党与党的关系。国民党的基本论点是：强调中华民国为国民党所创造，因此国民党有权治理人民。这个论点的核心是，将国家—政府与国民党合为一体，从而将双方关系确立为政府与人民的关系。最能代表国民党这一基本观点的是张治中在反驳王若飞的质问时所讲的一番话。当王若飞说："你们国民党作了些什么？"王的这句话隐含着的意思是国民党何能代表国家？面对这一质疑，张治中答道："国民党领导国民革命，推翻满清专制，创造中华民国，彼时中国共产党尚不知在何地方。一个国家必有政府，有了政府，必须承认政府与人民的关系，你们既承认国民政府，即须将一切问题，在政府法令规章所能允可的范围之内求得解决。"张氏之言，是对国民党权力的来历以及权力行使的依据所做的一个说明。中华民国既然由国民党创造，那么，国民党行使国家权力便是天经地义。可见，张治中是把国民党与国家—政府看成一个整体，而人民也就是中共，必须服从国家—政府—国民党。①从理论上说，"武装力量的国家化"在现代民族国家已不是问题；但在一党专政的中国，控制着国家政权的国民党要将中共的武装力量纳入其治下和取消解放区政权，这显然不能被中共所接受。因为，中共若把军队和政权交给一个不是建立在民主宪政基础上的政府，不但不能发展，连自身生存的权利也会丧失。不仅共产党，即便国民党也对这一主张存有疑问，张群曾经对梁漱溟说："老实对你讲，国民党的生命就在它的军队，蒋先生的生命就在他的黄埔系"；"你向谁要军队就是要谁的命！谁能把军队给你？你真是书呆子！"②中共的武装斗争不仅对国民党统治的合法性提出了激烈的挑战，而且使国民党的党治实践受到沉重打击。可见，国家主权的统一、国家实现对社会的整合也应建立在民主基础上。

日本的日渐加深的侵华行为也使国民党利用党治来解决国内统一问题的政策无法有效继续下去，只能靠拖、蒙、骗来应对时局。我们知道，民族主义是现代世界中创建国家的最强大的力量之一，缺少了它，国家在生存斗争

---

① 邓野：《论国共重庆谈判的政治性质》，《近代史研究》2005年第1期，第56~57页。
② 梁漱溟：《我的努力与反省》，《梁漱溟全集》第6卷，山东人民出版社1992年版，第961页。

第五章 国民党实践孙中山宪政思想

中就会异常不利。在20世纪30年代的大部分时间里，至少到1936年秋，民族主义也往往是不利于蒋介石的。因为，"攘外必先安内"政策使蒋介石很难利用民族主义作为政治统合的因素。

相当熟悉国民党执政当局决策内情的魏德迈，根据个人的观察得出的结论是，训政时期作为最高实力人物的蒋介石一直在四种战线上作战，"对付日本；因对付苏联而要对付中共；对付中国内部分裂的趋势，以过去之军阀为代表也及于半独立的省主席与将领；还要对付西方帝国主义。"①在这种情况下，蒋介石如何能够集中力量进行国家建设和民主训练？本来，国民党建立以党治为核心的训政体制的目的之一，就是为克服民国初年以来一直存在的国家的权威危机和权力危机的，正如哥伦比亚大学安德鲁·J·内森教授所指出的那样，"自1928年起至今日，中国的政府一直受这个或那个列宁主义式的政党监督，目的是避免重现民国初期的混乱。"②建立行政权力统一的现代民族国家是军政时期也即党建国家时期的主要任务，由于这一任务没有完成，迫使国民党政府必须拿出相当大一部分人力和物力来进行国家建构和社会整合的工作，这不能不直接影响到国民政府的训政建设。国民党第六届中央执行委员会第三次全体会议通过的《现阶段党务方针》也指出了这个事实："党在军政时期，对于建国大纲所规定的'政府一面用兵力，以扫除国内之障碍，一面宣传主义，以开化全国之人心，而促进国家之统一'的革命工作，未能彻底完成，以致训政时期战争不息。加以共党割据，日寇侵略，形成一内忧外患纷至沓来的动荡不安局面，于是应在训政时期实现的地方自治和民生主义，很少成就。"③

第三，国民政府的制度化水平低也是导致训政失败的一个重要原因。南京国民政府虽然建立了以五院制为主体的政治体制，但是制度的建立并不是一朝一夕之事。除了建构现代型政权组织系统外，政治体制的制度化还以完善法规、划清职责、目标及运行程序的明晰化、选任合格官员、建立有效的

---

① 黄仁宇：《从大历史角度解读蒋介石日记》，中国社会科学出版社1998年版，第394页。
② [美]费正清主编：《剑桥中华民国史》上卷，中国社会科学出版社1998年版，第288页。
③ 荣孟源主编：《中国国民党历次代表大会及中央全会资料》下册，光明日报出版社1985年版，第1103页。

监督机制等条件为至要。南京国民政府在这些方面显然远远未达到要求。

南京政府虽然制定了一套种类繁多、体系庞杂的法律（汇编成《六法全书》），其中就政治体制运作的规范作了制度化规定，然而却是颇不完备的，许多条文含糊不清，不仅对职权划分相当不明确（如国民党与国民政府的关系、行政权与司法权的划分等），而且由含糊产生多重解释与理解，带来运作中的弹性，也为腐败开了方便之门。

与规章、制度的不完善相比，合格公务人员的缺乏更为严重。南京国民政府，正如上面提到的，在刚建立之初大规模地吸收旧式军阀、官僚势力，这些人绝大多数是政治投机分子和官僚，不仅自身缺乏合格公务人员所具备的素质，而且还给新的政府带来负面影响，使腐败迅速蔓延至整个机构。后来国民政府虽然专门设置了考试院来选拔官吏，但考试制度实际上有名无实，而私人间的关系是通向官宦的唯一有效手段。1931年举行的第一届高等考试有100名合格人员，可最终只有8人真正被任用。以后的历届考试，合格人数最少的只有25人，能被录用的就更少了。相反，同乡关系、亲属关系、裙带关系、门生故吏关系、甚至结义关系，使得整个机构充满不合格的冗员。由于这些人是靠行贿等不正当手段进入政府的，在"补偿"心理的刺激下，他们唯有变得更加贪污腐化。监督机制是防止腐败、实现制度化的重要组成部分。

监察院和民意机关是南京政府的两大监督系统，然而监察院乃中央政府下属机关之一，对权力的运行显然不具备完整的监督权力；同时，民意机关的权力更为有限，一般只被看作咨询性质的组织，缺乏诸如选举、罢免之类的关键性权力，难以发挥监督的作用。监督机制的失效，使腐败变得更加难以制止。

由于国民政府的制度化水平低，在权力运作的实际过程中起真正作用的，仍是二千多年遗传下来的人治传统。这种因人而异、随意性极强的人治传统极大地阻碍了现代行政机构中理性原则的确立。曾任行政院政务处长的何廉回忆说，"他（指蒋介石——引者注）不懂得制度和使用制度。……一谈到许多事情该制度化的时候，他的注意力就会向别处转移。……从根本上说，

第五章 国民党实践孙中山宪政思想

他不是个现代的人,基本上属于孔子传统思想影响下的人。他办起事来首先是靠人和个人接触以及关系等等,而不是靠制度"。①可见,在党权或领袖权力超越一切的情况下,什么宪政制度、什么分权制衡,统统都是纸上谈兵,领导人的一句话顶得上千万条法律。政治制度化水平低是国民党长期推行"以党治国"纲领所带来的必然结果,党治之下无民主宪政制度。毕竟,以党治国或者训政只是政治发展的一个过渡阶段,它不过是实现民主政治的最初阶段,它本身不是和"宪政"相对立的,具有长期性的政治制度,随着社会革命的成功和社会经济结构的变迁,它必须逐步退出社会领域,缩小政治控制的力量和范围,同时扩大政治参与,将被社会发展动员起来的各种利益群体容纳进制度化的政治体系之内。实际上,这也是孙中山从训政过渡到宪政的基本政治理想。国民党政府运转的动力不是来自社会各阶级的支持,而是完全依赖于军事强权统治,正如巴林顿·摩尔指出的那样:"国民党统治的20年间,显示出与欧洲工业化的反动历史阶段相同的基本特征。其中包括极权主义特征。正如我们已经看到的,国民党的主要社会基础是乡绅后裔、城市工商业、金融业的利益混合体,说得好些是不同利益集团之间的合作。国民党通过它所控制的暴力工具,充当撮合这个混合物的纽带。同时,它通过这种暴力控制来压榨城市资本主义,并直接或间接地操纵政府机器。"②这个政权是脆弱的,是因为"它在社会上缺乏稳固的基础。所有强大的现代民族国家的一个特点是,人口相当大的被动员起来支持政府的政治目标。而国民党人在重视政治控制和社会秩序的同时,不信任民众运动和个人的首创精神,所以他们不能创造出那类基础广泛的民众拥护,在20世纪,民众的拥护才能导致真正的政治权力。"③

第四,作为担当训政主体的国民党,其自身在当时已不具备指导训政的资格。"以党治国"和建立党治国家模式是国民党领导中国现代化的重要战略性指导思想。国民党为解决中国的政治和社会发展问题,采用苏联党治国家经验,并融入中国传统政治某些模式,创设政治制度,实现对国家政治和

---

① 何廉著:《何廉回忆录》,中国文史出版社1988年版,第117页。
② [美] 巴林顿·摩尔:《民主和专制的社会起源》,华夏出版社1987年版,第158~159页。
③ 费正清主编:《剑桥中华民国史》下卷,中国社会科学出版社1998年版,第157~158页。

社会生活的全面统治。它是孙中山鉴于辛亥革命后中国政党政治实践的失败而转向学习苏俄一党制经验的产物。不过，1928年国民党虽然在结构形式上承接的仍是1924年国民党改组后的形式，但其内容已发生根本变化。究其实质，乃国民党的性质发生了根本的变化，它已不再是资产阶级革命党，而沦为对外依靠帝国主义、对内代表大地主大资产阶级的独裁党。这一性质的变化，决定了国民党已全然不是信仰的结合，而仅是以利益为动力，成为一帮名利之徒趋炎附势的政治集团。对此国民党在1924—1927年国共合作的国民大革命中所表现出来的空前的活力和战斗力，"南京政府的十年中，国民党给人的第一个，也是清清楚楚的印象是，在其确立了中国中心地区的统治之后，它的革命力量和革命精神骤然而逝"。①

这一变化主要是通过清党和向旧军阀势力妥协而形成的。首先，1927年国民党发动"四·一二"、"七·一五"反革命政变，进行清党运动，结束了国共合作的局面。清党运动主要是清除共产党人和国民党左派人士，因此，"清洗切断了国民党和它的革命动力的源泉之间的联系"，"再也没有理想主义者或真正对革命抱有热情的人留在国民党内了"，而以蒋介石为代表的反动的清党倡导者及其支持者则控制着国民党，正如胡适1929年所写的，"极端分子和那些只有一点改革思想的人都被开除了，彻底保守的力量成了积极的力量，创造出当前反革命的形势。"②清党运动明显地改变了国民党的性质。其次，国民党为了在急切间扩大和巩固其统治基础，以向旧式军阀势力妥协为代价换取他们的承认，大规模的吸收地方实力人士为党员，并让他们加入国民政府，担任高级领导职务。如1927年曾在浙江省为军阀孙传芳效劳的陈仪，在蒋介石的军队向上海开进的时候投奔到蒋的羽翼之下，蒋介石于是任命自己的这位同乡为上海制造局局长，而后不久又让他当上了南京国民政府军政部总务次长。"到了1929年，10名部长中至少有4名是由这些新的皈依者担任。……这样一来，旧军阀统治时期的价值观念、态度以及习俗，就渗入到新政府中来了。"③敷衍塞责、贪污腐化、裙带作风、文牍主义等

---

① 易劳逸：《流产的革命》，中国青年出版社1992年版，第11页。
② 同上书，第18页。
③ 费正清主编：《剑桥中华民国史》第二部，上海人民出版社1992年版，第137页。

官僚腐败习气在南京国民政府迅速蔓延开来，很快就瓦解了国民党的活力和革命精神。对此，老国民党人黄晦闻曾写下"敢谓邦人无父母，空看党局付几孙"、"习苦蓼虫惟不徒，食肥芦雁得无危。伤心群贼言经国，孰谓诗能见我辈"等充满极度愤懑的忧时伤世之诗句。

如此"一进一出"，国民党很快就蜕化为麇集着一群谋取私利之徒的腐败组织。早在1928年蒋介石就曾失望地说："现在，党员既不为原则也不为民众奋斗，许多官员对党和党的主义首鼠两端，有不少冒牌军官和投机政客只关心自己的自由和利益，只追求他们自己升官发财的贪欲得到满足。这样的人为数甚多。"①而到了30、40年代，这种腐败现象更是急剧地恶性膨胀起来，甚至连国民党的《中央周刊》也不得不承认贪污渎职，吏治腐败的情况很是严重。蒋介石在1927年曾对日本当时的内阁首相田中义一表示他不能让太平天国的错误重演，然而司徒雷登作为历史的见证人却清楚地认识到："国民党的最初宗旨是反对封建王朝——正如太平天国革命一样，但是，尽管它具有一种民主思想和现代革命精神，最终这些思想和精神还是丧失殆尽，并进而递转，走向传统方式。"②各级政府官吏（在"以党治国"的招牌下，这些人绝大多数为国民党党员），上至皇亲国戚的孔宋家族，下至一般县长、连长，纷纷利用职权以合法或非法的途径拼命贪污搜刮，巧取豪夺，故而蒋介石1948年初在戡乱建国干部训练班开学典礼上，痛心疾首地说："老实说，古今中外，任何革命党都没有我们今天这样颓唐和腐败，也没有像我们今天这样的没有精神，没有纪律，更没有是非标准，这样的党，早就应该被消灭，被淘汰了！"③

总之，国民党的性质的改变，使国民党很难形成一个具有凝聚力的、意识形态统一的，或者纪律严明的政党，可以说，国民党所谓以党治国、一党专政，实际上是"有党无治"，徒有党治之名，而无党治之实。由于蒋介石过分看重军事独裁的力量，忽视党的建设，这就不能不造成党的各级组织比政府的行政机关更加萎缩、党的腐败以及党员的士气低落等等。这种情况与

---

①易劳逸：《流产的革命》，中国青年出版社1992年版，第15页。
②《被遗忘的大使：司徒雷登驻华报告》，第196页。
③《先总统蒋公全集》第二卷，台湾中国文化大学出版部，第1899页。

孙中山把党看作权力的根本、看作军政和训政时期民权的受托者不同。一方面，国民党自身就是各派系的松散的集合体而已。另一方面，从政治架构和实际运作来看，在中央，党治实际上是派系的利益协调，只起到对组成国民政府人员自我任命的作用（因为国民党中央执行委员会和政治会议核心人物就是国民政府的主要组成人员）；在地方，权力完全掌握在地方实力派之手，执政党中央和地方组织对地方权力的配置和行使没有实际约束力和影响力。这种情况如何能保证国民党的"以党治国"？胡适指出："当日以党治国的制度，确是一个新制度，如果行得通，也许可以维系一个统一的政权。但自民国十六年国共分裂，早就已显示这个制度自身无法维持下去了，因为党已不能治党了，也不能治军了，如何还能治国呢？党的自身已不能统一了，如何维系一个统一的国家呢？"①

当然，我们也必须指出，20世纪20年代末至40年代中后期，国民党在大陆训政的失败并不意味着训政模式本身不具有合理性，只能看作是训政实践的阶段性失败。从国民党败退台湾到80年代中期，这段时期是国民党的威权主义政治时期，1987年7月15日台湾解除戒严法规是政治转型期（由威权主义政治向民主政治转型）的正式开始。在台湾威权主义政治时期，国民党重建了一个二元政治体制。上层政治体制由戒严体制、执政党体制和"宪政"体制三大块构成，下层政治体制由地方自治体制、选举体制两大块构成。上层政治体制的特点是对政府、社会的集权与控制，下层政治体制有民主性、开放性、妥协性、合法性等特点。两种政治体制共存一岛，下层政治体制是一把双刃剑，既对上层政治体制有补充作用也对其有破坏、对抗作用，并最终促成了台湾80年代中后期的政治转型。可见，国民党真正做的训政工作是在台湾的威权主义政治时期，通过事实上的训政，最终达致政治民主化。如果不是夹杂大陆与台湾的统独之争，台湾的政治发展不失为由以党治国的训政导入宪政的一个成功范例。因此，运用训政模式或者以党治国模式能否足以导出宪政体制的结论不能仅以国民党在大陆的实践结果作为惟一的衡量。②

----

①转引自张皓：《中国现代政治制度史》，北京师范大学出版社2004年版，第126页。
②郭宝平、朱国斌：《探寻宪政之路》，山东人民出版社2005年版，第222页。

第五章 国民党实践孙中山宪政思想

自1927年,南京国民党政府开始了为期二十二年勉强维持统一的政治局面,而在国民党一党专制的情况下,中国现代民族国家的建构没有朝着民主宪政的方向发展下去,中途发生了严重变异,出现了"政治党化",实行党在国家之上的所谓"党治"国家。"政治党化"和"党治国家"体制是当时国民党对整个社会事物全面控制的主要方面,也是孙中山首倡"以党治国"方针的形式延续。"党治国家"是全能主义政治的一种形式,全能主义政治是指一种政治系统的权力可以不受限制地侵入和控制社会每一层面和每一阶层的政治制度。应当承认,作为后发外生型现代化国家,以党治国也是政治现代化过程中的一种可行的选择。因为落后国家在实行社会变革、推进现代化的进程中,需要相对稳定的社会环境,执政党通过控制国家权力中枢可以对社会力量和社会关系进行强有力的干预和调节,以维护国家的统一、政治和社会的稳定,从而为现代化大业的进程创造有利条件。从这个角度说,以党治国不失为一种确立社会秩序,强化中央权力的有效方法。[1]在军阀割据时代的战火连绵中,人民渴望国家统一和生活安宁,所以以党治国有一定的社会和群众基础。但"整个'党治'体制施行期间,基本上是人民无权,中国国民党有权;党员无权,党的领袖专权。初期,由于领袖之间实力基本相当,这种体制类似于专制寡头政体。到了后期,随着党内集权制的形成和对领袖盲目崇拜现象的产生,以及'全国党化'、'全党特务化'政策的推行,它就与中国古代王朝的专制集权体制别无二致。在这种情况下,政治制度的结构形式虽然类似现代国家,但在实际上却成为国民党一党实行专制统治的工具,根本没有起到现代政治制度所应该起到的管理和规范社会的作用。"党治国家"只是继承了中国封建政治的传统,采用了部分资本主义政权的管理形式,又吸取法西斯主义个人独裁制的特点,是一种封建主义、资本主义和法西斯主义混合的政治制度。在国民党"党治国家"体制下,无论其如何标榜自己的政治制度多么现代,终究缺乏现代政治制度的基本内涵,它融合了传统的专制集权体制,进而出现独裁、个人崇拜和个人权威。

---

[1] 许纪霖、陈达凯:《中国现代化史》第1卷,上海三联书店1995年版,第413页。

在"党治国家"体制下,政治制度体系是不能正常运作的,分门别派、任人唯亲、唯派、唯系、因人立法度、因事设规章是常有的事情。国民党利用其执政的地位,在国家财政系统外有自己的经济组织,形成庞大的"党产",并衍生出蒋、宋、孔、陈"四大家族","国产"变"党产","党产"入私家,各级党政官员无不以中饱私囊为己任,正如王亚南指出的那样:"'中国官僚用各种不同的政治方术和手腕,已把政府所掌握的一切事业,变为自己任意支配,任意侵渔的囊中物。'依照上层的榜样,由省到县乃至地方的小经营,都分别由各级各层的权势者,假借战时增加起来的政治权力,和任意编造的政治口实,而化公为私了。"①这种情况不但阻碍社会经济的正常发展,而且造成极其严重的政治腐败。曾经是一个革命党的国民党,由于在辛亥革命后逐渐走向腐败,是难以承担在中国建立民主政治的重任的,正如徐复观所说:"国民党的政治任务,在消极方面,是要彻底清洗历史积累的专制、封建的遗毒,孙中山先生也正是向这一方面前进。可惜这一遗毒,有如人身上的痼疾,非常不容易根治;并且稍一大意,它又会复发出来。这可由国民党的几次内战,及许多国民党员到后来自私到无知无耻的程度加以印证。"②

一般认为,导致国民党在大陆统治垮台的重要原因之一,在于腐败的普遍化而使其在与中共的争夺中失去民心,尤其是在抗战胜利以后的接收过程中,国民党各级官僚的贪腐行为所致之"天怨人怒",是其党内也不能不承认的事实。然而,那些具体而微的贪腐行为固然严重损害了国民党的公信力与影响力,而其党内高层的政治腐败,致其对党内和全国局势渐渐失去控制力,则在更广大、更深刻的层面,侵蚀着国民党的统治力与执政力。所谓物必自腐而后蛀生,腐败与政治的关系于此得以充分的表现,难怪并非国民党员的历史学家傅斯年这样写道:"古今中外有一个公例,凡是一个朝代一个政权要垮台,并不由于革命的势力,而由于他自己的崩溃!"③

---

① 蔡尚思主编:《中国现代思想史资料简编》第5册,浙江人民出版社1983年版,第650页。
② 徐复观:《徐复观杂文续集》,台湾时报文化出版事业有限公司1981年版,第8-9页。
③ 傅斯年:《这个样子的宋子文非走开不可》,《世纪评论》第7、8期,1947年。

第五章 国民党实践孙中山宪政思想

人权派的罗隆基曾经向国民党忠告,要解决今日中国的共产问题,只有根本做到这两点:"(一)解放思想,重自由不重'统一';(二)改革政治,以民治代替'党治'。"①这两点做到了,共产学说根本在中国站足不住了,共产党也不剿自灭了。这只能是罗隆基的良好愿望罢了,国民党根本做不到这两点,它不会自动地放弃其一党专制的霸权地位,更不会轻易地还政于民。正如英国哲学家伯特兰·罗素所说:在这种情况下的国家,革命成功的党宣布"要保留政治权力直到国家实行民主政治的时机成熟为止",它们"几乎必然都很不愿意放弃自己对权力的垄断并寻找保持权力垄断的各种理由,直到发生新的革命来把它们打倒"。②民主政治在中国政坛上已完全被国民党放弃,国民党的"党化国家"政权的合法性已经丧失殆尽,成为中国建设宪政国家的巨大障碍。用革命的方式推翻国民党的"党化国家"政权,再造一个新的国家,为宪政政治的实现提供一个基础,这是共产党革命的主要目的。这正如洛克在他的《政府二论》一书中,以经典的语言为英国1688年反对詹姆斯暴政的"光荣革命"进行了道义上的辩护一样:"在人民主体或任何单个的人被剥夺了他们权利的地方,或生活在一种毫无权利的权力之下,在地上已无控诉之处,那么也就足以成为向老天爷求救的原委了。"③

---

① 转引自高军等编:《中国现代政治思想史资料选辑》上册,四川人民出版社1983年版,第854页。
② [英]伯特兰·罗素:《权力论》,吴友三译,商务印书馆1991年版,第134页。
③ 转引自龚祥瑞:《论宪法的权威》,董郁玉等编《政治中国》,今日中国出版社1998年版,第185页。

第六章　中国共产党对孙中山宪政思想的实践

第六章　中国共产党对孙中山宪政思想的实践

中国共产党对孙中山宪政思想的实践,主要是实践他在国民党一大后发展了的宪政思想,即民权"为一般平民所共有,非少数人所得而私",也可以说是人民民主性质的宪政思想,这个过程经历了第二次国内革命战争、抗日战争和解放战争三个时期。最终,共产党带领人民真正建立了中国历史上第一个人民民主专政的国家政权。在此基础上,1949年9月21日,中国人民政治协商会议第一届全体会议通过了《中国人民政治协商会议共同纲领》(简称《共同纲领》)。《共同纲领》的颁布,标志着中国宪政建设进入到一个新的时代,即人民民主宪政的时代。

第一节　新三民主义:中国共产党实践孙中山宪政思想的理论基础

1924年1月20日至30日,中国国民党第一次全国代表大会在广州举行。共产党员陈独秀、李大钊、谭平山、于树德、毛泽东等23人参加国民党一大。

孙中山以国民党总理身份担任大会主席。中国国民党第一次全国代表大会的召开标志着护法运动的终结和国民革命的开始，这是孙中山政治生涯中最后一次也是意义最重大的一次思想转变，用他自己的话说，这是"本党开大会的第一次，也是中华民国的新纪元"。孙中山之所以称这次大会是中华民国的新纪元，是他自信找到了一种建设国家的新方法。大会通过了《中国国民党第一次全国代表大会宣言》草案，这个草案是孙中山委托鲍罗廷起草，由瞿秋白翻译，汪精卫润色的。孙中山虽然委托鲍罗廷起草宣言初稿，但并未放弃主持人、审定者的责任。可以说，国民党"一大"宣言是中国国民党、中国共产党和共产国际的代表共同制定的，它自然反映了中共和共产国际的主张，也集中体现了孙中山晚年的思想倾向。国民党"一大"宣言付诸表决时，孙中山第一个投票表示赞成。孙中山把国民党"一大"宣言称为是"会中所办重要的事"。

国民党"一大"宣言共分三部分，主要内容有：

第一部分分析了中国之现状，抛弃了"护法"口号，明确了反对列强、反对军阀的奋斗目标，亦即国民革命的奋斗目标。宣言指出，辛亥革命以后至今，"中国之情况，不但无进步可言，且有江河日下之势。军阀之专横，列强之侵蚀，日益加厉，今中国深入半殖民地之黑暗地域"。针对此种险恶之现状，宣言在批评了立宪派、联省自治派、和平会议派等终为空谈的主张后指出，只有进行国民革命，实行三民主义，才是中国的唯一出路。宣言说："元年以来尝有约法矣，然专制余孽、军阀官僚僭窃擅权，无恶不作，此辈一日不去，宪法即一日不生效力，无异废纸，何补民权？迩者曹锟以非法行贿，尸位北京，亦尝借所谓宪法以为文饰之具矣，而其所为，乃与宪法若风马牛不相及。……宪法之成立，唯在列强及军阀之势力颠覆之后耳。……吾国民党则夙以国民革命、实行三民主义为中国唯一生路。兹综观中国之现状，益知进行国民革命之不可懈。"

第二部分重新解释了国民党之三民主义。国民党之民族主义有两方面之意义：一则对外，主张"中国民族自求解放"，反对帝国主义的压迫和奴役，摆脱半殖民地的地位，争得独立自由；二则对内，主张"中国境内各民族一

第六章 中国共产党对孙中山宪政思想的实践

律平等",反对民族压迫,推翻封建军阀的统治。宣言将反对帝国主义与反对封建军阀作为革命的首要任务,弥补了旧三民主义没有明确提出反对帝国主义的缺陷。

国民党之民权主义,"于间接民权之外,复行直接民权,即为国民者不但有选举权,具兼有创制、复决、罢官诸权也。"民权主义主张"近世各国所谓民权制度,往往为资产阶级所专有,适成为压迫平民之工具。若国民党之民权主义,则为一般平民所共有,非少数人所得而私也。"这里所说的"为资产阶级所专有"的民权制度,指的是欧美资产阶级民主即资产阶级专政,旧三民主义所追求的"国民的国家"实质上就是这种模式的国家,但是半殖民地半封建的近代中国国情决定了中国资产阶级不可能建立自己的专政。按照民权"为一般平民所共有,非少数人所得而私"原则建立的共和国,实际上是一个各革命阶级联合专政的国家,在这种专政下,"凡真正反对帝国主义之个人及团体,均得享有一切自由及权利;凡卖国罔民以效忠于帝国主义及军阀者,无论其为团体或个人,皆不得享有此等自由及权利"。新的民权主义不但弥补了代议政治的不足,更重要的是扩大了民主的阶级基础,破天荒的把广大的平民纳入到民主的范围之内,将原来的民权主义思想大大向前推进了一步。毛泽东把孙中山对民权主义的解释称之为"这是孙先生的伟大的政治指示。中国人民,中国共产党及其他一切民主分子,必须尊重这个指示而坚决地实行之,并同一切违背和反对这个指示的任何人们和任何集团作坚决的斗争,借以保护和发扬这个完全正确的新民主主义的政治原则。"①

国民党之民生主义的重要原则,"一曰平均地权;二曰节制资本"。民生主义是反对地主资本家操纵国民生计的民生主义。"平均地权"针对着地主操纵国民生计,"节制资本"针对着资本家操纵国民生计。

从上述国民党重新解释的三民主义内容看,我们不能不认为它是孙中山三民主义的重大发展。这种发展概括起来集中在两个方面:第一,由于提出"反对帝国主义"和"耕者有其田"的口号,使新三民主义有了比较完整的反帝反封建的政治纲领;第二,由于提出"为一般平民所共有,非少数人所

---

① 《毛泽东选集》第3卷,第1057页。

得而私"和"节制资本"的内容,新的三民主义对旧的资产阶级世界革命,对旧三民主义建立资本主义社会和资产阶级专政的理想,采取了批判的态度。正因为有这两方面的发展,使新三民主义根本区别于旧三民主义。旧三民主义属于旧民主主义革命范畴,而新三民主主义则属于新民主主义革命范畴,这就是二者的根本区别。旧民主主义革命是资产阶级领导的、以建立资本主义社会和资产阶级专政为目的的革命,它是资产阶级世界革命的一部分。新民主主义革命是无产阶级领导的革命,是无产阶级世界革命的一部分,它不破坏任何尚能参加反帝反封建的资本主义成分,但其目标不是建立资本主义社会和资产阶级专政,这个革命将建立无产阶级领导的各革命阶级的联合专政,即人民民主专政,为社会主义革命完成必要的准备。这就是成为第一次国共合作的共同政治基础的新三民主义。

第三部分提出了要发动工农运动。新三民主义要想实现,依赖于正确的政策。动员工人、农民参加国民革命和辅助农工发展壮大就是实现新三民主义的基本保证。宣言指出,贫苦的农夫、劳苦工人因其所处地位与所感至为痛苦,他们"要求解放之情至为迫切,则其反抗帝国主义之意亦必至为强烈。故国民革命之运动,必恃全国农夫、工人只参加,然后可以决胜,盖无可疑者。"国民党"对于农夫、工人之运动,以全力助其开展,辅助其经济组织,使日趋于发达,以期增进国民革命运动之实力"。这是一条很重要的宣示,这在革命方法上实际上已把工人农民当成了革命的主体,并为此而规定了"扶助农工"的政策。

孙中山之所以对其三民主义做出新的"真释",是由于他对国民党领导的历次革命运动进行反省、总结失败教训的结果。孙中山认为,以往革命口号的不够鲜明是导致革命没有彻底成功或者归于失败的一个重要原因。关于辛亥革命,"在辛亥革命以前,吾党党员非不奋斗,但自辛亥革命以后,热心消灭,奋斗之精神逐渐丧失。人人皆以为辛亥革命,推翻满清,便是革命成功。"①关于二次革命,"当袁世凯做皇帝的时候,本党的同志,在山东、在广东、在四川、在福建、在长江一带的纷纷起事,用种种力量来抵抗袁氏

----
① 陈旭麓主编:《孙中山集外集》,上海人民出版社1990年版,第221页。

第六章 中国共产党对孙中山宪政思想的实践

的帝制，那时候并不用鲜明的革命旗帜。以后袁世凯自毙，总算我们反对袁世凯的成功；但是按之革命的真精神，仍是失败。"①关于护法战争，"护法之役，也没把革命旗帜竖起，做了五六年的护法功夫，最后曹锟、吴佩孚也赞成护法，弄得护法的问题，又归调和妥协。"②以往革命运动失败的又一个重要原因，是由于没有广大人民群众的支持。在国民党一大召开之前，孙中山就已经认识到这一重要原因，他说："因为吾党尚欠缺力量之故。所欠缺者是何种力量？就是人民心力。""革命行动，欠缺人民心力，无异无源之水，无根之木。""所以吾党想立于不败之地，今后奋斗之途径，必先要得民心，要国内人民与吾党同一个志愿，要使国内人民皆与吾党合作，同为革命而奋斗，必如此方可以成功。"③

国民党"一大"宣言所竖起的新三民主义的革命旗帜与中共的民主革命纲领基本一致，它不仅成为第一次国共合作的政治基础，而且也对今后共产党的新民主主义宪政实践产生重大影响。十年内战时期，以蒋介石为首的国民党当局完全反对国民党"一大"宣言所解释的三民主义，结果建立了大地主大资产阶级新军阀的统治；中国共产党继续坚持并发展了革命的三民主义，正如毛泽东所说："在共产党方面，十年来所实行的一切政策，根本上仍然是符合于孙中山先生的三民主义和三大政策的革命精神的。共产党没有一天不在反对帝国主义，这就是彻底的民族主义；工农民主专政制度也不是别的，就是彻底的民权主义；土地革命则是彻底的民生主义。"

第二节 中国共产党在江西苏区
实践孙中山的宪政思想

在第二次国内革命战争时期，共产党对孙中山宪政思想的实践主要体现在 1931 年 11 月由第一次全国工农兵代表大会通过的《中华苏维埃共和国宪

---

① 《孙中山全集》第 9 卷，第 125 页。
② 同上书，第 126 页。
③ 《孙中山选集》，第 540 页。

法大纲》(以下简称《大纲》)上。在此之前,中共中央还提出了关于制定《大纲》的 7 个原则,作为起草宪法的指导思想:(1)实现代表广大民众真正的民权主义;(2)真正实现劳动群众自己的政权——工农兵会议;(3)彻底地实行妇女解放;(4)彻底地承认并且实行民族自决;(5)争取并且确立中国经济上政治上真正的解放——推翻帝国主义对于中国的统治,取消帝国主义在中国的一切特权,确立中国劳动民众完全的主权;(6)实行工农民权的革命独裁;(7)要彻底拥护工人利益,实行土地革命,消灭一切封建残余。①这"七大原则"在《大纲》中都得到了贯彻和体现。

1、关于中华苏维埃共和国的国家性质 国家性质,也即国体。《大纲》第 2 条规定:中华苏维埃共和国是"工人和农民的民主专政国家","苏维埃全部政权是属于工人、农民、红色战士及一切劳苦民众的"。在苏维埃政权下,他们是国家的主人,享有充分的民主自由权利。苏维埃政权专政的对象是军阀、官僚、地主、豪绅、资本家等,他们没有选举代表参加政权和政治上自由的权利。

2、关于中华苏维埃共和国政权组织形式 政权组织形式,也即政体。《大纲》第 3 条规定:"中华苏维埃共和国之最高政权为全国工农兵苏维埃代表大会","地方政权为地方各级工农兵苏维埃代表大会"。各级工农兵苏维埃代表大会采用"议行合一"的民主集中制原则。

3、关于公民的权利与自由 《大纲》规定了中华苏维埃共和国公民享有广泛的权利与自由,具体说来有:(1)平等权。"在苏维埃政权领域内的工人、农民、红军士兵及一切劳苦民众和他们的家属,不分男女、种族、宗教,在苏维埃法律面前一律平等";"中国苏维埃政权在现在要努力帮助这些弱小民族脱离帝国主义、国民党、军阀、王公、喇嘛、土司的压迫统治,而得到完全的自由自主。……中国苏维埃政权承认中国境内少数民族的自决权"。(2)参政权。年满 16 岁以上的公民都有选举权和被选举权,都有选派代表讨论、决定、管理国家和地方的一切大事。(3)公民有言论、出版、集会、结社及宗教信仰的自由。除了上面这些权利和自由之外,《大纲》还规定了

---

①张希坡主编:《革命根据地法制史》,法律出版社 1994 年版,第 151~152 页。

第六章 中国共产党对孙中山宪政思想的实践

公民的经济权利、受教育的权利、参加革命战争的权利以及维护妇女的权利等等。

4、关于苏维埃政权的目的 《大纲》第1条明确规定：苏维埃政权的目的"是在消灭一切封建残余，赶走帝国主义列强在华的势力，统一中国"，直至实行无产阶级专政。为此，《大纲》第6条宣布没收一切地主阶级的土地，分配给雇农、贫农、中农；《大纲》第8条宣布，不承认帝国主义在华的一切特权，一切不平等条约无效，否认反革命政府的一切外债，不容许帝国主义的武装力量在苏维埃区域内驻扎，无条件收回帝国主义霸占的租界和租借地。①

《大纲》的颁布和中华苏维埃共和国的成立表明，中华领土内已经有两个性质绝对不同的国家。"一个是所谓中华民国，它是军阀官僚地主资产阶级的政权，以压迫工农兵劳苦群众的国家"，"一个是中华苏维埃共和国，它是广大被剥削被压迫的工农兵劳苦群众的国家"。②中华苏维埃共和国也不同于西方资产阶级民主国家，它是新型的人民民主共和国。在这个共和国，以工农联盟为基础的广大劳动人民当家作主。早在1927年11月颁布的《苏维埃临时组织法》就明确指出，苏维埃的组织与资本主义国家机关的组织有三点不同：1、资产阶级国家机关的组织，是所谓立法、行政、司法三权鼎立，"而无产阶级国家的组织，则是一切政权归苏维埃，其特点是接近民众，指挥灵敏，无互相牵制之毛病"；2、资产阶级的政权机关所标榜的德谟克拉西是资产阶级的私产，是欺骗群众的招牌，而"苏维埃的机关，则为真正的德谟克拉西，劳苦群众享有一切政治上的自由和经济上的解放"；3、资产阶级国家的普选，亦不过是美其名而已，实际为资产阶级金钱势力所包办，而"苏维埃的选举，则与之绝对相反，第一它不分国界性别，凡是在苏维埃国家境内的劳动者无论男女选举及被选举权；第二它没有经济的限制，只要是以劳力谋生活的均有选举及被选举权"；第三它剥夺剥削者的选举权③这三点区分说明资产阶级民主国家与苏维埃共和国根本性质的差异，即前者的

---

① 张希坡主编：《革命根据地法制史》，法律出版社1994年版，第154~157页。
② 中共中央文献研究室：《毛泽东年谱》上卷，中央文献出版社2002年版，第361页。
③ 《中央革命根据地史料选编》下，第5页。

政权属于少数资本所有者,其民主是有限的、虚伪的;而后者的政权属于工农兵劳苦大众,实行真正的、最广泛的民主。

这个时期,共产党的宪政实践在某些方面继承了孙中山的宪政思想。例如,共产党的宪政实践继承了孙中山民权主义"为一般平民所共有,非少数人所得而私"的思想。从制定《大纲》的7个原则中的第一、第二个原则以及《大纲》规定的国家性质、政权组织形式和公民的自由民主权利上,很容易地看出这一点:《大纲》规定的苏维埃共和国国家性质、政权组织形式体现了"实现代表广大民众真正民权主义"的精神。所以说,《大纲》是中国历史上第一部人民民主的宪法,是一部由劳动人民当家作主,确保人民民主制度的宪法;它与历史上一切借"宪政"之名,行专制之实的"约法"、"宪法"根本对立。①

中国共产党不但将人民享有的权利与自由写在宪法上,而且勇敢地进行了实践。拿选举来说,在土地革命战争时期,共产党动员广大群众亲自参加工农兵代表的选举。在历次选举中,参加选举的选民不断增加,如"在这次江西选举运动中,苏维埃的民主是得到了进一步的成绩,如兴国、胜利、公略、长胜、博生等县,普遍许多乡的选举能达到百分之七十以上到八十的选民,兴国许多乡,甚至到百分之九十以上的选民。"②另外,选民还对苏维埃和代表有工作的批评,使广大选民群众更深刻的认识苏维埃是自己的政权机关。在工农兵代表的选举中虽然还存在着各种各样的问题,但千千万万祖祖辈辈不知选举为何物的工农民众直接选举他们最信任、认为最能代表他们利益的人参与国家政权的管理,实属中国历史上的创举,相比国民党借"训政"之名搞专制之实,无疑是一种真正的民主训练。

当然,这个时期共产党的宪政实践也在很多方面与孙中山的宪政思想不一致。例如,《大纲》规定的国体具有强烈的教条性、绝对性和激进性。《大纲》规定:"中国苏维埃政权所建立的是属于工人和农民的民主专政的国家,苏维埃全部政权是属于工人、农民、红军战士及一切劳苦民众的。在苏维埃政

---

① 张晋藩主编:《中国法制通史》第10卷,法律出版社1999年版,第121页。
② 《中央革命根据地史料选编》下,第277页。

第六章 中国共产党对孙中山宪政思想的实践

权下,所有工人、农民、红军战士及一切劳苦民众都有权选派代表掌握政权的管理。只有军阀、官僚、地主、豪绅、资本家、富农、僧侣及一切剥削人的人和反革命分子,是没有选派代表参加政权和政治上自由的权利的。"工农民主专政的国体否定了中国社会阶级存在"第三派"和"中间营垒"的事实,没有把民族资产阶级包括在政权之内,甚至于将民族资产阶级划入军阀、官僚、地主、豪绅等反革命分子行列,作为革命的对象,专政的对象。《大纲》的这种规定过于绝对,不符合当时的历史事实。在国民革命失败后的一个时期中,民族资产阶级的一部分确实退出了革命阵营,附和了反革命势力。但是,就整体而言,民族资产阶级基本上没有掌握政权,民族资产阶级中的大部分人仍受到大买办、大资产阶级的压迫和剥削;民族工商业虽然一度有所发展,但也很快陷入破产、半破产的境地。显然,这种规定有违孙中山先生倡导的民权"为一般平民所共有,非少数人所得而私"的精神。认定民族资产阶级已经全部退出了革命阵营,混淆民主革命和社会主义革命的界限,直接实行严重的工农民主专政的社会主义宪政,这与中国社会主义宪政的实现要经过一个新民主主义宪政阶段向悖。因此,《大纲》的这种规定过于激进。《大纲》所规定的国体之所以会出现这种情况,与照搬1918年苏俄宪法有很大关系。照搬1918年苏俄宪法,又使这个时期共产党的宪政建设带有浓厚的"教条"性。苏俄的社会主义宪政建设是彻底镇压敌对阶级和一切中间阶级。

另外,在民族问题上,承认少数民族有自决权是正确的,但扩大到有同中国脱离,自己成立独立的国家权利,在国家结构上机械地照搬苏联宪法有关处理民族问题的表述,主张各民族享有自决权,实行联邦制,有加入或脱离联邦的权利,或实行民族区域自治。民族自决权从狭义来讲,就是每个民族都有权分离出去,单独建立一个民族国家。旧中国是个殖民地半殖民地国家,所有民族包括汉族在内都属于被压迫民族。中华苏维埃共和国成立后,应该领导各族人民,团结起来,共同进行反帝反封建的斗争。不宜单独建立民族国家,分散革命斗争力量。倡导少数民族脱离中华苏维埃共和国,也容易被帝国主义利用,与极少数民族败类相勾结,成为其分裂中国边疆地区的一个幌子。因此,革命政权建立后,"我们不去强调民族分立。现在若要强调民族可以分立,帝国主义就正好来利用。"①中华苏维埃共和国成立后,实行了民族平等政策,完全没有必要倡导让少数民族脱离中华苏维埃共和国了。"工人阶级取得政权,消灭民族压迫,实现民族平等以后,各民族只能联合,不能分离,合则两利,分则两害。"②中国自古以来就是一个统一的多民族的中央集权制国家。汉族曾经长期统治中原,向兄弟民族地区扩张;可是,也有不少兄弟民族进入过内地,统治过中原。各民族和睦相处,统一始终是历史发展的主旋律。汉民族占全国人口的94%,少数民族仅占4%。中国民族多,而又互相杂居,一个民族完全聚居在一个地方的比较少,区划界限极不清楚,这样的民族分布情况,就不可能设想采取如同苏联那样的民族共和国办法。况且,这也与孙中山先生一贯倡导的"五族共和"、反对在中国搞联邦制的宪政思想不一致。因为,按照孙中山的说法,"在现在条件下的中国,联邦制将起离心作用,它最终只能导致我国分裂成为许多小的国家,让无原则的猜忌和敌视来决定它们之间的关系。"③

还有,中华苏维埃共和国的政权组织形式是"议行合一"的民主集中制,这种政权组织形式与孙中山的"权能分立"、"五权宪法"也不同。

第三节 中国共产党在陕甘宁边区实践孙中山宪政思想

"九·一八"事变后,中日民族矛盾代替国内阶级矛盾,开始成为中国社会的主要矛盾。在日本帝国主义要灭亡中国的情况下,民族资产阶级开始从反革命阵营分化。在这种情况下,中共中央及时调整了统一战线的策略,实现了由工农民主统一战线向抗日民族统一战线的转变。为了建立最广泛的抗日民族统一战线,中共中央也开始对"工农民主共和国"的宪政方案进行调整。

---

①《周恩来选集》下,第259页。
②李维汉:《关于民族理论和民族政策的若干问题》,民族出版社1980年版,第60页。
③《孙中山全集》第6卷,第528页。

第六章 中国共产党对孙中山宪政思想的实践

把"工农共和国"口号改为"人民共和国"。人民共和国虽然是以工农为主体,但同时又容纳一切反帝反封建的阶级;人民共和国首先保护工农群众的利益,同时又保护民族资产阶级、富农的利益。人民共和国不代表以蒋介石为首的大土豪、大劣绅、大军阀、大买办的利益。为了逼迫蒋介石抗日,1936年8月,中共中央又进而提出以民主共和国的口号代替人民共和国的口号。在中共领导人的眼里,"人民"和"阶级"密切相关。把以国体命名的人民共和国改为以政体命名的民主共和国,淡化了阶级色彩,为蒋介石集团加入到抗日民族统一战线中来敞开了大门。随着全面抗战的爆发,随着中共对民主政治的倡导与民主建设实践的深入,中共对于新的国家政权模式的构想逐步明晰起来。1938年11月6日中共扩大的六届六中全会通过的《政治决议案》明确指出:"由于国共长期合作的实现与持久抗战的胜利,将产生一个独立自由幸福的三民主义的新中国。中国的内部环境(以各党派各阶级的抗日民族统一战线的力量取得抗战胜利和建国成功)和国际的条件,都指明在这一历史阶段中既不会是所谓'一党专政'的国家制度的建立,也不会是苏维埃或社会主义国家制度的出现,而将是一个新式的民主共和国,即三民主义的新中华民国。"① 那么,这种"新式民主共和国"到底是一种什么样的国家制度呢?1940年1月,毛泽东发表了《新民主主义论》一文,对此作了进一步的阐述。

在《新民主主义论》一文中,毛泽东论述了在全世界各种各样的国家体制中,按其阶级性质来划分,不外乎有资产阶级共和国、无产阶级共和国和几个革命阶级联合专政的共和国三种。对于中国这样的半殖民地半封建社会的国家来说,民主革命胜利后所建立的国家制度,只能是第三种形式。中国不能实行欧美式的资产阶级的所谓民主政治。因为,"中国人民不欢迎资产阶级一个阶级来专政。中国的事情一定要有中国的大多数人来做主,资产阶级一个阶级来包办政治,是断乎不许可的。""这种反动的东西,我们万万不能要。"以蒋介石为首的顽固派表面上实行的是欧美式的宪政,骨子里却是地地道道的法西斯主义的一党专政。中国民族资产阶级由于从娘肚子里带

---

① 《六大以来》上,第780页。

出来的老毛病——软弱性，根本不可能掌握革命的领导权，无法使中国走上欧美式的民主宪政之路。新民主主义国家制度的政权组织形式即政体是民主集中制的，"中国现在可以采取国民大会、省民大会、县民大会、区民大会直到乡民大会的系统，并由各级大会选举政府"。

总之，现在所要建立的中华民主共和国，只能是在无产阶级领导下的一切反帝反封建的人民联合专政的民主共和国，"国体——各革命阶级联合专政。政体——民主集中制。这就是新民主主义政治，这就是新民主主义的共和国，这就是抗日统一战线的共和国，这就是三大政策的新三民主义的共和国，这就是名副其实的中华民国"。①1940年2月20日，毛泽东在延安宪政促进会上发表《新民主主义的宪政》的演说，揭批蒋介石所谓实行宪政的欺骗宣传，"是在挂宪政的羊头，卖一党专政的狗肉"，指出："宪政是什么呢？就是民主的政治。"他提出要实行"新民主主义的宪政"的口号，指出新民主主义的宪政"就是几个革命阶级联合起来对于汉奸反动派的专政"。②

我们知道，孙中山在《中国国民党第一次全国代表大会宣言》中重新阐发了三民主义。新的民权主义主张实行平民大众的直接的民主权利，这一点与西方的代议民主制不同。根据这样的精神，未来的新国家政权将保障革命人民的民主权利，剥夺那些与帝国主义和军阀相勾结的反动分子的民主自由权利，即在人民内部实行民主，对一切反动派实行专政。正如《国民党一大宣言》所说："凡真正反对帝国主义之个人及团体，均得享有一切自由及权利；而凡卖国罔民以效忠于帝国主义及军阀者，无论其为团体或个人，皆不得享有一切自由及权利。"由此可见，新的民权主义实质上是一种人民民主专政的国家的根本政治制度（国体）。新民主主义的共和国也就是新民主主义的宪政。新民主主义宪政，概括地说就是工人、农民、小资产阶级、民族资产阶级及一切抗日分子的民主和对汉奸和顽固派的联合专政。从国体上来看，新民主主义宪政和新的民权主义是有继承关系的，正如毛泽东所说，孙中山先生在《中国国民党第一次全国代表大会宣言》里说的"'为一般平民

---

① 《毛泽东选集》第2卷，第677页。
② 《毛泽东选集》，人民出版社1966年合订一卷本，第690页。

第六章 中国共产党对孙中山宪政思想的实践

所共有,非少数人所得而私',就是我们所说的新民主主义宪政的具体内容,就是几个革命阶级联合起来对于汉奸反动派的民主专政,就是今天我们所要的宪政。这样的宪政也就是抗日统一战线的宪政。"所不同的是,孙中山先生虽然提出了民主制度的国家,但他并没有科学地解决它的性质问题。无产阶级领导、各革命阶级的联合专政大概是区别于新民权主义的本质所在,所以,新民主主义宪政不仅继承了孙中山的宪政思想,还超越了它。

理论上分析如此,事实上也是这样。从领导权上看,陕甘宁边区的宪政建设和第二次国内革命战争时期中华苏维埃共和国的宪政建设是相同的,即都是由无产阶级及其先锋队共产党领导。如上文所分析的那样,新民主主义宪政不是资产阶级一个阶级的民主宪政,它也不是苏联式的无产阶级专政的宪政。作为中华民国政权的一部分,陕甘宁边区的宪政建设是属于共和宪政的范畴。1939年2月,陕甘宁边区第一届参议会通过了《陕甘宁边区抗战时期施政纲领》,该纲领是"本着拥护团结、坚持抗战、争取最后战胜日寇的方针,本着三民主义与抗战建国纲领的原则,根据陕甘宁边区的环境与条件"制定的,"作为边区一切工作之准绳",在边区具有"宪法"的性质。纲领分为民族主义、民权主义和民生主义三大部分,遵守了中共提出的"三民主义为今日中国之必需"的诺言,既保护了工农群众的利益,又从抗战的需要对地主资产阶级的利益给予了应有的照顾,表现了中共坚决实施民主宪政的决心。《陕甘宁边区施政纲领》第1条明确规定:"团结全边区人民与党派,动员一切人力、物力、财力、智力,为保卫边区、保卫西北、保卫中国,收复一切失地而战。"①这一规定把所有赞同抗日的社会各阶级、党派都列为团结的对象,而不提专政的对象。这一点突出了现代宪政强调共和的特征。但纲领在实际操作中也存在一定的问题,这集中反映在边区的政权机关工作人员的安排上,几乎是"清一色"的共产党员,非共产党人士成为政权的"摆设"和"点缀"。为了克服这些问题,真正地实施民主宪政,建立起各抗日阶级联合专政的民主政权,使抗日边区成为全国民主宪政的楷模,1940年3月6日,中共中央提出了关于抗日根据地政权的"三三制"原则。1940年12月,

---

① 张希坡主编:《革命根据地法制史》,法律出版社1994年版,第322页。

毛泽东向党内发出指示，要求边区政权建设"必须坚决地执行'三三制'"，"不论政府机关和民意机关，均要吸引那些不积极反共的小资产阶级、民族资产阶级和开明绅士的代表参加；必须容许不反共的国民党员参加"，"切忌我党包办一切"。① 1941年5月1日，中共在《新华日报》上正式公布了经过毛泽东亲自审订的《陕甘宁边区施政纲领》，把"三三制"原则写进了纲领。纲领的第5条特别规定：共产党与各党派及一切群众团体进行选举联盟，并在候选名单中确定共产党员只占三分之一，以便各党各派及无党无派人士均能参加边区民意机关的活动与边区行政管理；在共产党被选为某一行政机关之主管人员时，应保证该机关之职员有三分之二为党外人士充任；共产党员应与这些党外人士实行民主合作，不得把持包办。1941年11月在延安召开了边区第二届参议会第一次会议，会议正式接受并通过"五一"施政纲领为陕甘宁边区施政纲领。"五一"施政纲领经边区参议会讨论并接受以后，就不再是共产党一党的施政纲领，而成为全边区各党各派无党无派各阶级各阶层人民的共同纲领，成为边区正式的宪法。"五一"施政纲领实现了孙中山"主权在民"的民主宪政思想的理想，它强调"民主、团结"，坚决反对独裁专制，是中共在抗日边区实行民主宪政的集中体现。中共中央西北局书记高岗在解释"五一"施政纲领时讲："中国现阶段的革命，既不是无产阶级进行的社会主义革命，也不是某一阶级某一党派独裁，而是实行真正的民主，大家来赶跑日本、大家来治理国家。"他还强调，中共提出这个施政纲领，不是为了宣传，"更重要的是要坚决贯彻这个纲领"，而保证施政纲领实现的根本方法是"首先就要保证政权三三制"。②

按照"三三制"的政权组织原则，1941年11月6日至21日，在延安召开的陕甘宁边区第二届参议会第一次大会选举成立了陕甘宁边区政权机关，并一致通过了《陕甘宁边区施政纲领》。到会议员中既有中共党员、国民党员，还有救国会员、其他非党人士和居住边区的东方民族（日、韩、印度等）及蒙、回、藏民族代表等。组成参议会的包括正副议长在内的常住议

---

① 《毛泽东选集》第2卷，第766页。
② 《陕甘宁边区参议会》，中共中央党校科研办1985年编，第267~271页。

第六章 中国共产党对孙中山宪政思想的实践

员共9人,中共只占3人。第二届参议会选举产生的边区政府主席林伯渠是中共党员,副主席李鼎铭先生是无党派人士,政府官员18人中,中共只占6人。可见,陕甘宁边区政权建设确实是充分体现了"三三制"原则,并不是"请客作用,装饰门面"。共产党人是这样说的,也是这样做的。1941年11月15日,陕甘宁边区参议会各议员小组提出的常驻议员和政府委员候选人名单中,共产党员人数较多,于是谢觉哉等12名党员自动要求退出政府委员的侯选,徐特立等6名共产党员退出常驻议员的侯选。后经无记名投票选举,从39名候选人中选出18名政府委员,其中共产党员7名,略超过三分之一,徐特立当即声明退出,经大会通过,以党外人士白文焕递补。

边区政权建设中实行的"三三制"原则,更清楚地说明了当时的宪政是共和宪政,它与孙中山先生的新民权主义有直接的继承关系。"三三制"原则反对一党专政,不只是国民党的一党专政,而且也包括共产党的一党专政。正如李维汉指出的那样:"三三制就是以几个革命阶级联合起来对于汉奸反动派的民主专政,来代替任何党派的一党专政。""三三制"政权不仅为不同的党派、不同的利益集团提供均等的参加政权的机会,而且也通过这种均等的参政机会保护不同利益集团的利益。正如李维汉所说:"我们所提倡的三三制是名副其实的统一战线的政权,不但在成分上包括各党各派和各阶层的代表,而又在实际政策上照顾各阶层的利益,并且这政策贯穿于立法、司法和行政的各个方面。"[1]正如有学者指出的,抗日民主政权是中共在特定历史条件下创造的一种特殊形式的民主政权,它在各国走向社会主义宪政的过程中不具有普遍意义,但它所体现的最大限度的人民性,则为社会主义民主政权的建设提供了有益经验。[2]

我们知道,孙中山的宪政思想主张治权的分立,边区政权建设也有分立,只不过是"两权半独立",不是五权分立。边区政权机关由参议会、政府、法院组成,参议会是权力机关(立法机关),政府独立行使行政权(行政机关),边区高等法院行使司法职权(司法机关)。参议会选举产生政府,政府要受

---

[1] 转引自徐祥民主编:《中国宪政史》,青岛海洋大学出版社2002年版,第14页。
[2] 张锡恩:《无产阶级专政的三个发展公式透析》,《山东大学报》(哲学社会科学版),2003第二期。

参议会的督促、检查。例如，1942年公布的《陕甘宁边区各级参议会组织条例》第22条规定："边区县（市）参议会之决议案，咨送同级政府执行，如政府委员会认为不当时，应即详具理由送回原参议会复议。"这是立法权与行政权的独立。边区各级法院行使司法职能时是独立的，但在政治上、行政上又要受同级政府的领导，如1943年4月25日颁布的《陕甘宁边区政纪总则草案》就规定："司法机关为政权工作的一部分，应受政府统一领导，边区审判委员会及高等法院，受边区政府领导。各下级司法机关，受各该级政府领导。"[①]这表明司法权为"半独立"。"司法半独立"是一个全新的概念，它表明：第一，边区不实行三权分立的体制，司法权并非一项独立的权力，其产生和监督均受制于参议会；第二，司法机关与行政机关不是并立的关系，而是上下级关系，司法机关受同级政府领导，在行政机关领导下独立审判，司法机关对同级政府负责并报告工作；第三，司法机关必须严格执行党的方针、路线、政策，其一切活动不得违背党的领导；第四，在司法机关内部不实行法官独立，法官在审判业务上必须受院长的领导。所以说，边区政权实行的是"两权半独立"制度。这种权力运作的方式不完全是"议行合一"的形式。

孙中山说过，"宪法是人民权利的保障书"。他又说："现在中国号称民国，要名符其实，必要这个国家真是以人民为主，要人民都能够讲话，的确是有发言权。象这个情形，才是真民国；如果不然，就是假民国。"[②]抗日战争时期中共的宪政实践不仅具有鲜明的共和、民主的特点，而且还是真正保障各阶层抗日人民人权的实践。制定专门法律，保障人权，是抗日民主根据地宪政建设的重要实践。这与国统区国民党当局随意逮捕、拘押、残杀爱国民主人士等肆意践踏民权的事实形成鲜明对比。保障人权的规定不仅体现在具有宪法性质的施政纲领中，如《陕甘宁边区抗战时期施政纲领》（1939年1月）、《陕甘宁边区施政纲领》（1941年11月）；而且还体现在各抗日根据地制定、颁布的具体条例中，如《山东省人权保障条例》（1940年11月）、

[①] 李维汉：《回忆与研究》下，中共党史资料出版社1986年版，第520页。
[②]《孙中山选集》，第956页。

第六章 中国共产党对孙中山宪政思想的实践

《冀鲁豫边区保障人民权利暂行条例》(1941年11月)、《陕甘宁边区保障人权财权条例》(1942年2月)、《晋西北保障人权条例》(1942年11月)、《渤海区人权保障条例执行细则》(1943年)等等。关于人权的内容，有的抗日根据地把它理解为公民权，如《山东省人权保障条例》规定的人权内容有民主平等权利、四大民权（选举、罢免、创制、复决之权）、各项自由权；有的则把人权理解为政治自由和人身自由权，如《陕甘宁边区保障人权财权条例》规定的人权内容是："边区一切抗日人民，不分民族、阶级、党派、性别、职业与宗教，都有言论、出版、集会、结社、居住、迁徙及思想、信仰之自由，并享有平等之民主权利。"；还有的把人权看成是人民的各种自由权，如《晋西北保障人权条例》规定的人权内容是："人民之身体，非依法不得逮捕、拘禁、审讯或处罚；人民之行动自由，非依法不能搜查、留难；人民有居住之自由，其住所非依法不得侵入、搜索或封锢；人民有集会、结社、言论、出版及思想、信仰之自由权。"①各抗日民主政权不仅规定了人权的具体内容，而且还规定了人权的救济和对侵犯人权者的处罚。如赋予人民以控告权、赔偿请求权，对侵害人权者实行反坐处罚以及加重对公务人员的处罚等等。

1939年1月17日，毛泽东在陕甘宁边区第一届参议会开幕会上指出："抗战一定要有民权主义与民生主义。孙中山先生的三民主义——民族、民权、民生是互相配合的。没有民权主义、民生主义就不能实现民族主义，抗战就不会胜利。边区的进步主要表现在民主，而这民主又是苏维埃在现阶段的发展物，现在各阶级、工农商学兵各界都可参加参议会。"②不实行民权主义、民生主义，就不能把日本帝国主义驱逐出中国，就不能建设新民主主义的中国即革命的三民主义的中国。

1944年3月12日，在延安各界纪念孙中山先生逝世十九周年大会上，周恩来对抗日战争时期中共实践孙中山宪政思想做出客观而正确的评价："我党历来主张现时中国应实行孙中山先生的革命的三民主义，也就是

---

①张希坡主编：《革命根据地法制史》，法律出版社1994年版，第329~332页。
②中共中央文献研究室编：《毛泽东年谱》中卷，中央文献出版社2002年版，第103页。

新民主主义，自然，现时中国的宪政，也就应该是三民主义即新民主主义的宪政了。"

"我们以为国民党第一次代表大会宣言对于三民主义定义的阐明是最正确不过了，所以孙先生称他为革命的三民主义，要拿他来建国。我们党对孙先生这种主张，不仅拥护，而且早在实行。陕甘宁边区及华北华中各抗日根据地所实行的一切，完完全全是革命三民主义性质的。抗战是实行民族主义。我们在敌后坚持，在边区建设，都完全依靠民众，这就是'与民众深切结合'（国代宣言，指1924年1月23日的《中国国民党第一次全面代表大会宣言》）。我们对境内蒙回诸民族，完全平等待遇，并承认其自治权，这就是实行'中国境内各民族一律平等'（国代宣言）。我们八路军新四军在敌后扩大游击战争，组织民兵，抗敌除奸，这就是实行'武力与国民相结合，武力为国民之武力'（孙中山：北上宣言，指1924年11月10日的《时局宣言》。此处引文与《时局宣言》文字略有出入。抗日政权完全是民权主义性质的。我们各抗日根据地，除汉奸外，一切人民和抗日团体，均享有一切自由和权利，并行使直接民权，组织三三制的地方政府，这就是'适合于现在中国革命之需要'（国代宣言）的革命民权。至于我们在各抗日根据地，实行劳动互助，生产节约，救灾备荒，减租减息，精兵简政，普及教育，拥政爱民，拥军优抗，减轻人民负担，改善工农生活等政策，更无一不合乎民生主义的原则。"

第四节 解放战争时期，中国共产党实践孙中山的宪政思想

抗日战争胜利结束后，中国面临着一个如何重新"建国"的问题。围绕这个问题，国内各主要政治派别都提出了自己的主张。国民党蒋介石集团企图仍然维持其一党专政的独裁统治。以民盟为代表的中间党派主张建立资产阶级一个阶级的民主宪政国家。中共提出废除国民党一党专政，召开紧急国事会议，成立民主联合政府的主张。早在1944年9月15日，林伯渠根据中

第六章 中国共产党对孙中山宪政思想的实践

共中央指示,在国民参政会上正式提出了建立民主联合政府的主张。林伯渠指出:"希望国民党立即结束一党统治的局面,由国民政府召开各党各派、各抗日部队、各地方政府、各人民团体的代表,开国事会议,组织各抗日党派联合政府,一新天下耳目,振奋全国人心,鼓舞前方士气,以加强全国团结,集中全国人才,集中全国力量,这样一定能够准备配合盟军反攻,将日寇打垮。"这个讲话的全文在9月17日的《新华日报》上刊出后,中国共产党向国民党当局提出成立民主联合政府的具体方案。10月10日,周恩来在延安发表《如何解决》的演讲,进一步阐明了实施这一主张的步骤和方法。

美国总统罗斯福还指示特使赫尔利于1944年11月7日飞抵延安,表示赞同中共关于废除国民党一党专政、成立民主联合政府的主张。11月9日,赫尔利在延安与毛泽东签署了五项协议。提出:第一,中国政府、中国国民党与中国共产党应共同工作,统一中国一切军事力量,以便迅速击败日本与重建中国。第二,现在的国民政府应改组为包含所有抗日党派和无党无派政治人物的代表的联合国民政府,并颁布及实行用以改革军事政治经济文化的新民主政策。同时,军事委员会应改组为由所有抗日军队代表所组成的联合军事委员会。第三,联合国民政府应拥护孙中山先生在中国建立民有民享民治之政府的原则。联合国民政府应实行用以促进进步与民主的政策,并确立正义、思想自由、出版自由、言论自由、集会结社自由、向政府请求平反冤抑的权利,人身自由与居住自由,联合国民政府亦应实行用以有效实现下列两项权利即免除威胁的自由和免除贫困的自由之各项政策。第四,所有抗日军队应遵守与执行联合国民政府及其联合军事委员会的命令,并应为这个政府及其军事委员会所承认。由联合国得到物资应被公平分配。第五,中国联合国民政府承认中国国民党、中国共产党及所有抗日党派的合法地位。①

1945年4月24日,毛泽东在中共第七次全国代表大会上作了《论联合政府》的政治报告。报告对联合政府作了明确阐述,"在广泛的民主基础之上,召开国民代表大会,成立包括更广大范围的各党各派和无党无派代表人物在内的同样是联合性质的民主的正式的政府,领导解放后的全国人民,将

---

① 中央档案馆编:《中共中央文件选集》第14册,中共中央党校出版社1992年版,第393~394页。

中国建设成为一个独立、自由、民主、统一和富强的新国家"。这个国家是"一个以全国绝大多数人民为基础而在工人阶级领导之下的统一战线的民主联盟的国家制度",即"新民主主义的国家制度"。这是中国共产党在抗战后的政治纲领,体现了共产党对实施宪政的追求。报告中批判了国民党所谓"国家至上"、"民族至上",实质上是"封建法西斯的独裁国家,并不是人民大众的民主国家"。重申废除国民党一党专政、建立民主的联合政府的要求。并指出:"中国在整个新民主主义制度期间,不可能、因此就不应该是一个阶级专政和一党独占政府机构的制度"。报告还以专门一节的篇幅论述和要求实现"人民的自由",指出"人民的言论、出版、集会、结社、思想、信仰和身体这几项自由,是最重要的自由"。"这种联合政府一经成立,它将转过来给予人民以充分的自由"。同时报告还确认"'军队是国家的',非常之正确,世界上没有一个军队不是属于国家的。……什么时候中国有一个新民主主义的联合政府出现了,中国解放区的军队将立即交给它"。报告并且揭露了国民党一手包办所谓"国民大会"的本质在于企图"通过一个实际上维护独裁反对民主的所谓'宪法',使那个仅仅由几十个国民党人私自委任的、完全没有民意基础的、强安在人民头上的、不合法的所谓国民政府,披上合法的外衣,装模作样地'还政于民',实际上,依然是'还政'于国民党内的反人民集团,谁要不赞成,就说他是破坏'民主',破坏'统一',就有'理由'向他宣布讨伐令。"《论联合政府》还具体提出了结束国民党一党专政的两个步骤:即先成立临时的联合政府,再"经过自由的无拘束的选举,召开国民大会,成立正式的联合政府"。

　　如果一个国家只有一个政党,而没有其他政党存在,很难说是民主宪政国家。联合政府的实质是多党联合执政,联合政府的提出,以及后来国共关于联合政府的谈判,在事实上承认了多个政党在中国的存在,从而否定了在中国实行一党政治的合理性,肯定了多党政治存在的必然性;而且这些政党都提出了对于国家政权的追求,对于中国共产党来讲,是提出了除根据地政府之外,对于全国性政权的要求。从这点看,联合政府主张的提出,反映了中国民主政治的进展,反映了国家已经出现构成一个宪政国家所必须的多元政治力量的发展。因此,联合政府虽然是一个过渡色彩浓厚的、有限度的宪

第六章 中国共产党对孙中山宪政思想的实践

政设计,但在当时的历史条件下,这个设计也是那个时代所能取得的最高宪政成果。

1945年8月28日,以毛泽东为首的中共代表团抵达重庆,与国民党的代表谈判,重庆谈判前后历时43天,最后签署《国共双方会谈纪要》即"双十协定"。后来召开的政治协商会议就是这个文件规定的重要内容之一。1946年1月政协会议召开,参加政协会议的有国民党代表8人、共产党代表7人、民主同盟代表9人、青年党代表5人和社会贤达代表9人。会议通过了"关于政府组织问题的协议"、"和平建国纲领"、"关于国民大会问题的协议"、"关于宪法草案问题的协议"和"关于军事问题"五项决议。政协会议的召开及其通过的五项决议,无疑是对国民党所顽固坚持的一党专政制度的否定,同时也是对中共提出而得到各民主党派大力支持的联合政府主张的肯定,从而在中国宪政化进程中,显示其突出的积极意义。这种积极意义表现在:首先,政协会议的召开表明,在当时中国各政治势力并存,政治立场与主张尖锐对立的复杂政治环境中,有关中国发展前途、发展道路等一系列关系到每一个中国人切身利益的重大问题,已不能由哪一个党派或政治势力说了算;其次,政协会议充分显示了在合法的形式下,政治妥协对于调节政治斗争、解决政见分歧、实现党派平等合作的重要作用;最后,政协决议所确立的许多实现民主政治的方针原则,如政治民主化、军队国家化、党派平等合法以及军党分治、军民分治等原则,既体现了政治民主化的重要进展,也是迈向民主政治的重要阶梯。由于国民党坚持一党独裁、内战政策,破坏政协决议,致使中国失去了一次建立联合政府的机会。1946年11月15日,国民党召开其一党包办的国民大会。会议通过了所谓中华民国宪法,用法律的形式将国民党一党专政的政治体制固定下来。1948年3月,国民党又在南京召开所谓行宪国大,选举中华民国的总统和副总统,宣布结束训政,实施宪政。显然这不是什么真正的民主宪政,是国民党为其一党专政的独裁统治所披的外衣。

根据孙中山先生的"均权制"和地方自治思想,按照政协决议"各省人民得自定宪法,自举省长"①的原则,1946年4月陕甘宁边区第三届参议

---

① 《孙中山全集》第9卷,第123页。

会第一次会议通过了《陕甘宁边区宪法原则》（以下简称《宪法原则》），这也是人民自己的宪法性文件。这个宪法原则总共有24个条文，分为5个部分。它规定了人民按普遍、直接、平等原则与无记名方法选举各级代表，组成边区、县、乡人民代表会议，作为人民管理政权的机关；各级代表会议选举产生各级政府；各级政府对本级代表会议负责，代表对人民负责。《宪法原则》还规定：人民享有政治、经济、文化的各项自由权利；规定民族平等、男女平等的原则；规定各少数民族聚居区可以组织民族自治政权；规定人民司法的原则以及边区的经济和文化等方面的基本政策。①

《宪法原则》规定的人民代表会议是人民政权的基本政治制度。什么是人民？毛泽东在1948年4月1日所作的《在晋绥干部会议上的讲话》中指出："在各级人民代表会议中，必须使一切民主阶层，包括工人、农民、独立劳动者、自由职业者、知识分子、民族工商业者以及开明绅士，尽可能地都有他们的代表参加进去。"毛泽东不但强调了"人民"的"大众性"、"群体性"特征，而且强调了"人民"范围的主体是工农劳动者。在解放区，人民中的绝大多数是广大的贫苦农民，"在反对封建制度的斗争中，在贫农团和农会的基础上建立起来的区村（乡）两级人民代表会议，是一项极可宝贵的经验。只有基于真正广大群众的意志建立起来的人民代表会议，才是真正的人民代表会议。""这样的人民代表会议一经建立，就应当成为当地的人民的权力机关，一切应有的权力必须归于代表会议及其选出的政府委员会。到了那时，贫农团和农会就成为他们的助手"。人民代表会议制度代替"三三制"的参议会制度，标志着抗日民主政权将被民主集中制和议行合一的人民代表大会制度所取代。以"人民"来代替"三三制"政权中的"阶级、党派"，表明在《宪法原则》指导下的政权建设已不同于共和宪政，而与苏维埃政权下的人民宪政相一致。但是，在刚解放了的城市，则实行城市各界代表会议制度。1948年11月30日中共中央发布了《关于新解放城市中组织各界代表会的指示》，明确指出："在城市解放之后实行军事管制的初期，应以各界代表

---

① 张希坡主编：《革命根据地法制史》，法律出版社1994年版，第584~585页。
② 同上书，第602页。

第六章 中国共产党对孙中山宪政思想的实践

会为党和政权的领导机关联系群众的最好组织形式。"②刚解放不久的城市在政治、经济、文化等方面还存在尖锐斗争，市民对党的各项政策也不甚了解。在这样的情况下，把市民完全组织起来，召开民主选举的人民代表大会是不现实的。总之，从总体上看，解放战争时期中共的宪政实践仍是新民主主义宪政性质的，还不是社会主义性质的宪政实践，仍是孙中山先生革命的三民主义范畴之内。这种宪政实践的目的是为了推翻以蒋介石国民党代表的大地主大资产阶级的反动统治，建立人民民主专政的新民主主义国家。

解放战争时期，中共实践孙中山宪政思想还有一个重要事件，就是成立内蒙古自治区。1947年4月，内蒙古人民代表会议通过的具有宪法性质的《内蒙古自治政府施政纲领》宣布："内蒙古自治政府本着内蒙古民族全体人民的公意与要求，根据孙中山先生'中国境内各民族一律平等'、'承认中国以内各民族之自决权'、中国共产党领袖毛泽东先生《论联合政府》中的少数民族政策的主张及政治协商会议决议的精神而成立。"这个纲领共17条，其主要内容有：规定内蒙古自治政府的性质及其自治区域；规定了内蒙古自治区的革命任务；规定了实行民族平等原则和建立新型的民族关系；规定保障人民的各项自由民主权利；规定了自治区的政治制度；规定建设与发展内蒙古人民自卫军；规定保护蒙古民族土地总有权之完整；规定发展各项经济事业，保障人民生活；规定了教育文化卫生的基本政策；规定实行信教自由与政教分立的政策；规定实行保障妇女权益的政策等等。①根据《内蒙古自治政府施政纲领》和《内蒙古自治政府暂行组织大纲》，内蒙古人民选举自治政府委员会委员，组成内蒙古自治政府。内蒙古自治区的成立不仅是对孙中山革命的三民主义的实践，也为新中国成立后实行民族平等政策和实行民族区域自治提供了历史经验。

以国民党一大的召开为标志，可以把孙中山宪政思想的发展变化划分为两个时

---

①张希坡主编：《革命根据地法制史》，第591-593页"。

期:国民党一大召开前孙中山宪政思想基本上是属于资产阶级民主共和国性质的宪政思想,国民党一大召开后他的宪政思想大致属于人民民主性质的宪政思想。中共对孙中山宪政思想实践的主要是他在国民党一大后发展了宪政思想,即民权"为一般平民所共有,非少数人所得而私",也可以说是人民民主性质的宪政思想。

在近现代中国,资产阶级民主共和的宪政方案根本行不通。这是为什么呢?这是"因为中国是一个受帝国主义压迫的国家"。①事实上,外国资本——帝国主义列强来到中国的目的,不是为了使中国成为一个独立富强的资本主义国家,而是为了掠夺中国来发展他们自己的资本主义。对于它们来说,一个政治上不独立、经济上受它们控制的地大物博、人口众多的半殖民地中国,乃是一个极其广大的倾销商品的市场,一个理想的资本输出的对象,一个廉价原料和廉价劳动力的供应地。如果中国成为独立的资本主义国家,不仅它们在中国的殖民主义利益将会随之丧失,而且它们还将在国际市场上遇到一个强有力的竞争对手。这是它们所不容许的。正因为如此,毛泽东才说:"帝国主义侵略中国,反对中国独立,反对中国发展资本主义的历史,这就是中国近代史。"②这个论断,基本上是符合历史实际的。晚年的孙中山也认识到这一历史事实,他说:"不平等条约是什么东西呢?就是我们的卖身契!……中国现在祸乱的根本,就是在军阀和那援助军阀的帝国。"③

正因为资产阶级民主共和的宪政方案在实践中一再地被证明行不通,孙中山在晚年才提出"我党今后之革命非以俄为师,断无成就"④的预言,才在其遗嘱中指出:"余致力国民革命凡四十年,其目的在求中国之自由平等。积四十年之经验,深知欲达到此目的,必须唤起民众及联合世界上以平等待我之民族,共同奋斗。"⑤中共的宪政实践基本上就是实践孙中山政治遗嘱中的这两条,正如毛泽东在《论人民民主专政》一文中写的:"到现在为止,中国人民已经取得的主要的和基本的经验,就是这两件事:(一)在国内,唤起民众。……(二)在国外,联合世界上以平等待我的民族和各国人民,共同奋斗。"⑥

怎样唤起民众?那就是实现真正的民权主义,切实解决民生问题。第二次国内

---

① 《毛泽东选集》第4卷,第1471页。
② 《毛泽东选集》第2卷,第679页。
③ 《孙中山全集》第11卷,第337~338页。
④ 《孙中山选集》,第659~660页。
⑤ 《孙中山全集》第11卷,第639页。
⑥ 《毛泽东选集》第4卷,1472页。

第六章 中国共产党对孙中山宪政思想的实践

革命战争时期,《中华苏维埃共和国宪法大纲》不仅规定了人民享有的各项自由民主权利,而且还规定:改善工人生活,实行8小时工作制;没收地主土地,分配给贫雇农;保障工农利益,限制资本主义的发展。在抗日战争时期,《陕甘宁边区施政纲领》不仅保障一切抗日人民之人权,而且还规定:实行减租减息与交租交息,调节地主与农民的关系;实行10小时工作制,增强劳动生产率,改善工人生活,调节劳资关系;实行公平合理的累进税制,调节各阶层人民的经济负担。解放战争时期,《陕甘宁边区宪法原则》不仅规定了人民享有有保证的各项权利,而且还规定:应保障耕者有其田、劳动者有职业、企业者有发展的机会;用公营、合作、私营三种方式组织所有的人力、资力为促进繁荣、消灭贫穷而斗争等等。与国统区相比较而言,中共实践孙中山宪政思想是实实在在的,是有目共睹的。

但是,我们也应该清楚,中共也是把民主宪政当作一种策略手段使用,是动员民众参加革命的一种策略或者手段,其目的是为了夺取政权。毛泽东深知,在中国欲造成民主的事实,必须先建立人民民主专政的政权。因为,中国"不是一个独立的民主的国家,而是一个半殖民地的半封建的国家;在内部没有民主制度,而受封建制度压迫;在外部没有民族独立,而受帝国主义压迫。因此,无议会可以利用,无组织工人举行罢工的合法权利。在这里,共产党的任务,基本地不是经过长期合法斗争以进入起义和战争,也不是先占城市后取乡村,而是走相反的道路。"[①]革命的根本问题是政权问题,宪法不过是一张写着人民权利的羊皮纸,没有人民民主专政的政权,宪法规定人民的自由民主权利也将不复存在。所以,毛泽东辛辣地指出,"宪法,中国已有过了,曹锟不是颁布过宪法?但是民主自由在何处呢?大总统,那就更多,……但是他们和专制皇帝有什么分别呢?""中国现在的顽固派,……他们口里的宪政,不过是'挂羊头卖狗肉'。他们是挂宪政的羊头,卖一党专政的狗肉。我并不是随便骂他们,我的话是有根据的,这根据就在于他们一面谈宪政,一面却不给人民以丝毫自由。"[②]

人民民主专政的国家政权的建立,标志着几千年的剥削阶级的统治从此结束了,中国人民第一次成了国家和社会的主人,开始享有从来不曾享有过的民主权利,尽管人民民主政治的建设还有很长的路程要走。在中国人民革命即将取得全国性胜利

---

① 《毛泽东选集》第2卷,第542页。
② 同上书,第736页。

的时候,毛泽东曾经明确地指出,总结我们的经验,集中到一点,就是工人阶级(经过共产党)领导的、工农联盟为基础的人民民主专政。在对美国白皮书的评论中,他更深刻地论证过"资产阶级共和国让位给人民共和国"的历史必然性。毛泽东的这些论述,是对一百多年来中国人民为追求民主自由而斗争的历史经验的科学总结,它揭示了中国人民经过长期摸索之后所共同确认的一个伟大的历史性的真理。

1949年9月21日,中国人民政治协商会议第一届全体会议在北平正式开幕。这次会议代行全国人民代表大会的职权,通过了《中国人民政治协商会议共同纲领》(简称《共同纲领》)。《共同纲领》共7章,计60条。它的主要内容有:(1)规定了中华人民共和国国家政权的性质;(2)规定了中华人民共和国国家政权的组织形式;(3)规定了中华人民共和国的军事制度;(4)规定了中华人民共和国的经济政策;(5)规定了中华人民共和国的文化教育政策;(6)规定了中华人民共和国的民族政策;(7)规定了中华人民共和国的外交政策。《共同纲领》的颁布标志着人民民主宪政形式的实现,这主要体现在《共同纲领》规定的国体的性质上,即中华人民共和国是"工人阶级领导的、以工农联盟为基础的、团结各民主阶级和国内各民族的人民民主专政"的国家。

《共同纲领》最显著的特点莫过于它是一部具有很强的人民性的宪法性文献。从《共同纲领》制定的机关来看,政协全体会议是一个最具有代表性和人民性的组织:参与会议的政协代表,就他们的地区来说,东北至黑龙江,西北至新疆,东南至琼崖与台湾,各省区也都有代表出席,还包括少数民族及海外侨胞;就他们的成分来说,不只有工人阶级、农民阶级、小资产阶级的代表出席,还有民族资产阶级的代表出席。从《共同纲领》产生的全过程来看,它是经过充分发扬民主的过程诞生的。从《共同纲领》的内容上看,它不仅以根本法的形式确立了人民在国家中的主人翁地位,如序言写道,"中国人由被压迫的地位变成为新社会新国家的主人";而且还规定了人民享有的广泛的权利、自由。《共同纲领》规定的国家的机构、组织,都在名称上冠以"人民"两字,如人民共和国、人民政协、人民代表大会、人民政府、人民监察机关等等。这些都充分显示了《共同纲领》是人民利益和人民意志的集中体现。

《共同纲领》不仅具有很强的人民性,而且还具有很强的共和性,具有强烈的包容性精神。根据《共同纲领》和《中央人民政府组织法》建立起来的中央人民政府,是个真正的共和政府,政府成员中有各政党和许多民主人士。中央人民政府主席、副主席7人中,有3名民主党派人士;在中央人民政府56名委员中,非共产党人士

第六章　中国共产党对孙中山宪政思想的实践

占了将近一半；政务院委员、秘书长、副秘书长 26 人中，非共产党人士占了 14 人；政务院各部委署院中，非共产党人士约占三分之一。这个时期的政策，也都是在共产党和各民主党派、民主人士在达成广泛共识的基础上制定的。

关于人民民主宪政形式实现的意义，刘少奇在 1954 年 9 月 15 日第一届全国人民代表大会第一次会议上《关于中华人民共和国宪法草案的报告》中做过经典性的阐述：

一百多年以来，中国革命同反革命的激烈的斗争没有停止过。这种激烈的斗争反映在国家制度的问题上，就表现为三种不同的势力所要求的三种不同的宪法。

第一，就是从清朝、北洋军阀，一直到蒋介石国民党所制造的伪宪法。这些封建买办阶级的反动统治者是连资产阶级民主也反对的。他们本来不要任何宪法，所以总是要拖到他们的反动统治在革命力量的打击下摇摇欲坠，他们的末日已经临近的时候，才制造一种骗人的"宪法"，其目的是想利用一些资产阶级宪法的形式装点门面，使他们的反动统治能够苟延残喘。他们的这种目的，当然不可能达到。

第二，就是中国民族资产阶级在以往多年所盼望的宪法，也就是资产阶级民主共和国的宪法。这种宪法，除了辛亥革命所产生而随即被袁世凯撕毁了的那个临时约法以外，中国从来没有产生过。

世界上有过许多民族，在脱离封建主义之后，建立了资产阶级的共和国。但是在半殖民地半封建的中国，资产阶级共和国始终只是一种幻想。中国资产阶级既然没有能力领导人民战胜外国帝国主义和本国反动派的联合力量，它就不可能使中国变为资产阶级共和国，也就不可能使中国出现资产阶级性质的宪法。

第三，就是工人阶级领导的、以工农联盟为基础的人民共和国的宪法，这就是现在我们所要制定的宪法。

毛泽东同志早已指出：在工人阶级领导的人民革命胜利以后，不会建立资产阶级专政的共和国，而一定要建立工人阶级领导的、以工农联盟为基础的人民民主专政的共和国。

事情就是这样，封建买办阶级的反动统治者几次用来骗人的伪宪法，都不能使人民上当，都受到人民的抵制。而参与制造和积极拥护这种伪宪法的人们，也被人民所抛弃。果然，几批反动统治者都随着伪宪法的宣布迅速垮台，而这些所谓"宪法"都成了废纸。同时，几十年来，在中国虽然有过不少的人为实现资产阶级的宪政做过各种各样的努力，但是一点成就也没有。在中国出现的真正的宪法，毕竟只能是人民民主主义和社会主义的宪法,只有这种宪法,才是适合于最广大人民群众的利益,而为广大人民群众所欢迎。①

刘少奇的这几段话作为中共实践孙中山宪政思想的总结,应该是最恰当不过的了。

---

① 《刘少奇选集》下卷,第138~139页。

第七章 思考：当代中国宪政建设

众所周知，当代中国还不是一个完全意义上的宪政国家。建设社会主义的政治文明当以宪政为依归，宪政建设是构建政治文明的必由之路。怎样加强中国的宪政建设？结合孙中山宪政思想及其实践问题研究，我们认为，当代中国宪政建设应注意几个方面的问题

第一节 在认识上，还宪政以本来面目

建设宪政首先要弄清宪政的概念。关于宪政的概念，学术界有很多的定义。西方学者对于宪政的基本认识是：(1) 宪政以"法之法"的宪法为基础；(2) 宪政意味着对于政府权力和公民权利的制度安排，它保障公民权利并制约政府权力；(3) 宪政是法治的政治秩序；(4) 宪政包含着意识形态和文化观念。其中，控制政府权力是西方宪政最核心的内容，正如一位西方学者所言："真正的立宪主义的本质中最固定和最持久的东西仍然与其肇端时几乎一模一样，即通过法律控制政府。" ①

---

① [美]斯科特·戈登：《控制国家——西方宪政的历史》，应奇等译，江苏人民出版社2001年版，第5页。

中国学者大都接受毛泽东给宪政下的定义:"宪政是什么?就是民主的政治。"①我国著名宪法学教授许崇德认为,毛泽东所指出的宪政就是民主的政治构成宪政的实质含义,"再加上形式要件的话,那么宪政应是实施宪法的民主政治"。②张庆福教授认为,"宪政就是宪法政治,以宪法治理国家。它的基本特征就是用宪法这种根本大法的形式把已争得的民主体制确定下来,以便巩固这种民主体制,发展这种民主体制。"③李步云教授认为,"宪政是国家依据一部充分体现现代文明的宪法进行治理,以实现一系列民主原则与制度为主要内容,以厉行法治为基本特征,以充分实现最广泛的人权为目的的一种政治制度。根据这一定义,宪政这一概念包含三个基本要素,即民主、法治、人权。民主是宪政的基础,法治是它的主要条件,人权保障则是宪政的目的。"④郭道晖认为,"宪政是以实现民主政治和法治为原则,以保障人民的权力和公民的权利为目的,创制宪法(立宪)、实施宪法(行宪)和维护宪法(护宪)、发展宪法(修宪)的政治行为的运作过程。"⑤尽管中国学者对宪政的认识角度不同,但普遍将民主、民主政治看作宪政的核心内容。⑥

西方学者强调,控制国家权力、保障人权应是宪政的核心内容,他们一般不把宪政与民主政治相提并论;中国学者则强调,民主、人民当家作主的政治应是宪政的本质内容。为什么会有这种差别呢?中西学者们的这种认识差异根源于中国和西方不同的宪政生成历史。西方宪政生成之初就是作为控制绝对王权、保障人权的工具而出现的。正如西方一位政治学家指出:"对

---

① 《毛泽东选集》第2卷,第732页。
② 许崇德:《社会主义宪政的不平凡的历程》,《中国法学》,1994年第5期。
③ 张庆福:《宪法与宪政》,许崇德主编:《宪法与民主政治》,中国检察出版社1994年版,第3页。
④ 李步云:《宪政与中国》,"宪法比较研究"课题组编《宪法比较研究文集》(2),中国民主法制出版社1993年版,第2页。
⑤ 郭道晖:《宪政简论》,《法学杂志》1993年第5期。
⑥ 也有学者不把"民主"作为宪政的内涵加以考察,如杜钢建,他认为,"民主不是宪政的直接目标;宪政的直接目标在于自由。""宪政问题在近代历史上提出原本是为了保障自由。……宪政不外乎是要将现行国家权力纳入宪制轨道,使当道者权力的运用受到法治的约束。宪政不是要将当道者的权力夺过来交给人民,宪政是要保障人民的自由不受当道者权力的侵犯。"转引自白钢等著:《宪政通论》,社会科学文献出版社2005年版,第5页。

第七章 思考：当代中国宪政建设

于遏制贵族者的专制君主的推崇，在贵族的力量被削弱或不称职的人占据王位的情况下失去了意义。因此在许多国家，对皇权绝对主义和专制统治主权的抵制发展起来了。这个运动在三次革命中达到高潮，从中产生了现代民主国家。"[1]直到1949年前，中国一直没有形成现代意义上的主权民族国家，建构一个现代民族国家始终是中国摆在第一位的任务。政治权威一直处于衰弱状态：对外，中国主权不独立；对内，也没有统一且强有力的行政权力。政治权威的衰弱一直是中国民主政治迟迟走不上正轨的一个重要原因。

中国从传统的文化国家向现代的民族国家转变所面临的最大障碍就是政治权威的衰败。在这种背景下，立宪成为挽救衰败和断裂的政治权威的工具。因为，宪政改革的推动必须依靠强有力的政治权威。所以，清末新政以来的一系列举措无不是为了强化政治权威。清廷新政、袁世凯强人政治和国民党党治都是尝试现代化权力集权的努力。

清末新政是近代中国试图改变传统国家形态，构建现代国家形态的一次重要尝试。但这次尝试最终以失败告终。其中，政治权威的衰弱是失败的重要原因之一。正如罗兹曼所说："中国政治结构的脆弱性及其腐蚀性是造成19世纪中国失败的基本原因。从性质上来说，政治体制不是简单地越来越跟不上世界各地发生的变化，也不是单纯地越来越不能满足由各种新的政治挑战引起的冲击所强加给中国的那些需求。毋宁说，它在19—20世纪初所遭受的各种灾难，显示了国内旧政治制度内部自身所产生的腐败。"[2]这种脆弱的权威失落的政治机构已无能力担当彻底实现政治现代化的重荷：一方面，它不能从根本上打破传统体制的桎梏；另一方面，它也不能创设与传统体制不同的新型体制。

辛亥革命后，南京临时政府的成立标志着资产阶级民主共和国的诞生。"它推翻了作为国家元首的皇帝，代之以总统。它表明改革的模式从德、日方式的君主立宪转变为法、美式的共和立宪。"[3]但是，新生的共和政权是

---

[1] [美]莱斯利·里普森：《政治学的重大问题：政治学导论》，华夏出版社2001年版，第223页。
[2] [美]吉尔伯特·罗兹曼：《中国的现代化》，江苏人民出版社1988年版，第270页。
[3] 同上书，第352页。

脆弱的。它只是在宪法上被确立起来，并没有在实际生活中真正产生效用。袁世凯玩弄权术，从革命派手里得到了中华民国总统的职位，但根据《临时约法》，这只是一个虚位，议会才是权力中心。对于作为总统的袁世凯来说，他无法忍受国民党为他设计的总统这一民国政治的旁观者的角色。代议制下政党政治的混乱，责任内阁制的频繁更迭，地方对中央的过分独立自主，尤其以国民党控制的广东、安徽、江西等省更为严重，中央政府无法得到需要的税收，只能向列强贷款。而在这个时期，削弱中央行政权力，恰恰不利于强国富民、维护统一的国家利益和民族利益的需要。这使袁世凯——这位民国的强人有理由相信民国的政治体制不是他当总统需要的，在袁世凯看来，行政权为中心的政治体制是其渴望得到的政治权威的代名词。在实施由传统的集权体制向近代的分权体制变革过程中，需借助同样具有集权色彩的一元化权力体制。在具有悠久集权传统、而且又刚刚结束君主专制统治的中国，尤其如此。袁世凯改行帝制之时，社会各界兴起恢复帝制、恢复专制体制的呼声，袁世凯的政治顾问、美国哥伦比亚大学政治学教授古德诺更从理论上论证了在中国实施君主制的必要性。其中，既有袁世凯智囊团的蛊惑，也不乏对当时中国社会与政治实际情况而提出的具有理性色彩的政治方案。

　　在袁世凯死后，军阀政治造成了中国社会长达20年（1915——1936）的国家分裂、动乱，中央政府权威衰败，地方主义盛行，社会失序发展。可以说，自袁世凯去世以后，除了一个各自为政的地区性体系的集合之外，几乎没有什么"中国政府"可言。在这种情况下，孙中山产生了以国家自由代替公民自由的迅速改变权力分散和政治失序状况的强烈愿望，他的一种现代民族主义的、对社会进行激进的、高度集权的全面改革的政治制度——"以党治国"出现了。这样，孙中山的"三阶段论"理论与"以党治国"相结合，军政时期成为"以党建国"时期，训政时期成为"以党治国"时期，宪政时期则以三民主义建设中国。"三阶段论"开始以党权为核心。孙中山死后，蒋介石利用了孙中山的政治遗产和战争环境，将孙中山的以党治国理论和三阶段论发展成为一种颇具集权主义特点的政治体制，从而使中国宪政化进程呈现出更大的曲折。由于蒋介石并没有建立一个真正意义上的党治国家，政

第七章 思考：当代中国宪政建设

治权威的衰败仍然十分严峻，国民党在中国大陆实现宪政的愿景更加渺茫。正如《中国的现代化》一书作者认为的那样，中国本世纪的宪政是一个堂吉可德式的论题，因为国家领导人一直在不停地为国家的政治结构探求正式的制度，但并未获得多少牢靠的成果。中国实际上有两种宪法。公众一直把注意力集中在国家正式的宪法上，例如曹锟总统1923年的"永久宪法"，这种宪法曾在京畿地区短时期实施过。第二种宪法是未成的、非正式的宪法，它的作用更为重要。它的主要内容可以概括为诸如军人在政府中正式承担责任这样的明显模式，以及在这样一个辽阔国家里自然转移到地区和地方组织的政治作用。①近代以来的中国成文宪法大都是短命的，其短命的直接原因在于军人的干政和党派之间缺乏"妥协谈判"的精神。相比较而言，美国的宪法却有长久的生命力。美国的宪法为什么会有如此长久的生命力？美国宪法是一个多元利益进行政治谈判的机制；通过宪法，美国社会不同的利益集团就相互之间、各自与公共利益之间的关系进行一种多方位的"谈判"；"谈判"的过程是对原有的宪政原则进行审视和修正的过程，也是宪法循序渐进、调整改革、追求现实的完善的过程；美国宪法之所以具有一种"超稳定性"（它是近代世界第一部也是生命力最持久的一部宪法），关键在于它本身始终处于一种因循现实的动态之中，正是不断地调整和变化赋予了美国宪法长久的生命力。②英国宪政制度也是妥协的产物，是王权、贵族、平民相互妥协的结果。在当时国家四分五裂、领土和主权遭受严重威胁的情况下，假使中国出现了一个整齐划一的全国性军人政府，建成了一个理性化的纪律严明的行政机构，孙中山设计的以党治国的训政模式可能诱导出一种宪政体制，实现政治民主化。

近代以来，中国须完成两大历史任务：一个是帝制崩溃之后民族国家的建立，其背后是对垄断暴力的合法性的诉求；另一个是政治的民主化，也即实现民主宪政。一个社会如果要有民主的转型，首先要存在着最低限度的国家制度，即政治秩序和政府对领土和人民的有效控制。共产党通过革命推翻

---

① [美]吉尔伯特·罗兹曼：《中国的现代化》，江苏人民出版社1988年版，第405页。
② 王希：《原则与妥协：美国宪法的精神与实践》，北京大学出版社2000年版，第6~11页。

了国民党政权,建立了一个完全意义上的主权民族国家,这就为民主宪政的实现打下一个坚实的基础。这就是顾准先生在分析中世纪欧洲为什么能从君主专制转变为"宪政时期的原因时指出的那样,中世纪西方经历了一段开明专制时期,在统一民族国家中,采取以议会来笼纳诸侯势力,把诸侯弄到宫廷的办法统一军权和政权,而很少采取征服诸侯的办法。他还指出,少数特权人物之间的斗争只要它是遵循一定的章程,而并非完全通过暴力,只要这种斗争的每一方面,按照这种章程,必须力求取得群众的支持,它就势必要发展成为议会政治。"①可见,宪政制度的建设,需要有和平的政治发展环境,需要有以妥协方式解决问题的精神。暴力、阶级斗争与民主宪政是不相容的。所以,不能要求在战乱和激烈的阶级斗争社会上建立宪政制度,因为战争和动乱更需要集权。新中国的成立为民主宪政的实现提供了一个稳定的政治发展环境。关于新中国成立的意义,费正清是这样评价的:"我们美国人如果注意到,中国在1948年缺少我们美国不假思索而认为当然的那些现代国家的必要设备和公用事业,也许可以得到正确的看法。中国人民迫切需要我们已经有的那些东西——全国的和平与安定,不再有战争;稳定的经济,不再有通货膨胀;强有力的政府,不再有外国的侵略和赋予外国人的特权。我们的政治思想认为这些是理所当然的,而他们在共产党以前的中国却办不到。"②

　　主权民族国家的形成不仅为中国的宪政建设提供了一个和平、稳定的政治生态环境,而且在中国社会实现了人民主权的梦想。因为,新中国的国家政权是一个人民民主专政性质的国家政权。共产党在革命根据地实践孙中山人民民主的宪政思想是真实的,是有目共睹的;但我们不能否认,这种实践是把民主宪政当作一种策略、一种手段的实践,实行民主宪政的目的是为了动员广大人民群众参加革命,夺取政权。毛泽东认为,宪政就是民主的政治,"世界上历来的宪政,不论是英国、法国、美国,或者是苏联,都是在革命成功有了民主事实之后,颁布一个根本大法,去承认它,这就是宪法。"③在毛泽东看来,如果没有民主政治的事实,就毫无宪法可言,即便有宪法,

---

① 《顾准文集》,贵州人民出版社1995年版,第357~358页。
② 转引自《何新集》,黑龙江教育出版社1988年8月第1版,第301页。
③ 《毛泽东选集》第2卷,第735页。

也只能是假宪法,如曹锟颁布过的宪法。没有民主的政治,就没有宪政,即便有宪政,也只能是"挂宪政的羊头,卖一党专政的狗肉"。①在半殖民地半封建社会里,在人民没有夺取并掌握政权的前提下,即使颁布一部好宪法,也必然因封建势力和顽固派阻挠而无法顺畅实行,真正的宪政根本不可能实现。所以,要想实现真正的宪政,必须先去争民主的事实,而要争民主的事实,就要先建立人民民主专政的国家政权。

1949年10月1日,人民民主专政国家政权的建立标志着人民民主的实现,也就是说,我们已经有了民主的事实。从此以后,我们迈上了建设社会主义的宪政道路。我们知道,权力制约思想,尤其是权力应受到法律的制约思想一直在中国政治生活中就不彰显,甚至还受到压制。一些人存在这样的思想:人民的政权是保护人民利益的,人民的政府是为人民服务的,难道权力还用制约吗?即使是人民的权力也必须受到制约,否则也会变成暴政。这样的历史事实不少,前苏联斯大林的暴政,毛泽东晚年所犯的专制错误等等。在人民的权力不受制约的情况下,民主也往往会遭到破坏,法治也会屡遭践踏,人权也会屡遭侵犯。因此,我们要牢记这样一个重要原则:政治约束的原则既应用于治人者,也应用于治于人者。所以,我们不要总是强调宪政的民主政治要义,而忽视了宪政的法治要义。我国著名宪法学家张友渔认为:"宪政就是拿宪法规定国家体制、政权组织以及政府和人民相互之间的权利义务关系而使政府和人民都在这些规定之下,享有应享有的权利,负担应负担的义务,无论谁都不许违反和超越这些规定而自由行动的这样一种政治形态。"②这个定义就蕴涵着宪政的法治要义。虽然立宪主义或宪政与民主政治有密切关系,但二者并不能划等号,甚至不能以民主作为宪政的必要条件。关于"宪政"与"民主政治"的关系,萧公权认为,"民治之精义在以民决政,宪政之精义在依法治国",他还给宪政作了一个浅近的解释:"宪,法也;政,治也;宪政者法治也。"③事实上,世界上最早的一些宪政国家开始时并不是民主国家。例如,英国只是在选举权扩大的基础上才逐渐演变为现代

---

① 《毛泽东选集》第2卷,第736页。
② 张友渔:《宪政论丛》上册,北京群众出版社1986年版,第100页。
③ 萧公权:《宪政卑论》,《宪政与民主》,联经出版事业公司1982年版,第31页。

意义上的民主国家的。宪政的天然孪生物是法治,美国教授丹·莱夫明就认为,"宪政意指法律化的政治秩序,即限制和钳制政治权力的公共规则和制度。宪政的出现与约束国家和官员有关。"①当然这个法治中的"法"是"良法",而不是"恶法"。只有在法治的前提下,自由、人权才能够得到有效保障,民主才不是空的、虚的。

中国实现宪政最大的困难不在于颁布一部宪法而在于价值观念的转变。如果没有公共权力的概念,没有限制政府保护个人权利的观念,宪政距离我们仍然还很遥远。所以,我认为,当代中国建设完全意义上的宪政国家首先要斧正对宪政本质的误解,还宪政的本来面目。宪政,首先是"限政",政府必须是"有限政府","即政府只享有人民同意授予它的权力,并只是为了人民同意的目的"。②宪政是保障人权,其本质是对权力的合理分配和制约。

第二节 正确处理党的领导与以法治国的关系

欧洲近代主权民族国家的形成是依靠王权实现的,中国主权民族国家的形成则是依靠政党实现的。如何建立一个民主宪政为价值取向的现代民族国家?简单地说,自孙中山以来,中国主流的政治精英都走着一条"以党建国"的道路。③政党在中国国家建设中发挥了极其重要的作用。从以孙中山为首的同盟会(后来演变为国民党)发动辛亥革命推翻满清帝国,建立中华民国;到共产党领导农民进行武装革命,建立新中国。可见,在中国,政党的存在是现代民族国家形成的前提。没有同盟会,就没有中华民国;没有共产党,就没有新中国。因此,一定意义上,我们完全可以说中国的现代国家源自"党"。

---

①转引自张文显、信春鹰:《民主+宪政=理想的政制》,《比较法研究》,1990年第一期。
②[美]路易斯·亨金:《宪政、民主、对外事物》,邓正来译,上海三联书店1997年版,第11页。
③郑永年认为,不仅国民党"以党建国"或者"以党治国"实践的理论基础直接来源于中山先生的思想,而且共产党的"以党建国"思想和实践也不同程度的承继了孙中山先生的思想。只不过国民党并没有完成在大陆创建一个宪政国家的任务,它没有实现中山先生的这一政治宿愿。以中山先生思想的忠实信徒和忠实实践者自居的中国共产党完成了建国的任务。郑永年:《政治改革与中国国家建设》,《战略与管理》,2001年第2期。

第七章 思考：当代中国宪政建设

这一点与西方国家的政党不同，在西方，民族国家的形成是政党建立的前提，没有资产阶级民族国家，就没有资产阶级政党。西方国家的政党都不像国共两党那样具有开国之功，它们都是在资产阶级民族国家建立之后通过议会、总统竞选而成为执政党的。

为什么近现代中国走的是一条"党建国家"的道路呢？一般认为，华夏民族是一种文化民族。①所谓文化民族，就是它以文化整合、文化标识而显形，是一种非暴力、非军事扩张的民族，它具有推崇文化的内涵。文化民族主义反映了一种认为本民族文化和历史传统精神高于优于别人的居高临下的态度。作为一种观念性存在，"文化民族主义"缘于民族的文化困境而发乎对本民族历史和文化的深层忧患；而作为一种行为性存在，它是民族观念或文化焦虑情绪的集中表达，可有三个层次上的意指：其一，它发生于社会政治与民族文化的危机和困境下；其二，它根植于民族的文化传统，并以此作为民族或国家认同的核心依据；其三，它期以民族文化的重建而达于民族国家的实现。②正因其更多地对民族历史和文化的强调，文化民族主义否定了现代化的基本价值而具有深刻的保守性格。诚如白鲁恂所言："中国现代化的根本麻烦在于它身为不折不扣的文明体系却想混入民族国家之列。"③这道出了中国近代以来转型的最大困难。中国在由传统国家向现代的民族国家转变之时，传统国家内部的政治资源已消耗殆尽，无法提供给国家以政治民族的支持力量。相对于政治上孱弱的文化民族状态，政治上比较成熟的政党足以提供给国家建设以各方面的支持力量：其一，民族主义观念的设计。后发外生型的现代化国家是具有政治精英和知识分子自觉设计现代的民族国家形态的特点的。民族主义就是这种设计的观念工具。但是，具有民族主义自觉性的，不是所有的民族共同体成员，民族成员中的大多数人并没有明确、完整的民族主义，他们指望知识分子挺身而出，去代表、陈述、见证民族的

---

① 陈明明：《政治发展视角中的民族与民族主义》，李世涛主编：《知识分子立场：民族主义与转型期中国的命运》，长春时代文艺出版社2000年版，第55页。
② 王逸舟：《当代国际政治析论》，上海人民出版社1995年版，第117页。
③ 转引自郭圣莉：《国家政权建设与城市基层社会管理体制的变迁》，《执政的逻辑：政党、国家与社会》复旦政治学评论第3辑，世纪出版集团、上海辞书出版社2005年版，第154页。

苦难。民族主义只是少数建构或加入政党（或政党萌芽状态的各种组织）的知识分子具有的政治理念。这些人就成为后发外生型现代化国家建构的观念提供者。从政治操作层面上，民族主义意识形态就是他们的产物。他们从党派立场出发思考国家建构问题的视角，也就决定性地影响国家的实际建构状态。影响现代中国国家建构最重要的20世纪政治人物，如国民党时期的孙中山、蒋介石，如共产党时期的毛泽东等，都是民族主义的自觉阐述者和实践者。没有他们的民族主义理念，我们还真难以想象中国国家建构的实际形态又会是怎么样这个问题的答案。与此同时，在中国现代民族国家的形成过程中，古典时代的文化民族转变为现代的政治民族，这中间也内在地蕴涵了一个文化民族的唯道德思维对于唯道德定位的现代政党①认同的天性有利因素。在国家、民族处于危亡的情况下，政党作为利益团体的定位隐而不彰；而它作为振兴国家民族主体的定位，却愈益显得突出。这样，政党与国家、民族连接为一体，也就是顺理成章的了。其二，政治制度的供给。后发外生型的现代化国家常常是处于传统政治实体制度供给短缺的状态下向现代民族国家转变的。因此，什么样的政治组织及其政治尝试足以供给替代传统政治制度的制度体系，它就具有组织国家的"先天优势"。无疑，在中国现代早期（即晚清时期），有思想家、政治家对于中国国家的制度建构贡献过零散性的意见。但是真正可以称为系统的现代制度建构思想并落实到实际政治过程之中的，还是国民党与共产党的通过政党建构国家的思想与制度建设。其三，社会动员。后发外生型现代化国家的社会动员方式主要有两个，一个方式是政党因素楔入民族转型，即促使中华民族从文化民族转变为政治民族，构成为政党支配国家而形成现代民族国家的重要原因。另一个是政党因素注入社会运动，即由政党担当组织一片散沙般的中国传统社会而使之形成组织起来的现代社会，并使得进行这种组织的政党足以获得配置各种社会资源的绝对权力。从传统的会党转变为现代的政党，政党的现代组织方式具有的社

---

① 国民党就是一个唯道德定位的革命党，正如孙中山所说："我们革命党恃主义真理及道德而已。故吾党以德服人，非以武力服人；大家要知武力实不足恃，惟德可以服人。"《孙中山全集》第5卷，第628页。

第七章 思考：当代中国宪政建设

会凝聚功能驱使政党与现代民族国家建构运动合拢。可以说，从通过政党建构国家兴起的历史合理性上也能够推出现代民族国家兴起的理论合理性。在中国从传统的文化国家转变到现代的民族国家的过程中，由于政党取得了建构国家的优先权，政党由此替代了民族在国家建构中的中心作用，使得中国现代民族国家的建构过程呈现出不同于西方的一些特点。西方现代民族国家的生成图式是，绝对王权—民族—现代国家；①中国现代民族国家的生成图式是，政党—民族—现代国家。

　　一党可以建国，是否一党就可以治理国家？对于这个问题的回答，简单地用"是"、"否"两个字回答肯定是错误的。这样回答，是离开了马克思主义一切从实际出发、实事求是的认识论路线，也没有考虑不同国家的不同国情。共产党有建国之功，当然有治国之责。对于共产党的建国之功，中国人民到什么时候也不会忘记；中国人民也认识到，除了共产党以外，在目前的中国没有任何一个党能领导中国人民走向小康社会。中国共产党如何带领人民走向小康社会，如何执好政？除了大力发展经济，提高人民生活水平以外，最重要的莫过于加强政治文明建设，建设法治国家了。中国人民再也不愿过那种"和尚打伞，无法无天"的政治生活了。前事不忘后事之师，共产党执政应好好吸取国民党"训政"失败的经验教训。国民党的训政名义上是打着孙中山的旗号，实际上是背离了孙中山的思想。国民党一党专政，实行近20年的训政，不仅没有完成为进入宪政而创造条件的使命，而且这个党本身也变得腐败不堪、威信扫地。国民党的腐败主要还是其一党专制造成的结果，在一党专制下，人民没有结社和言论的自由，人民没有监督指责政府及党员的机会。独裁政治的结果，自然是专政者的腐化。绝对的权力必然导致绝对的腐败，掌握绝对权力而不会导致腐败，这在人类政治实践的历史上还未被证明过。目前，我们党也存在大量腐败现象，这种状况着实令国人担忧。腐败现象的出现就是权力得不到强有力制约的结果。要遏制腐败蔓延的势头，就必须加强制度建设，尤其要加强宪政制度建设。

　　共产党执政是不容怀疑和动摇的了，下一步就是如何加强和改善党的领

---

① 参阅王建民：《对〈民族共治论〉一文的几点商榷意见》，载《中国社会科学》，2004第六期。

导问题。中共十六大政治报告指出:"发展社会主义民主政治,最根本的是要把坚持党的领导、人民当家作主和依法治国有机统一起来。党的领导是人民当家作主和依法治国的根本保证,人民当家作主是社会主义民主政治的本质要求,依法治国是党领导人民治理国家的基本方略。"

依法治国作为一种治国方略,在我国确立并写入宪法,这是中国历史上的伟大里程碑,它不仅实现千百年来中国人民的梦想,而且是建设中国特色社会主义法治国家的必由之路。在当今世界,实行依法治国是历史的潮流,也是中国特色社会主义的必然要求。它对坚持党的领导,改变党的执政方式具有重大现实意义;为坚持与实现人民当家作主提供制度支持,同时也是中国人民得出的一条重要经验。无论是党的领导还是人民当家作主;无论是作为一个国家政权,还是作为中国特色的社会主义事业,都离不开法律与制度,都需要国家机构的完善,这一切须依赖依法治国。依法治国方略体现了人类社会历史发展规律、社会主义建设规律,反映了建设富强、民主、文明、和谐的社会主义现代化国家的内在要求,代表了全国人民和全党的共同愿望和根本利益。

从法律的角度看,主权就是统治权。根据我国宪法规定:"中华人民共和国的一切权力属于人民"。这实际上是人民当家作主的宪法依据。从这里面我们可以遵循一条宪政逻辑:从权力的归属看,人民是国家权力的所有者,国家机关及其公务员是国家权力的行使者;从国家权力的界限看,国家权力的行使应当属于人民明确赋予的权力范围之内;从国家权力的合法性基础看,国家权力是在人民同意的基础上建立和产生的,这个同意或产生要遵循法定的程序,通过法定程序将人民意志的内容用法律的形式固定下来,然后国家权力的行使者依照法律行使自己的权力,这个过程实际上就是依法治国的过程,就是中国法治化的过程,正是在这个过程中,人民当家作主和党领导下的依法治国相统一了。所以,要真正实现人民当家作主,就必须将人民的意志上升为法律意志,国家权力的行使者依照法定程序在法定范围内行使国家权力,在形式上是在行使国家权力,其实本质上是在将人民的意志现实化。所以从这个意义上讲,依法治国是三者统一的根本保障,如果不是依法治国,

第七章 思考：当代中国宪政建设

国家权力的拥有者将可以利用手中的权力随意更改、歪曲、甚至否认人民的意志，那么人民当家作主将沦为泡影。

依法治国是坚持党的领导和人民当家作主的根本途径，是当代中国半个世纪来法治建设经验教训的科学总结，是适合中国国情的治国方略。党的领导主要是通过依法执政、科学执政与民主执政实现的。中国共产党是中国特色社会主义事业的领导核心。共产党执政就是领导和支持人民当家作主，最广泛地动员和组织人民群众依法管理国家和社会事物，管理经济和文化事业，维护和实现人民群众的根本利益。宪法和法律是党的主张和人民意志相统一的体现。必须严格依法办事，任何组织和个人都不允许有超越宪法和法律的特权。加强宪政建设必须在党的领导下进行，但党本身也要置于宪政程序之中，宪法一方面规定了宪法的最高法律地位和根本行为准则，另一方面也确立了党的领导原则，党章规定了"党必须在宪法和法律范围内活动"。结合宪法的规定、十六大报告的精神及党章的规定，一个必然的结论是：党领导我国的宪政建设，同时党的领导又是在宪法和法律范围内进行。这是新时期加强和改善党的领导的立足点，是科学把握执政规律，提高党的执政水平的出发点。

严格说来，一个国家的法治化进程并不在于制定法律的进程，而是宪法和法律的权威性得到尊重的进程，是社会人伦关系的一般准则在社会行为中越来越得到体现的进程。尤其是，法治化的进程越来越体现为政府的行为具有宪法和法律依据的特征。洛克指出："法律一经制定，任何人也不能凭他自己的权威逃避法律的制裁；也不能以地位优越为借口，放任自己或任何下属胡作非为，而要求免受法律的制裁。公民社会中的任何人都是不能免受它的法律制裁的。"[①]因此，如何维护宪法法律的权威性，使国家的宪法法律得到切实地遵守，是我们政治文明建设的重要任务。在我们当前的政治实践中，不可否认，一个非常突出的问题是：国家宪法法律的权威性没有能够得到切实的尊重和遵守。在一定意义上说，在我们的政治生活乃至于其他种种领域的社会生活中，我们并不缺乏一定的法律规范，或者说主要地并不缺乏

---

① 《洛克.政府论》下，北京商务印书馆1964，第59页。

法律规范，缺乏的是：既定的宪法法律得不到切实的尊重和遵守。在我国，中国共产党处于执政党的地位，这种执政党的地位不仅体现为一种宪法原则，而且已通过一系列的政治制度和政治运作程序给予了结构性的保证。在这种情况下，执政党对于依法治国的立场和态度就决定了国家依法治国的基本方向；执政党对于宪法法律以及其党内章程权威性的尊重和遵守，也就决定了整个社会对于宪法法律权威性的尊重和遵守。在这里，我们要特别指出，作为政治文明建设的一个组成部分，执政党首先需要严格按照党的章程来办事，即通过依章治党的实际作为，来推进依法治国从而推进政治文明建设的进程。从这个意义上来说，我们不仅仅需要遵循"党在宪法和法律的范围内活动"的基本原则，而且更为重要的是，党有必要依靠其执政的有利地位，积极主动地维护宪法法律的绝对权威以推进法治化的实际进程。

"以党建国"对未来国家的制度所带来的最直接的影响就是党的组织与国家的组织具有相似的同构性和功能的紧密性。这就决定了国家的宪政建设与党的建设之间有很大关系，因此，党内民主建设在国家宪政建设中具有特殊重要地位，甚至决定了国家宪政建设的成败。加强党内民主建设，以此来带动和推进国家的宪政建设，是一条符合中国国情且切实可行的道路。

第三节 开展民权的教育与训练

宪法与宪政对于中国来说是舶来品。中国进行宪政建设已有一百多年的历史，一直到今天，宪政在中国实现的还很不理想。宪政在公民的意识中仍十分陌生：谈起中国的领导人是头头是道，对某个清官是感恩戴德；谈起民主、法治、宪政却是茫然无所知。

清官有爱民、恤民的思想，其思想来源是儒家的"仁政"理论；而清官爱民思想更主要的体现为在爱民思想的影响下，在具体的行政过程中做了一些对下层民众有益的事情。关于这一点，概括说来，主要表现为历史上的清官能在地方行政过程中为民兴利除弊，在发展生产方面表现积极，比较关心

第七章 思考：当代中国宪政建设

民间疾苦。虽然有威刑主义和息讼的司法倾向，但清官在司法审判中能比较公平的审判案件；对侵犯下层民众利益的权贵也敢于抨击；对贪官污吏能绳之以法；自己以道德约束，不贪污腐化，廉洁自守。但作为王权政治的派出机构代理人，他们的作为应该从两方面来理解，一是清官的爱民行动确实有利于下层民众政治经济生活的改善，如果不承认这一点，就无法理解下层民众对清官的崇拜和神化；二是清官的爱民归根到底是从根本上维护王权统治秩序的长期稳定，清官是联络民间和皇帝的中介机构，不论在任何时候清官首先考虑的是王权的稳定和皇帝政治权威的维护。因为，我们无法否认清官在为民请命的同时，一旦民众侵犯了王权的利益，也为民请"杀"。

例如，20万人泪送女公安局长——任长霞的警察故事。作为一名公安局长、一名国家的公务员，任长霞只是做了她本职内应该做的工作，尽到了作为一名国家公务员应该尽到的责任。打黑、除恶、破案、接待群众来信来访哪一项又不是一位公安局长应该做的工作呢？任长霞上任后，破了拖了5年的抢劫、杀人案，打掉了以王松为头目的黑社会团伙，3年接待群众来信来访3500次。一个人完成了本职内的工作，为什么会受到人们如此隆重的送别？我并不反对人们洒泪送别人民的好公仆，我也曾经为人民的好公仆——任长霞的不幸遇难而痛惜不已。看到登封市民洒泪送别任长霞时的情景照片，我忽然想起了当年北京市民为两位共和国的领袖毛泽东主席和周恩来总理送别的情景。尽管时间、地点不同，但场面是多么相似啊！然而，刚谢世不久的美国前总统里根的送别葬礼，我敢说，也没有任长霞的葬礼那么隆重。参加里根遗体告别仪式的，也只有以布什为首的华盛顿的高级官员和里根的家属及其亲朋好友。难道说，里根总统对美国人民贡献不大？恐怕不能这样理解吧。

通过比较，我们看到：在一个立志建设民主法治国家的社会里，百姓对清官的依赖情结还那么浓厚。登封市民称呼任长霞为"任青天"；他们为了感谢她特意刻了功德碑，拿上镐头铁锨，带上锣鼓，要把披红带花的石碑竖在市中心的嵩山广场上。然而，登封市民没有一个为法律战胜邪恶而欢呼雀跃的。这种现象不只登封一处地方存在，大部分地区仍普遍存在这种现象。

由此我们看到，中国政治生活中这种"人治"色彩是多么的浓厚。这种现象在一个立志建设民主法治的国家里是不应该大量存在的。我们应牢记伯尔曼的教导："没有信仰的法律将退化成为僵死的信条，因此，法律必须被信仰，否则它将形同虚设"。①民主宪政社会的一个重要标志就是全社会都具有较高的权利和法治意识。

为什么公民对宪法、宪政的意识那么淡漠？说到底，就是因为宪政对于中国来说，是外加的，不是本土的；是移栽的，不是自然生长出来的。正如梁治平先生所言："中国行宪之难在于宪政理论与制度出自西方，而非本土。"20世纪的中国并未出现一个成熟的市民社会，这种状况不能不说是对宪政实现的一个制约因素。既然没有一个成熟的市民社会，那么宪政对于中国的老百姓来说就无关紧要。近现代一百多年的宪政史证明：宪法不过是政治精英用来争权、护权的工具，正如谢晖先生所说："20世纪的中国，既是一个寻求宪政的时代，也是由英雄主导宪法的时代，因此，近百年来在中国颁布的一部部宪法，基本上是以政坛为舞台，以英雄（政治家）为导演的宪法"；②几千年来中国人也习惯了过臣民的生活，普通民众没有实行宪政的欲望。近几十年的政治生活又上演了一幕幕权比法大、以权代法、权力滥用的现实剧，这就更加深了社会对权力的崇拜和对法律的漠视。

中国宪政实现的不尽人意，与公民缺乏宪政意识有很大关系。应该说，这是一种遗传基因的缺失。我们知道，西方宪政有它产生的遗传基因，并不是一部宪法所能奏效的。从某种程度上讲，宪政也是一个社会反复出现的按照宪法条文与精神而展开的政治运作及习惯，是一个民族长期形成的政治文明传统。这种政治文明传统包含一个民族、一个社会长期形成的对法治的崇拜与信仰、对权力的警惕与防范、对人权的尊重与珍视。所以，要想把"移栽"过来的宪政在中国社会中扎根、成长壮大、开花结果，就要改变中国社会的遗传基因，在先天不足上下工夫。其中，对公民进行民权的教育与训练是关

---

①［美］伯尔曼：《法律与宗教》，梁治平译，上海三联书店1991年版，第47页。
②谢晖：《政治家的法理与政治化的法——二十世纪中国法理对"宪政"的支持关系及其变革》，《法学评论》，1999第三期。

键的一课。很难想象，在个人权利观念极为淡薄，个人连自己起码的权利都不清楚、不会运用、不知保护的情况下，国家和社会怎样去实现宪政。要实现较圆满的宪政，只有从较幼稚的宪政做起，"宪政不是什么高不可攀的理想，是可以学得到的一种政治生活习惯。"①作为实施宪政的条件，除了"读书识字"这种最低限度的条件以外，"尊重法律的习惯"和"依法发表政见并服从多数的习惯"也是两个极端重要的条件，须知"未有学养子而后嫁者也"。

国民党的"训政"为什么失败？其中的原因很多，没有真正对公民进行训政——民权的教育与训练是一个重要原因。不仅如此，国民党当局还大肆镇压民主运动。细细考究，中山先生的民权初步（民权的教育与训练）对中国实现宪政可谓基本之法。孙中山先生晚年号召要唤起民众，毛泽东也说过，严重的问题是教育农民。怎样唤起民众，又怎样教育农民？那就是对民众进行民权的教育与训练。孙中山先生给我们指出了对民众进行民权教育与训练的方法，即民权初步。早在中华苏维埃时期，中共便实现了劳动群众普遍的选举权：凡是苏区的工农群众，无论性别、财产、种族、宗教信仰、受教育程度、居住年限，均享有苏维埃的选举权和被选举权。但剥削阶级及反革命分子的选举权和被选举权被剥夺。这反映了苏维埃政权的性质：工农民主专政。与以往任何时候相比，这的确是反其道而行之。毛泽东在第二次全国苏维埃代表大会上说得很准确，"工农劳苦群众对这样权利的取得，乃是历史上的第一次"。②工农群众十分珍惜来之不易的民主权利，在选举时表现出很高的政治热情。据当时的史料记载，1932-1933年中央苏区的三次选举，选民一次比一次多，平均达到四分之三。选民不仅享有选举权，还享有对代表的罢免权。苏区不少乡都有评议代表和罢免最差代表的记录。①到了抗日战争时期，边区和根据地的政治参与制度更加成熟。为了贯彻抗日统一战线

---

① 胡适：《我们能行的宪政与宪法》，《北大传统与近代中国》，中国人事出版社1998年版，第169页。

② 田利军：《中华苏维埃共和国选举制度述论》，载《四川师范大学学报》1996年第4期，第102页。

的原则，除了卖国者、剥夺公民权期限未满者和精神病患者外，所有人都享有平等的选举权和被选举权。为了照顾不识字的选民，还创造出"投豆法"、"烙票法"、"投纸团法"等多种投票形式。这使人们以极大的热情关心和参加选举。无论是在陕甘宁边区，还是在晋察冀边区、晋绥、太行、山东等根据地，投票率都高达80%—90%。在人民群众教育普遍低下的战争环境里，根据地人民如此之高的政治参与程度，不能不说是一个奇迹。除了选举以外，各抗日根据地还普遍建立了工救会、农救会、青救会、妇救会、儿童团等群众团体。这些组织摆脱了血缘与地缘纽带，提高了不同群体的自身组织化程度。通过在村民大会、行政会议、参议会中的代表，这些群体可以比较有效地参与政治，影响决策。②共产党在促进人民政治参与方面的成就连中共的敌人也不能否认。如张君劢承认，共产党之所以深得民心，是因为它"凭借中国人民之民主要求，造成国民党精神之崩溃"。③1953年下半年，新中国进行了县、乡两级选举，全国登记的3.2亿选民中，参加投票的选民达2.78亿，占登记选民总数的85.88%，选出基层人大代表566.9万多人。这次选举之所以是一次非常成功的选举，与我们的党和政府对公民进行细致、艰苦的民权训练有很大关系。在这次选举中，党和政府除了在群众中进行了广泛的宣传解释工作以外，还以县、市为单位选调足够的干部（各地投入选举的干部达274万人）经过培训后派到乡镇担任选举委员会主席，并且还训练了大量的选举技术人员。④其后，直到1965年，全国人大会议基本上做到根据宪法规定如期举行。基层人民代表大会从1953年到1963年先后进行了五次普选，也基本上做到了按时选举。也许拿严格的程序民主原则来衡量，这些选举的民主程度并不很高。但对于几千年来饱受专制压迫、从未行使过选举

---

① 谢一彪、朱腾云：《论中国苏维埃选举制度的特点》，《赣南师范学院学报》2002年第1期，第42~45页。
② 翁有为：《论抗日根据地的政治动员与政治参与》，《山东社会科学》1997年第3期；张鸿石：《论抗日战争时期华北根据地农民的政治参与》，《河北学刊》2002年第2期；李伟中：《论抗日根据地的乡村民主政治建设及其意义》，《玉林师范学院学报》2004年第6期。
③ 封祖盛编：《当代新儒家》，北京三联书店1989年，第137页。
④ 统计数字和材料来自蔡定剑：《历史与变革——新中国法制建设的历程》，中国政法大学出版社1999年3月第1版，第46页。

权的大多数中国老百姓来说，它们确实标志着迈向民主的一个大飞跃。否则，就难以理解为什么当时人民对选举的积极性和热情如此高涨。

现在，公民的素质要比陕甘宁边区的老百姓素质高的多，也比建国初期的人民的素质高，起码 90% 以上不是文盲了。令人遗憾的是，我们的选举至今还达不到直接的普选。什么原因呢？缺乏对公民进行民权的教育与训练，是一个重要原因。这种情况的出现，与国家专注经济建设、专注生活状况的改善直接相关。在这种政策的指导下，从上到下，发展经济成为一种务实的表现，而参与宪政建设则被看作务虚的表现。在发展为执政兴国的第一要务政策指导下，又还有哪一级政府官员敢把对民众进行民权训练当成是重要工作来抓呢？中国要完成梁启超所说的"新民"的任务，还有很长的路要走。当务之急，就是对公民进行民权的训练。只有这样，才能拉近宪法与落后的公民意识之间的距离。这也是中国实现宪政的根本途径之一。

孙中山认为，中华民族要屹立于世界民族之林，国民必须具有独立的主人翁意识，增强权利意识。然而，数千年的封建伦理道德和等级观念严重束缚了中国人的思想言行，使人们养成了一种代代相传的奴隶心理，甘心受奴役、受束缚钳制，这种心理直至中华民国依然存在。"现在人民有一种专制积威造下来的奴隶性，实在不容易改变。虽勉强拉他来做主人翁，他到底觉得不舒服。""一般人民还不晓得自己去站那主人的地位"。①其原因，一是"中国四万万之人民，由远祖初生以来，素为专制君主之奴隶，向来多有不识为主人、不敢为主人、不能为主人者"，"奴性已深，牢不可破"；②二是我国自有历史以来"所谓国家者，亦不过君主一人一姓之私产，非我国民所有也。故人民无国家思想，且无国民资格。"③因此，要真正革新中国社会，挽救民族危亡，振兴中华，首先必须根治国民的"奴隶性"，使国民具有主人翁意识、权利意识，增强社会责任感。孙中山坚信，只要全体国民能够在思想文化观念变革的层面上，成为具有自我意识与自我觉醒能力的自由平等

---

① 《孙中山全集》第 5 卷，第 401 页。
② 《孙中山全集》第 6 卷，第 211 页。
③ 《孙中山全集》第 2 卷，第 537 页。

个体，就能真正摆脱一切外在的、强制性的政治伦理制约，从而推动整个民族在现代化大道上大踏步前进。

怎样对公民进行民权的训练？中山先生的民权初步可谓良法。我们应牢记中山先生的教导："倘此第一步能行，行之能稳，则逐步前进，民权之发达必有登峰造极之一日。……吾国人民既知民权为人类进化之极则，而民国为世界最高尚之国体，而定之以为制度矣，则行第一步之工夫万不可忽略也。"①

第四节 必须注意保护人权

宪政有三要素：人权、民主与法治。宪政是以实行民主政治和法治为原则，以保障人权和公民权为目的。可见，宪政和人权紧密联系在一起，宪法的本质首先是"人权和公民权的保障书"，尊重与保障人权和公民权是宪法的基本原则，也是执政党和政府应承担的核心义务。

人权是人类长期以来所追求的一个理想。人权是人作为人享有或应该享有的权利，它是历史的产物，其形成需要一定的历史关系，而这种历史关系本身又以长期的以往的历史为前提。人权由初期的"权利意识"转化为追求权利的实际行动，构成了人权的历史和现实的运动，从而推动着社会进步。

人权观念源出西方文化。在西方，从文艺复兴、宗教改革到欧美资产阶级革命，资产阶级打出了人权的旗帜反对宗教的神权和封建的特权。资产阶级建立政权以后，有关人权的内容或多或少地体现在国家制度和法律中。英国的《权利法案》、美国的《独立宣言》、法国的《人权宣言》，都以自由平等为核心，强调公民与政治权利，这种西方的人权观念最终达到法律化。资产阶级较早地提出了近现代意义上的人权概念，并付诸于政治实践中，推动人权在某种意义上的进步和发展，而无产阶级和广大劳动人民也追求人权并为此而斗争，丰富和发展了人权的内涵，促进了人权迈向更高的阶段。

---

①《孙中山全集》第6卷，第414页。

第七章 思考：当代中国宪政建设

从中国近现代社会来看，争取人权尤其是生存权利是中国人民和一切仁人志士孜孜以求的理想和目标，中国人民要求独立、自由和基本生存权的斗争一直没有停止。

1889年的戊戌变法虽然失败，但最终迫使清政府不得不宣布"立宪改官"，并颁布了中国历史上第一个宪法性文件"钦定宪法大纲"，其中在"臣民权利义务"部分中第一次规定了在法律范围内，所有言论、著作、出版、集会、结社等的自由，臣民非据法律规定，不受逮捕监禁处罚等权利。

1911年孙中山领导的辛亥革命取得胜利，建立了中华民国，颁布了"中华民国临时约法"。这是中国历史上第一部资产阶级宪法性的法律文献。它规定，"中华民国之权，属于全国人民。"应该说，这是中国人民争取人权斗争的一次重大尝试。

1921年中国共产党的创立，使我国的人权革命进入了崭新的阶段。自党诞生之日起，就以领导中国人民进行反对帝国主义和封建主义的人民民主革命为己任。实际上，这个革命运动的本身就已经全面体现了党的人权思想——争取和维护中华民族的独立与中国的国家主权，争取与保障中国最广大人民的利益。1922年5月1日，在广州召开的第一次全国劳动大会，接受了中共提出的反帝反封建的政治口号，通过了保护工人利益的决议案。同一天，毛泽东在湖南《大公报》发表了《更宜注意的问题》的文章。文章在五一纪念日之际，提请社会"注意到劳工的三件事：一、劳工的生存权，二、劳工的劳动权，三、劳工的劳动全收权"[①]。这一论述，把中共领导的人权斗争与新民主主义革命运动有机地结合到了一起。1922年6月15日，中共中央在《中国共产党对于时局的主张》中，明确了反帝反封建，打倒军阀，建设民主政治的斗争任务。党在目前的斗争目标包括：取消列强在华特权；肃清军阀；采用无限制的普通选举制；保障人民结社集会言论出版自由权；保护童工、女工；实行义务教育；改良司法制度；妇女在法律上与男子有同等权利[①]。这是中国共产党第一次开诚布公地表示，把为人民争取切身的政治、经济、文化、教育、法律等权利当做自己斗争的目标。1922年7月召

[①]《毛泽东文集》第1卷，第8～9页。

开的党的第二次全国代表大会，在所通过的一系列决议案和宣言中，更加充分和具体地反映出中国共产党是为最广大人民群众争取权益的政党，它们揭露了帝国主义和封建军阀压迫的不合理性；提出了团结受压迫的各阶级建立民主主义的联合战线；制定了党在联合战线中的奋斗目标；把为人民争取与保障权益的内容具体化。党的二大之后，中国劳动组合书记部也拟订了劳动法案大纲。在大纲的19项条款中，系统地列出了劳动者的各种权利：结社权、罢工权、选举权、休息权、最低收入权、保障权、受教育权等等。这个大纲是中国劳动组合书记部"斟酌各国劳动法拟订的"[②]，体现出在保护劳动者权益方面，吸收了西方人权思想的某些有益的内容。党的二大之后，国内以工人斗争为主的革命运动发展迅猛。各地在斗争中，都提出了一些争取人权与维护人民切身利益的斗争目标和口号。省港大罢工中的"为争国体，为争人权，为争自由而奋斗"；京汉铁路大罢工又喊出了"为人权而战"、"为自由而战"的口号。

大革命失败后，国民党政权疯狂践踏广大群众的民主权利。中国共产党领导人民奋起反抗，开创了一条以"农村包围城市"的中国革命道路。在红色区域，中国共产党不仅继续了为大多数人争取权利的斗争，其保障人权的思想，在党的方针、政策和苏维埃政权的施政纲领中，也得到充分的体现。首先，以土地革命运动为核心的人权思想。在封建经济所有制条件下，土地高度集中在少数封建官僚和地主手中，无地少地的广大农民，生存权没有丝毫的保障。因而反抗地主阶级，获得赖依生存的土地，则是广大农民争取人权的最基本内容，也是党为人民谋取权利的主要任务。从最初的打土豪、分浮财、分田地的原始斗争，到消灭封建地主的土地所有制，实行"耕者有其田"，体现了中国共产党人权思想在土地问题上的发展轨迹。1928年12月，在井冈山根据地分田斗争的基础上制定了第一部新民主主义性质的法律——《井冈山土地法》，其核心是平均分配土地。1929年4月，在总结赣南土地斗争的基础上，毛泽东主持制定了《兴国土地法》。除去平均土地的宗旨

---

① 《中共中央文件选集》第1册，中共中央党校出版社1989年版，第45页。
② 《中国劳动组合书记部拟订的劳动法案大纲》，1922年8月。

第七章 思考：当代中国宪政建设

外，毛泽东将《井冈山土地法》中"没收一切土地"改为"没收一切公共土地及地主阶级的土地"①。这一原则性的改正，更体现出中国共产党维护最广大人民利益的出发点。此后，全国各革命根据地以平分土地为主要内容的斗争普遍展开。其基本思想一般都体现在所制定的关于土地问题的决议案和《土地法》、《土地革命法令》、《临时土地政纲》及其"实施细则"、"暂行条例"之中。其次，围绕土地斗争，为农民争取相关的政治经济权利。随着土地问题在一定程度上的解决，也就是说随着生存权问题的相对缓和，与农民切身利益直接相关的一些权利也得到相应的改善。一是劳动权。在失去土地的状况下，雇佣农民租佃地主土地，不仅随时都有失掉劳动权的可能，而且获得这种劳动，还要被迫接受许多侵害其自身权利的不平等条件。二是生命权和人身自由权。地主阶级对农民实行超经济剥削，不仅掠夺了农民的生产劳动成果，而且控制了失去土地的农民人身，使之沦为奴仆，受到非人的折磨。三是受教育权和婚姻权。获得土地的农民在苏维埃政府的领导下，以自己的劳动收获改变着自己的生活。他们的子女获得了受教育的机会，穷光蛋有了成家的可能。据毛泽东《兴国调查》记载，过去90%的雇农、30%的贫农讨不到老婆，现在贫农多数有了老婆，没有的很少，只是雇农讨到老婆还比较难②。再次，制定通过相关法律，保障根据地人民的各种权利。党在领导人民开展土地革命、创建苏维埃政权的基础上，于1931年11月7日公布了《中华苏维埃共和国宪法大纲》（简称《大纲》）。这不仅是中国共产党第一次以宪法的形式宣布反帝反封建、争取民族独立和人民自由的斗争目标，并且对保障人民的各种权利作出了具体的规定。《大纲》明确规定：工人、农民、红军士兵及一切劳苦民众和他们的家属，不分男女种族宗教，在苏维埃法律面前一律平等；16岁以上苏维埃公民均享有选举权和被选举权，参与国家政治事务；劳苦民众有言论、出版、集会、结社的自由；妇女解放；八小时工作制；完全免费的普及教育；宗教信仰自由；少数民族自决权；取消苛捐杂税等等①。《大纲》的颁布及其思想，反映了新民主主义人权观的

---

① 《中央革命根据地史料选编》下册，江西人民出版社1982年版，第361、364页。
② 《毛泽东农村调查文集》，人民出版社1982年版，第222～223页。

一个飞跃性发展。与此同时及在其后，中央苏区还制定并颁布了诸如选举、劳动、婚姻等相关法规，使保障与行使人民的权利更加具体化。其他各根据地也参照中央苏区，制定了相应的法律、法规，并且有所丰富和发展，受到了广大人民群众的拥护。《大纲》为中国共产党人权思想的实践，开创了新局面，也成为红色政权维护与保障人权的主要法律依据。

到了抗日战争时期，中国共产党不仅在所制定的方针政策中体现了新民主主义的人权思想，在边区、根据地政府的施政纲领和政策法规中专门制定了保障人权的条款，并且专就人权内容制定出法规，使保障人民权利更加直接、具体，使人民对维护自身人权的理解更加直观。具有代表性的有，《陕甘宁边区施政纲领》和《陕甘宁边区保障人权、财权条例》，《山东省人权保障条例》，《晋西北保障人权条例》，《渤海区保障人权条例》等等。其共同点是保障最大多数人的权利，维护广大人民的平等，对人权和自由的内容进行了具体的阐释。至此，中国共产党已经成为领导民主自由人权斗争的新旗手。政治协商会议通过的《共同纲领》成为新中国的第一个宪法性文件，《共同纲领》规定中国人民有广泛的民主、自由权。①

过几十年艰苦卓绝的斗争，中国共产党领导人民推翻了三座大山的统治，取得了新民主主义革命的胜利，建立了新中国。中国人民从此摆脱了帝国主义列强的欺侮和本国反动派的剥削与压迫，赢得了生存权。回顾中国近代史，我们可以说这是中国人民遭受压迫、剥削和欺侮的历史，同时也是中国人民争取独立和生存权的历史。

新民主主义革命时期，我国人权的历史运动表明：第一，中国人民追求人权的首要目标是生存权，它表现为个人生存权和集体生存权的结合。国家和民族的生存权是集体生存权的最高形式，是一切个人和群体生存权的前提，因此，追求生存权具体表现为谋求国家独立和民族解放。第二，一切反动统治阶级总是极力维护自身的权力和地位，并通过对广大劳动人民包括生存权在内的基本利益进行蚕食和剥夺来达到其目的，两者的权利是对抗的、不可调和的。因此中国人民只能通过以暴力斗争为主的政治斗

---

① 《中共中央文件选集》第 7 册，中共中央党校出版社 1991 年版，第 773～776 页。

第七章 思考：当代中国宪政建设

争获得生存权。第三，中国共产党在中国人民赢得生存权的过程中发挥了关键作用。中国共产党的性质使它一开始就把无产阶级和劳动人民的利益作为自己的最高利益，领导中国人民进行有效的政治斗争，成功地实现了国家独立和人民的生存权利。

社会主义制度的建立为人权的进一步扩展和实现提供了必要的前提条件，奠定了人权发展的基石。建国后半个世纪，我国在人权方面取得了巨大的成就，特别是改革开放以来，我国的人权发展更跃上了新的高度，这表现在：

第一，我国的人权建立在生产资料社会主义公有制的基础之上，人民在生产关系中处于主导地位，这是人权重要的经济基础和可靠的物质保障。改革开放以来，我国的社会主义经济制度逐步完善，社会主义现代化建设取得了巨大成就，综合国力大大增强，人权的物质条件有了较大的改善，国民收入、人民生活水平、社会福利、教育文化等得到了广泛的提高与普及。特别是市场经济体制的建立，进一步促进公民权利意识的增强，大大增加了人们权利实现的渠道和机会，拓展了权利发展的空间。

第二，人民民主专政的国家政权是公民权利可靠的政治保障，"中华人民共和国的一切权力属于人民"。这是全体劳动人民最大、最根本的政治权利。正是国家这一最高形态的政治权力通过政治管理和社会管理职能的履行，使社会共民利益、公民的各项权利获得了实践的形式。

第三，通过立法，规定人权的内容，使人权的法制形式趋于完善。我国宪法和其它法律规定了公民广泛的权利，如我国公民享有选举权、被选举权，享有言论、出版、集会、结社、游行、示威的自由等项政治权利，享有宗教信仰自由，享有劳动权、休息权、财产权、受教育权、社会保障等社会、经济、文化方面的权利，享有人格权、肖像权、专利权、住宅不可侵犯等方面的个人权利，我国少数民族地区以及老人、妇女、儿童、残疾人的权益保障亦有相应的立法规定。

第四，形成一整套政治制度，使宪法规定的公民基本权利和自由具体化、制度化。其中最重要的如人民代表大会制度、民族区域自治制度、中国共产党领导下的多党合作制和政治协商制等。政治体系通过制度化的有效运作，

保证和实现了公民及公民集合体的政治权利。

第五,司法机关依照法律保护全体公民的各项基本权利和自由以及其它合法权益,对侵犯公民正当权利的各种违法行为追究法律责任,依法惩戒,对国家公职人员在执法过程中的违法渎职行为,公民有权进行监督、申诉或抗诉。

我国社会主义人权就其内容有以下三个方面:

第一,生存权。社会主义时期,生存权是国家获得独立权之后的进一步延续,表现为人民享有基本的生活保障。我国通过政府主导的经济活动从根本上解决了人民的生存权问题。资料显示,1978年以来我国已有二亿多人摆脱了贫困,贫困人口每年以1000万人的速度减少,成为世界上贫困人口减少得最快的国家。

第二,发展权。发展权是指各国人民在经济、社会、文化、教育和社会福利等方面的权利。我国政府重视维护和实现人们在经济、文化、社会和政治等方面的发展权利,并取得了世人瞩目的巨大成就。

第三,政治权利。主要表现为与公民参加政治生活有关的权利,如选举权、被选举权、言论、出版、集会、结社自由,参与国家和社会事务管理,以及对国家机关公职人员进行监督的权利,"人民主权"是政治权利的核心和前提。我国公民政治权利既有立法规定,又通过政治体系的制度化运行来保障和实现。

我国在人权建设和发展方面形成了自己的特点。其一是广泛性。享受权利的主体是绝大多数人而不是少数人;国家既维护集体和社会权利,也保护个人权利,并使个人、集体和社会权利获得统一。其二是平等性,即人们对权利的享有不受民族、财产、宗教信仰、职业、出身、性别、居住期限、受教育程度等的限制。其三是真实性。公民的权利得到社会主义制度以及法律、物质等方面的保障,人民所享受的权利同法律政策所规定的权利相一致,并在社会利益运动中得到真实体现。

然而,我国是一个发展中国家,国情方面尚存在一些消极的、落后的因素制约着人权的建设和发展,主要有:第一,经济基础方面。"权利永远不

能超出社会经济结构"。就我国目前的国情来看，基本经济制度的稳定性是确定的，但是，其结构尚处于变革、优化过程中；经济体制不够完善，市场经济体制的基础还不坚实；经济总体水平欠发达，经济发展存在群体和地区差异，出现利益分化和利益分配不公的现象等等。这些情形对整个社会的公民权利的发展和实现是一种制约。第二，政治基础方面。社会主义根本政治制度确认了公民根本的政治权利，即人民主权，使人民获得人权的政治主导地位。但公民的若干具体权利则依赖于政治体系规范、有效的运作。我国的政治体制存在结构性的缺陷，不少政治操作者知识、能力、道德方面存在不足，与现代化水平相适应的政治发展水平仍处在初级阶段，这使得我国公民的权利实现和发展过程并非坦途。第三，法制方面。我国制定了宪法和大量的法律对有关人权方面的内容作了规定，同时亦有一整套的制度，以保障人权的实现。但是，我国的法制不够完备，公民的法制意识较为淡薄，国家公职人员在执行法律和公务时存在滥用职权和侵权现象，法律监督不够有力，这些问题直接影响到我国人权的实践与发展。第四，历史文化传统方面。人权发展是一个历史过程，既表现为物质形态，又表现为文化形态，与一国历史和文化传统存在必然的联系。中国是一个封建社会历史悠长的国家，人权的历史文化基础较薄弱，新中国建立的时间不长，人们的思维方式、行动方式或多或少地受到封建文化传统根深蒂固的影响，这对人权的发展也是一种制约。第五，外部环境方面。中国的改革开放打开了国门，这势必增加国情的复杂性。有些人为西方人权的表面现象所迷惑，不加选择地接受，并套用西方人权标准评价甚而否定我国的人权，这在思想上和实践上极易造成混乱，增加了我国社会主义人权建设的曲折性和复杂性。

我们还没有完全实现中山先生的三民主义。1949年新中国的成立，标志着民族主义的任务基本完成；1978年后，中国人民已经解决了温饱问题，正在向小康社会迈进，标志着民生主义的任务基本完成；中国还没有建成完全意义上的宪政国家，意味着民权主义还没有彻底实现。可喜的是，我们已经看到了民主宪政的曙光。胡锦涛同志一再指出，我们要尊重宪法的权威。这是中国向宪政国家迈出的可喜的一步。当然，中国通向完全意义上的宪政之路还很漫长。

参考文献

一、经典文献

[1] 广东社会科学院研究室编：《孙中山全集》，中华书局1981—1986年版。

[2] 陈旭麓主编：《孙中山集外集》，上海人民出版社1990年版。

[3] 中共中央文献编辑委员会编：《毛泽东选集》，人民出版社1991年6月版。

[4] 中共中央文献编辑委员会编：《周恩来选集》，人民出版社1997年7月版。

[5] 中央文献编辑委员会编：《刘少奇选集》，人民出版社2004年12月版。

[6] 中共中央马克思恩格斯列宁斯大林著作编译局编：《马克思恩格斯选集》，人民出版社1995年6月第2版。

[7] 中共中央马克思恩格斯列宁斯大林著作编译局编：《列宁选集》，1995年6月版。

二、中文著作

[8] 蒋廷黻：《中国近代史》，上海古籍出版社1999年版。

[9] 刘述先：《儒家思想与现代化》，中国广播出版社1992年版。

[10] 李维武：《徐复观学术思想评卷》，北京图书馆出版社2001年版。

[11] 梁漱溟：《东西文化及其哲学》，商务印书馆1987年版。

[12] 燕继荣：《现代政治分析原理》，高等教育出版社2004年版。

[13] 李剑农：《中国近百年政治史》，复旦大学出版社2002年版。

[14] 谢遐龄编选：《康有为文选》，上海远东出版社1997年版。

[15] 王人博：《宪政文化与近代中国》，法律出版社1997年版。

[16] 杨幼炯：《中国政治思想史》，商务印书馆1998年版。

[17] 殷海光：《中国文化的展望》，中国和平出版社1988年版。

[18] 夏晓虹编选：《梁启超文选》，中国广播电视出版社1992年版。

[19] 王尔敏：《中国近代思想史论》，台湾商务印书馆1977年版。

[20] 钱穆：《中国文化史导论》，上海三联书店1988年版。

[21] 罗荣渠：《中国现代化历程的探索》，北京大学出版社1992年版。

[22] 哈佛燕京学社、三联书店：《公共理性与现代学术》，北京三联书店2000年版。

[23] 姜义华编：《港台及海外学者论近代中国文化》，重庆出版社1987年版。

[24] 张晋藩：《中国法学文档（第一辑）》，法律出版社2005年版。

[25] 葛兆光：《中国思想史（第二卷）七世纪至十九世纪中国的知识、思想与信仰》，复旦大学出版社2000年版。

[26] 施宣圆编：《中华学林名家文萃》，文汇出版社2003年版。

[27] 李泽厚：《中国近代思想史论》，天津社会科学院出版社2003年版。

[28] 曹锦清、陈保平：《中国七问》，上海科技教育出版社2002年版。

[29] 房宁：《民族主义思潮》，高等教育出版社2004年版。

[30] 马森：《中国民主政制的前途》，台北圆神出版社1977年版。

[31] 刘小枫：《现代性社会理论绪论》，上海三联书店1998年版。

[32] 鲁青：《从十五世纪出发（话说）》，中华书局2004年版。

[33] 韩大元：《亚洲立宪主义研究》，中国人民大学出版社1996年版。

[34] 林毓生：《中国传统的创造性转化》，北京三联书店1988年版。

[35] 宋玉波：《民主政制比较研究》，法律出版社2001年版。

[36] 刘小枫：《中国文化的特质》，北京三联书店1990年版。

[37] 钱穆：《中国历史研究法》，北京三联书店2001年版。

[38] 蒋碧昆：《中国近代宪政宪法史略》，法律出版社1988年版。

[39] 莫纪宏：《现代宪法的逻辑基础》，法律出版社2001年版。

[40] 赵成根：《民主与公共决策研究》，黑龙江人民出版社2000年版。

[41] 李景鹏《权力政治学》，黑龙江教育出版社1995年版。

[42] 徐讯：《民族主义》，中国社会科学出版社2005年版。

[43] 钟群：《比较宪政史研究》，贵州人民出版社 2003 年版。

[44] 罗荣渠：《现代化新论》，北京大学出版社 1993 年版。

[45] 谢振民：《中华民国立法史（上册）》，中国政法大学出版社 2000 年版。

[46] 唐德刚：《袁氏当国》，广西师范大学出版社 2004 年版。

[47] 罗志田：《乱世潜流：民族主义与民国政治》，上海古籍出版社 2001 年版。

[48] 尹保云：《什么是现代化——概念与范式的探讨》，人民出版社 2001 年版。

[49] 王世杰、钱端升：《比较宪法》，商务印书馆 1999 年版。

[50] 陈志让：《军绅政权》，上海三联书店 1980 年版。

[51] 徐矛：《中华民国政治制度史》，上海人民出版社 1992 年版。

[52] 吴经熊：《法律哲学研究》，清华大学出版社 2005 年版。

[53] 孔庆泰：《国民党政府政治制度史》，安徽教育出版社 1998 年版。

[54] 郭宝平：《民国政制通论》，山西人民出版社 1995 年版。

[55] 公丕祥：《中国法制现代化》，中国政法大学出版社 2004 年版。

[56]] 韦庆远：《中国政治制度史（第 2 版）》，中国人民大学出版社 2005 年版。

[57] 李宗黄：《新县制理论与实际》，中华书局 1945 年版。

[58] 闻黎明：《第三种力量与抗战时期的中国政治》，世纪出版集团　上海书店出版社 2004 年版。

[59] 王沪宁：《民主政治》，香港三联书店 1993 年版。

[60] 黄仁宇：《从大历史角度解读蒋介石日记》，中国社会科学出版社 1998 年版。

[61] 杨德山：《中国近代资产阶级政党学说研究》，人民出版社 2002 年版。

[62] 何廉：《何廉回忆录》，中国文史出版社 1988 年版。

[63] 许纪霖、陈达凯：《中国现代化史（第 1 卷）》，上海三联书店 1995 年版。

[64] 董郁玉：《政治中国》，今日中国出版社 1998 年版。

[65] 郭宝平：《探寻宪政之路——从现代化的视角检讨中国 20 世纪上半叶

的宪政试验》，山东人民出版社 2005 年版。

[66] 张希坡：《革命根据地法制史》，法律出版社 1994 年版。

[67] 张晋藩：《中国法制通史（第 10 卷）》，法律出版社 1999 年版。

[68] 徐祥民：《中国宪政史》，青岛海洋大学出版社 2002 年版。

[69] 白钢：《宪政通论》，社会科学文献出版社 2005 年版。

[70] 王希：《原则与妥协：美国宪法的精神与实践》，北京大学出版社 2000 年版。

[71] 张友渔：《宪政论丛（上册）》，群众出版社 1986 年版。

[72] 王逸舟：《当代国际政治析论》，上海人民出版社 1995 年版。

[73] 蔡定剑：《历史与变革——新中国法制建设的历程》，中国政法大学出版社 1999 年版。

三、中文译著

[74] ［英］戴·赫尔德：《民主的模式》，中央编译出版社 1988 年版。

[75] ［希腊］尼科斯·波朗查斯：《政治权力与社会阶级》，中国社会科学出版社 1982 年版。

[76] ［英］霍布斯：《利维坦》，商务印书馆 1996 年版。

[77] ［英］安东尼·吉登斯：《民族-国家与暴力》，北京三联书店 1998 年版。

[78] ［美］肯尼斯·米诺格：《当代学术入门：政治学》，辽宁教育出版社 1998 年版。

[79] ［美］张灏：《梁启超与中国思想的过渡（1800-1907）》，江苏人民出版社 1993 年版。

[80] ［德］马克斯·韦伯：《经济与社会（上卷）》，商务印书馆 1998 年版。

[81] ［法］托克维尔：《论美国的民主（上卷）》，商务印书馆 2003 年版。

[82] ［美］巴林顿·摩尔:《民主和专制的社会起源》,华夏出版社 1987 年版。

[83] ［日］三谷孝:《秘密结社与中国革命》,中国社会科学出版社 2002 年版。

[84] ［美］斯塔夫里亚诺斯：《全球通史：1500 年以后的世界》，上海社会科学院出版社 1992 年版。

[85] [美]费正清、赖肖尔:《中国:传统与变革》,江苏人民出版社1987年版。

[86] [美]列文森:《儒教中国及其现代命运》,中国社会科学出版社2000年版。

[87] [美]萧公权:《中国政治思想史(三)》,辽宁教育出版社1998年版。

[88] [英]本尼迪克特·安得森:《想象的共同体》,上海世纪出版集团2005年版。

[89] [美]费正清:《剑桥中国晚清史(1800—1911)(上卷)》,中国社会科学出版社1983年版。

[90] [美]吉尔伯特·罗兹曼:《中国的现代化》,江苏人民出版社1988年版。

[91] [日]三石善吉:《传统中国的内发性发展》,中央编译出版社1999年版。

[92] [美]狄百瑞:《东亚文明——五个阶段的对话》,江苏人民出版社1996年版。

[93] [美]布莱克:《现代化的动力》,四川人民出版社1986年版。

[94] [美]爱德华·W·萨义德:《知识分子论》,单德兴译,北京三联书店2002年版。

[95] [英]哈耶克:《法律、立法与自由(第1卷)》,中国大百科全书出版社2000年版。

[93] [美]斯蒂芬·埃尔金等:《新宪政论——为美好的社会设计政治制度》,周叶谦等译,北京三联书店1997年版。

[94] [美]费正清主编:《剑桥中华民国史》(上、下卷),中国社会科学出版社1998年版。

[95] [英]詹姆斯·布赖斯:《现代民治政体》,张慰慈等译,吉林人民出版社2001年版。

[96] [美]莱斯利·里普森:《政治学的重大问题》(第10版),华夏出版社2001年版。

[97] [美]安东尼M奥勒姆:《政治社会学导论——对政治实体的社会分析》,浙江人民出版社1989年版。

[98] [日]猪口孝等编:《变动中的民主》,林猛等译,吉林人民出版社1999年版。

[99] [以]S艾森斯塔德:《传统、变革与现代性——对中国经验的反思》,谢立中、孙立平主编:《二十世纪西方现代化理论文选》,上海三联书店20002

年版。

[100] [法] 谢和耐:《中国社会史》,江苏人民出版社 1995 年版。

[101] [法] 让·马克·夸克:《合法性与政治》,佟心平等译,中央编译出版社 2002 年版。

[102] [美] 路易斯·亨金:《宪政、民主、对外事物》,邓正来译,上海三联书店 1997 年版。

[103] [美] 伯尔曼:《法律与宗教》,梁治平译,上海三联书店 1991 年版。

[104] [美] 斯科特·戈登:《控制国家——西方宪政的历史》,应奇等译,江苏人民出版社 2001 年版。

四、中文论文

[105] 邓野:《论国共重庆谈判的政治性质》,《近代史研究》,2005 年第 1 期。

[106] 燕继荣:《文明社会的文明治理——公共管理的制度选择》,《学习与探索》,2005 年第 2 期。

[107] 殷啸虎、张海斌:《政治文明与宪政文明论纲》,《法律科学》,2003 年第 2 期。

[108] 间小波:《在革命与协商之间——论孙中山政治思维的两重性》,《南京大学学报(哲学、人文科学、社会科学版)》,2004 年第 4 期。

[109] 宁骚:《论民族国家》,《北京大学学报(哲学社会科学版)》,1991 年第 6 期。

[110] 王韶兴:《政党政治与政党制度论》,《政治学研究》,2000 年第 4 期。

[111] 张锡恩:《无产阶级专政的三个发展公式透析》,《山东大学报(哲学社会科学版)》,2003 年第 2 期。

[112] 张文显、信春鹰:《民主+宪政=理想的政制》,《比较法研究》,1990 年第 1 期。

[113] 郑永年:《政治改革与中国国家建设》,《战略与管理》,2001 年第 2 期。

[114] 王建民:《对〈民族共治论〉一文的几点商榷意见》,《中国社会科学》,2004 第 6 期。

[115] 谢晖：《政治家的法理与政治化的法——二十世纪中国法理对"宪政"的支持关系及其变革》，《法学评论》，1999第3期。

[116] 许崇德：《社会主义宪政的不平凡的历程》，《中国法学》，1994第5期。

[117] 张庆福：《宪法与宪政》，许崇德主编：《宪法与民主政治》，中国检察出版社1994年版。

[118] 李步云：《宪政与中国》，"宪法比较研究"课题组编《宪法比较研究文集》（2），中国民主法制出版社1993年版。

[119] 郭道晖：《宪政简论》，《法学杂志》，1993年第5期。

后 记

本书是在我的博士论文基础上修改完善而成的，基本保持了博士论文的原貌。

在本书即将付梓之际，首先要感谢我的导师山东大学政治学与公共管理学院的张锡恩教授。我的博士论文从确定题目到写作完成一直是在张锡恩教授的悉心指导下进行的。在这里，我要对张老师致以最诚挚的感谢。老师的耳提面命、诲人不倦、严格要求是值得我永久怀念的。

论文在开题报告、写作、预答辩的整个过程中，也得到山东大学政治学与公共管理学院的王韶兴教授、王建民教授、包心鉴教授、张传新教授、周向军教授、孔令栋教授、楚成亚博士、方雷博士、崔桂田副教授、马春庆副教授等的热情关心和指导，他们都给予了我非常重要的支持、批评和建议。在这里，谨向以上各位导师表示由衷的感谢。院党委高山书记也对我的生活和论文写作给予了力所能及的照顾及热忱的关注。

在山东大学求学期间，同门师兄宋增伟、孔德永、王广震对论文的写作提出了不少中肯的意见，在此一并致谢。林松柏、徐龙义、黄登学、姜志强等同学与我相处甚好，留下了至今都难以忘怀的许多美好与快乐的回忆。

本书的出版也得益于山东工商学院政法学院政治学重点学科和学院科研处著作出版基金的资助。感谢山东工商学院政法学院的领导以及各位老师同仁的关心支持，特别是我们的学科带头人季丽新教授，她的无私帮助令我非常感动。另外，我还要感谢中央编译出版社的编辑，他们为本书的出版付出了辛勤的汗水。

感谢我的妻子王玉红，没有她在生活上给予我的细心照顾，我的论文不可能按期顺利完成。为了改变我们生活困难的状况，她不辞辛劳地工作，不仅如此，她还独自承担起所有的家务和接送孩子上学的责任。她任劳任怨、无私奉献的精神令我感动。

感谢山东大学给予我进一步学习、发展的机会。感谢山东工商学院给提供的良好的教学与科研环境。

李默海

2011年1月8日于

山东工商学院凤凰山麓

图书在版编目（CIP）数据

探寻宪政之路：孙中山的宪政思想及实践问题研究 / 李默海著.
—北京：中央编译出版社，2011.10
ISBN 978-7-5117-0938-7

Ⅰ.①探…
Ⅱ.①李…
Ⅲ.①孙中山（1866～1925）—政治思想—研究
Ⅳ.① D693.0

中国版本图书馆 CIP 数据核字（2011）第 137422 号

探寻宪政之路：孙中山的宪政思想及实践问题研究

出 版 人	和 龑
责任编辑	邓 彤
责任印制	尹 珺
出版发行	中央编译出版社
地　　址	北京西城区车公庄大街乙 5 号鸿儒大厦 B 座（100044）
电　　话	（010）52612345（总编室）　（010）52612361（编辑室）
	（010）66161011（团购部）　（010）52612332（网络销售）
	（010）66130345（发行部）　（010）66509618（读者服务部）
网　　址	www.cctpbook.com
经　　销	全国新华书店
印　　刷	北京中印联印务有限公司
开　　本	787 毫米 ×960 毫米　1/16
字　　数	220 千字
印　　张	15
版　　次	2011 年 10 月第 1 版第 1 次印刷
定　　价	58.00 元

本社常年法律顾问：北京建元律师事务所首席顾问律师　鲁哈达
凡有印装质量问题，本社负责调换　电话：（010）66509618